高职高专经济管理类创新教材

国际结算实务

刘晶红 主　编
伊　诺 孟庆海 朱　钰 副主编

清华大学出版社
北京

内 容 简 介

本书以国家深化高等职业教育改革，加强专业与课程建设的重要精神为指导，突出强化项目驱动和任务导向的理念，将国际结算工具、国际结算方式、国际结算惯例等理论知识渗透到具体的实务操作过程中，实现了理论与实践的有机结合，在体例安排和内容设置上融入了明晰的图表、通俗易懂的案例和多类型的项目实训，充分体现了实用性、针对性、创新性。

本书可供高等职业院校、应用型本科院校教学使用，也可作为国际贸易和商业银行相关从业人员的参考用书。

图书在版编目(CIP)数据

国际结算实务 / 刘晶红主编. —北京：清华大学出版社，2021.7（2022.1重印）
高职高专经济管理类创新教材
ISBN 978-7-302-58335-6

Ⅰ. ①国… Ⅱ. ①刘… Ⅲ. ①国际结算－高等职业教育－教材 Ⅳ. ①F830.73

中国版本图书馆 CIP 数据核字(2021)第 113814 号

责任编辑：施　猛
封面设计：常雪影
版式设计：孔祥峰
责任校对：马遥遥
责任印制：朱雨萌

出版发行：清华大学出版社
网　　址：http://www.tup.com.cn，http://www.wqbook.com
地　　址：北京清华大学学研大厦 A 座　　邮　　编：100084
社 总 机：010-62770175　　邮　　购：010-62786544
投稿与读者服务：010-62776969，c-service@tup.tsinghua.edu.cn
质 量 反 馈：010-62772015，zhiliang@tup.tsinghua.edu.cn
印 刷 者：北京富博印刷有限公司
装 订 者：北京市密云县京文制本装订厂
经　　销：全国新华书店
开　　本：185mm×260mm　　**印　　张：**14.5　　**字　　数：**309 千字
版　　次：2021 年 8 月第 1 版　　**印　　次：**2022 年 1 月第 2 次印刷
定　　价：48.00 元

产品编号：091458-01

前言

《中共中央关于制定国民经济和社会发展第十四个五年规划和二〇三五年远景目标的建议》(2020年10月29日中国共产党第十九届中央委员会第五次全体会议通过)，明确了国民经济和社会发展的总基调，在坚持改革、开放、创新的总要求下，提出了形成对外开放新格局，增强了参与国际经济合作和竞争新优势的具体要求。中国经济和对外贸易的发展迎来了新机遇，高等职业教育相关专业的发展有了新的方向，本教材的编写正是为了适应国家发展战略的调整。

国际结算是国际金融领域较为重要的实务分支，国际结算课程是国际金融专业的核心课程之一，按照高等职业教育国际金融专业教学标准的最新规定，国际金融专业要培养适应金融行业和国际商贸行业第一线需要的，德智体美劳等全面发展的，具有专业精神、职业精神、工匠精神和综合职业能力的复合型技术技能人才。可见，高等职业教育的培养目标与普通高等教育有所不同，高等职业教育侧重于实践技能和实际工作能力的培养，本教材的编写力求更好地实现高等职业教育的培养目标。

本教材秉承理论够用、注重实践的理念，以商业银行的国际结算业务活动为主线，以项目和任务为载体，把教学内容和银行的工作实践紧密结合在一起，彻底打破知识体系框架，将理论知识渗透到操作任务当中，使其内化为指导实践活动的工具。

本教材所含项目的设定与商业银行国际业务结算部门的实际业务种类相统一，学习任务的设定与商业银行国际业务部的具体岗位分工相对接。这种设计实现了两大突破：一是改变了以知识体系为主线的教材体系框架；二是将按照知识体系划分的国际结算方式拆分为进口结算业务和出口结算业务，真正反映了商业银行国际结算岗位的设置情况。这种设计框架，将知识阐述和实践操作有机地融为一体，既阐述了“是什么”，又说明了“怎么做”，更适合高等职业教育教学之用。

本教材共设六个项目，每个项目都以能够反映该项目整体内容的实例导入，项目中每个任务都以有针对性的操作活动为引导，每个项目的综合实训和每个任务的考核都是对业务操作技能的强化。所以，本教材在内容上克服了以往教材只注重理论阐述、缺乏实践操作内容的弊病，既能够充分体现高等职业教育的教学特点，又能够真正满足项目化教学模式的要求，有利于实现知识、能力、素质三位一体的高职教育教学总体目标。

本教材由辽宁金融职业学院多位专业教师共同编写，具体分工：刘晶红编写项目一、项目二、项目三，孟庆海编写项目四，伊诺编写项目五，朱钰、蔡璐编写项目六。全书由辽宁金融职业学院金融学院院长李晓红、中国银行沈阳分行李敏总纂。

希望本教材的出版能为开创高等职业教育的新型教学模式做出一定的贡献，让学生通过教学项目的学习与训练掌握真实的国际结算业务操作技能。限于时间和水平，本教材难免存在不足之处，敬请广大读者批评指正。反馈邮箱：wkservice@vip.163.com。

刘晶红

2021年2月

目录

项目一 国际汇款业务操作

能力目标

- ✧ 能够以汇款人身份根据贸易合同填写境外汇款申请书；
- ✧ 能够以汇出行身份受理国际汇款申请，缮制SWIFT报文和银行即期汇票；
- ✧ 能够以汇入行身份办理汇入汇款业务。

知识目标

- ✧ 知道国际汇款的定义、特点、当事人和种类；
- ✧ 了解SWIFT；
- ✧ 掌握境外汇款申请书的内容；
- ✧ 掌握SWIFT MT103报文内容；
- ✧ 掌握银行即期汇票内容；
- ✧ 掌握国际汇款的业务流程。

素质目标

- ✧ 能够结合汇款的种类和特点，向汇款人讲清国际汇款的风险，为客户提供安全高效的付汇服务，具有较强的金融服务意识和良好的沟通能力；
- ✧ 能够依据规范，完成汇款申请书和SWIFT报文的填写和审核；
- ✧ 能够依据票据法，正确开立英文汇票，具有认真、严谨的工作作风；
- ✧ 严格审核汇款指示，具备防范国际汇款结算风险的能力；
- ✧ 在办理汇款解付时，严格遵守操作规程，坚持收妥头寸解付汇款的原则，具有稳健的工作作风。

项目导入

辽宁省辽南百达贸易公司与韩国易景贸易公司有长期的业务往来，双方一直以信用证方式结算。2018年，百达公司与易景公司签订合同，向韩国出口一批货物，总价值约150万美元，易景公司提出由于暂时性的资金周转困难，希望采用汇款方式结算，具体做法是易景公司在发货前电汇20%的货款(前T/T)，剩余部分在货到后立即支付(后T/T)。百达公司考虑到易景公司信誉一直很好，而且供货方之间的竞争比较激烈，如果不答应，对方可能从越南进货，况且货物到韩国的运输时间也不长，就同意了对方的要求。但是货发出去后，就再也没有对方的任何消息。后来百达公司才得知对方已经破产，易景公司利用我方的信任骗取了价值120万美元的货物。

此案例带给我们什么启示？国际汇款结算方式的特点有哪些？什么是前T/T？什么是后T/T？通过本项目的学习，问题会迎刃而解。

关键词

国际汇款　电汇　票汇　银行即期汇票　境外汇款申请书　SWIFT

知识结构图

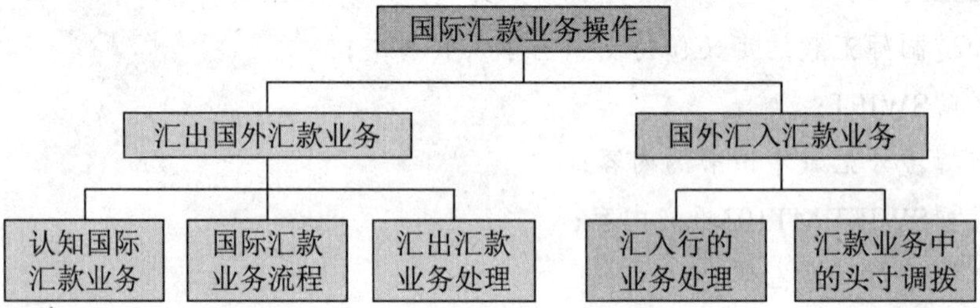

任务一　汇出国外汇款业务

任务引例

引例一：2019年3月15日，沈阳宏顺进出口公司(Shenyang Hongshun Imp. & Exp. Co.)为向纽约一家贸易公司(Wooster Trading Co.)支付52 600.00美元的光学仪器价款，其职员刘莉准备好了报关单、商业发票等商业单据，向中国银行沈阳分行提出办理电汇业务，款项从他们公司在该行的现汇账户支出。中国银行沈阳分行进口结算业务部经办员张超受理了该笔汇出国外汇款的申请。

操作任务：

1. 模拟刘莉(进口商)填写境外汇款申请书。

2. 模拟张超(汇出行)审核刘莉递交的合同、报关单等资料，校准境外汇款申请书。

3. 模拟中国银行沈阳分行向汇入行中国银行纽约分行发出MT103报文。

引例二：沈阳宏顺进出口公司(Shenyang Hongshun Imp. & Exp. Co.)与新加坡百盛公司(Biosensors Singapore Co. Ltd.)达成交易，合同金额为13 200.00美元，双方已有多年的业务联系，彼此信任，约定以票汇方式付款。2019年4月15日，业务员张宏到中国银行沈阳分行办理票汇业务，解付行是中国银行新加坡分行。

操作任务：代表中国银行沈阳分行开立票汇项下的汇票。

学习任务

一、认知国际汇款业务

(一) 国际汇款的定义及当事人

汇款(Remittance)也叫汇付，是指付款方通过银行将款项主动汇交收款方。国际汇款(International Remittance)，是指付款方向本国银行申请，接受申请的银行通过其国外联行或代理行，将款项付给国外收款方的一种结算方式。

国际汇款方式涉及4个当事人：汇款人(Remitter)、收款人(Payee)、汇出行(Remitting Bank)、汇入行/解付行(Receiving Bank/Paying Bank)。

汇款人是付款方，一般是债务人，如国际贸易中的进口方。

收款人一般是债权人，如国际贸易中的出口方。

汇出行是付款方所在国的银行，是接受汇款人的委托，将资金汇出的银行，其所办业务叫汇出国外汇款业务。

汇入行是接受汇出行委托，将资金付给收款方的银行，其所办业务称为国外汇入汇款业务。

在国际汇款方式中，汇款人和汇出行之间，汇出行和汇入行之间都是委托代理关系。

知识链接

顺汇和逆汇

国际结算方式包括国际汇款、国际托收、国际信用证等，如果按照资金的流动方向和结算工具的传递方向相同与否来划分，可将国际结算分为顺汇和逆汇。

顺汇是指资金的流动方向和结算工具的传递方向相同，通俗地讲，是付款方主动“交钱”，即付款方主动将资金交给本国银行，委托该银行使用某种结算工具，通过收款方所在国银行将资金交给收款方。资金的流向和结算工具的传递方向相同。如图1-1所示，都是由付款方指向收款方，结算的起点在付款方。

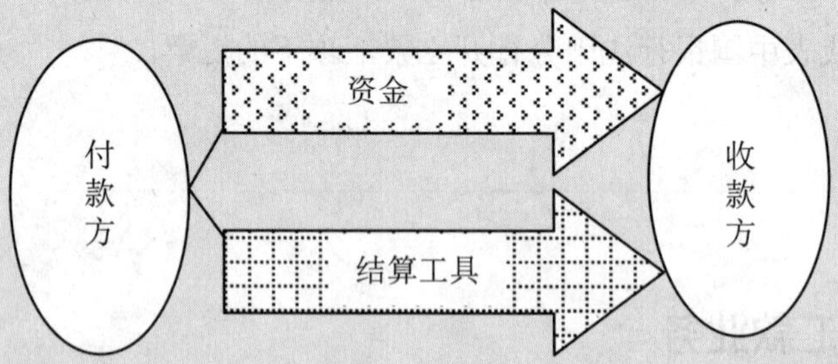

图1-1 顺汇

逆汇是指资金的流动方向和结算工具的传递方向相反，通俗地讲，是收款方“要钱”，即收款方委托本国银行，使用某种结算工具，通过付款方所在国银行要求付款方付款，付款方付款后，由付款方所在国银行将资金转移给收款方银行，再由该银行交给收款方。如图1-2所示，结算工具由收款方向付款方传递，资金从付款方流向收款方，结算的起点在收款方。

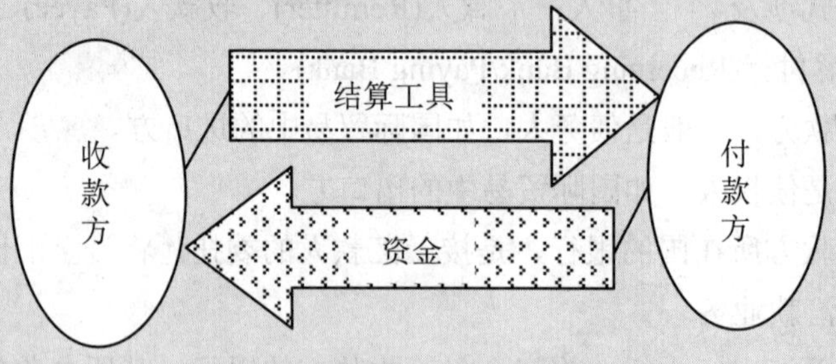

图1-2 逆汇

资料来源：侯迎春，张文娟. 国际结算[M]. 北京：中国金融出版社，2019：342-343.

(二) 国际汇款的种类

如图1-3所示，按照结算中使用的支付工具，国际汇款分3种，即电汇、信汇和票汇。其中，电汇应用最普遍，票汇应用较普遍，信汇较少应用。

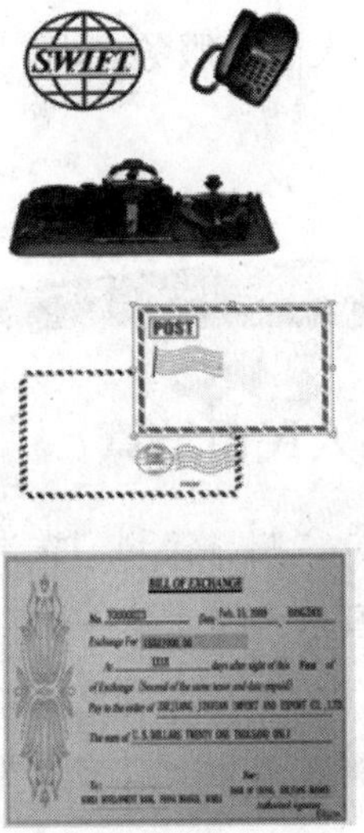

种类	结算工具	特点
电汇(T/T)	电报 电传 SWIFT	安全、可靠、迅速、收款快，但费用高。
信汇(M/T)	信汇委托书(M/T advice) 支付委托书(Payment Order)	费用低，但结算时间长、收款慢。
票汇(D/D)	银行即期汇票	汇款人自行将汇票传递给收款人，收款人向汇入行提示汇票。

图1-3　国际汇款的种类

(三) 国际汇款结算方式的实际应用

国际汇款结算方式的特点是风险大、资金负担不平衡、手续简便、费用少。因此，这种结算方式在被应用于国际贸易货款结算时，进出口双方往往是彼此信任的老客户，或是货物处于热销、滞销或试销状况，具体应用于以下两种情况。

1. 国际贸易货款的结算

1) 预付货款(Payment in Advance)

预付货款也称先结后出，是进口商先将货款的一部分或全部汇交出口商，出口商收到货款后，立即或在一定时间内发运货物的一种汇款结算方式。它又分为随订单付现(Cash with Order)和付部分货款或定金(Down Payment)两种。如果采用电汇，称为前T/T。

2) 货到付款(Payment Upon Arrival of the Goods)

货到付款是先出后结，出口商先发货，待进口商收到货物后，立即或在一定期限内将货款交出口商的一种汇款结算方式。它又分为交货付款(Cash on Delivery)和寄售(Consignment)两种。如果采用电汇，称为后T/T。

对于预付货款来说，进口方将款项汇出后能否收到与合同相符的货物取决于出口方的商业信用；对于货到付款来说，出口方发货后，能否收到货款取决于进口方的商业信用。在整个国际汇款结算过程中，银行只起到结算中介的作用，不承担任何信用保障，也不提供资金融通的便利，可见，国际汇款是建立在商业信用基础上的一种结算方式。

2. 国际贸易从属费用的结算

在国际贸易中发生的运费、保险费、广告费、包装费等费用，或佣金、退款、赔款、利息等款项，往往采用汇款方式结算。这些费用或款项一般金额较小，采用手续简便、费用少的汇款方式结算是明智之举。

除上述应用外，国际汇款结算方式较普遍地应用于个人金融服务之中，比如出国留学、国际商旅、投资移民、外派工作等的资金转移。

知识链接

人民币国际化的起点——跨境贸易人民币结算

2009年4月8日，国务院常务会议正式决定，在上海、广州、深圳、珠海、东莞等城市开展跨境贸易人民币结算试点，迈开了人民币走向国际化的关键一步。

跨境贸易人民币结算是指经国家允许指定的、有条件的企业在自愿的基础上以人民币进行跨境贸易结算，商业银行在人民银行规定的政策范围内，可直接为企业提供跨境贸易人民币相关结算服务。

为全面收集人民币跨境业务信息，支持人民银行对跨境人民币业务的管理，人民币跨境收付信息管理系统(RMB Cross-Border Payment & Receipt Management Information，RCPMIS)于2009年7月在5个试点城市正式上线，接收商业银行上报的跨境业务信息；2009年8月30日与海关总署联网，接收海关报关单信息；2009年12月8日向税务总局、海关总署发送人民币跨境收付信息。

2015年10月，人民币跨境支付系统(Cross-Border Payment System，CIPS)一期成功上线，直接参与者19家，间接参与者176家，这些参与者覆盖6个大洲和50个国家和地区。目前，CIPS二期也已上线，系统功能日臻完善。至2019年6月中旬，CIPS累计处理业务400多万笔，金额超过60万亿元，直接参与者已增加到31家，间接参与者增加至800家，覆盖全球90多个国家和地区。

自2016年10月1日人民币正式加入SDR(Special Drawing Right，特别提款权)以来，人民币的国际使用得到推进，根据环球银行金融电信协会(SWIFT)统计，2019年11月，人民币全球支付货币排名第5位，市场占有率1.93%。

资料来源：根据中国人民银行官网http://www.pbc.gov.cn/及中国金融杂志微信公众号发布的关于人民币国际化的阶段性信息加以整理

二、国际汇款业务流程

(一) 国际电汇业务流程

如图1-4所示，国际电汇业务流程可以概括为以下几个步骤。

(1) 汇款人填写境外汇款申请书，在“汇款方式”一栏中选择电汇，并交款付费给汇出行。

(2) 汇出行对汇款申请书审核无误后，收妥资金和汇款手续费，将回执一联交给汇款人。

(3) 汇出行通过电报(加押)或电传或SWIFT方式向汇入行发出汇款委托书(Payment Order，P/O)。

(4) 汇入行收到委托书后，对密押进行核对(SWIFT系统自动核押)，以确保业务的真实性，核对无误后通知收款人收款。

(5) 收款人收到通知，到汇入行按照要求在收据联上签收。

(6) 汇入行按照电汇委托书的偿付指示落实头寸后，将款项付给收款人。

(7) 汇入行将付讫借记通知书发给汇出行，通知汇款已经解付。

电汇在国际汇款中的应用最为普遍，其结算工具是通过电报、电传或SWIFT方式发出的报文。

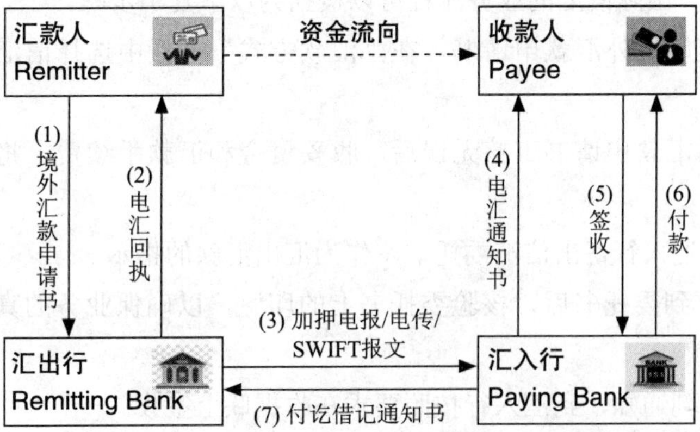

图1-4　国际电汇业务流程

(二) 国际票汇业务流程

如图1-5所示，国际票汇的业务流程可以概括为以下几个步骤。

(1) 汇款人填写境外汇款申请书，在“汇款方式”一栏中选择票汇，并交款付费给汇出行。

(2) 汇出行对汇款申请书审核无误后，收妥资金和汇款手续费，并开立银行即期汇票交给汇款人。

(3) 汇款人将汇票寄给收款人(或自行带到收款国)。

(4) 汇出行向汇入行寄出票汇通知书。

(5) 收款人提示银行即期汇票给汇入行要求付款。

(6) 汇入行审核银行即期汇票，落实头寸，凭票解付汇款给收款人。

(7) 汇入行将付讫借记通知书发给汇出行，通知它汇款已经解付。

票汇业务所使用的结算工具是银行即期汇票，真实无误的汇票成为付款的依据。

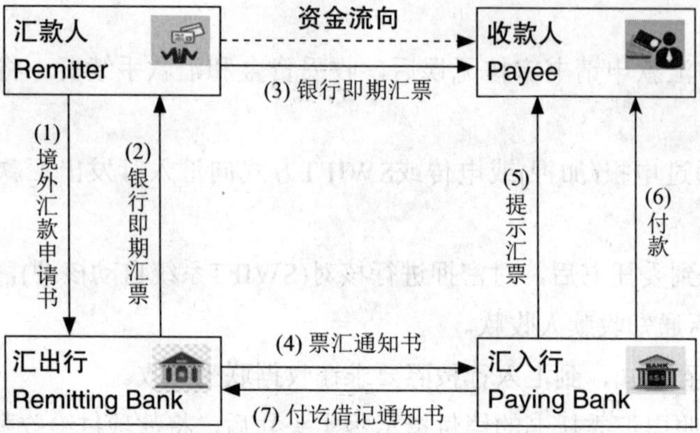

图1-5　国际票汇业务流程

(三) 国际信汇业务流程

如图1-6所示，国际信汇的业务流程可以概括为以下几个步骤。

(1) 汇款人填写境外汇款申请书，在“汇款方式”一栏中选择信汇，并交款付费给汇出行。

(2) 汇出行对汇款申请书审核无误后，收妥资金和汇款手续费，将回执一联交给汇款人。

(3) 汇出行向汇入行寄出信汇委托书，作为汇出汇款的指示。

(4) 汇入行收到委托书后，核验委托书上的印鉴，以确保业务的真实性，核对无误后通知收款人收款。

(5) 收款人收到通知，到汇入行按照要求在收据联上签收。

(6) 汇入行按照信汇委托书的偿付指示落实头寸后，将汇款付给收款人。

(7) 汇入行将付讫借记通知书发给汇出行，通知它汇款已经解付。

目前，信汇在国际结算中的应用越来越少，其结算工具是信汇委托书。

综上所述，从业务流程图可以看出，无论是电汇、票汇还是信汇，资金的流动方向与结算工具的传递方向都相同，所以，国际汇款结算方式属于顺汇结算方式。

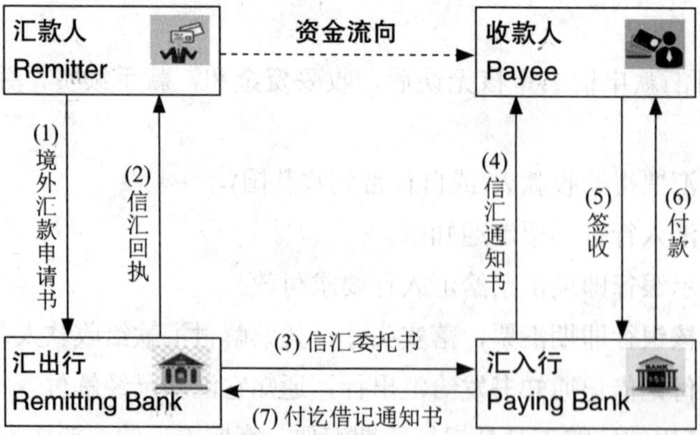

图1-6　国际信汇业务流程

案例阅读　发生在国际信汇业务中的争议

中国的A银行发信汇通知书给日本的B银行，收款人是B银行的客户。由于A银行和B银行间没有账户往来关系，A银行就电报通知其境外账户行C银行，将资金调拨给B银行。事后，双方就因此而产生的电报费用引发争议。A银行以电报方式通知C银行是否妥当呢？显然不妥当，因为客户选择信汇，就是为了降低结算成本，而A银行采用电报方式通知账户行调拨资金，成本太高，失去了信汇的意义。

国际信汇业务虽然应用较少，但本案从一个角度说明了信汇并未被完全取代的原因，信汇具有费用低的优点，在汇款货币利率比较低、汇率较稳定、汇款金额不大、速度要求不高、汇出行和汇入行有直接账户关系等情况下，仍然有其适用性。

三、汇出汇款业务处理

汇出汇款业务涉及汇款人和汇出行，汇款人要填写境外汇款申请书。如图1-7所示，汇出行首先要审核客户资料和申请书，然后落实汇出资金，做好汇出汇款登记，再向国外汇入行发出汇款指示。如果是通过SWIFT电汇，则要缮制MT103报文；如果是票汇，则开立银行即期汇票；如果是信汇，则缮制信汇委托书。

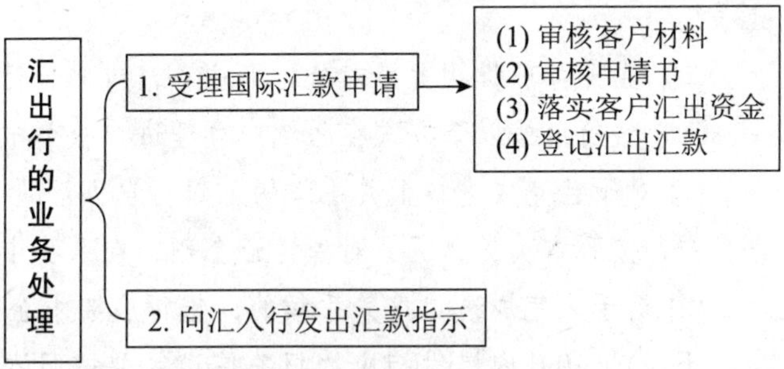

图1-7　汇出行的业务处理

汇款人申请办理汇出汇款需符合国家有关外汇管理规定，提交证明交易真实性的有效凭证，如合同、商业发票、国际收支申报表(如需)、贸易进口付汇核销单(如需)等。为深化通关作业无纸化改革，完善货物贸易外汇服务和管理，进一步减少纸质单证流转，优化营商环境，国家外汇管理局和海关总署联合发布公告：自2019年6月1日起，全面取消报关单收、付汇证明联和办理加工贸易核销的海关核销联。企业办理货物贸易外汇收付和加工贸易核销业务，按规定须提交纸质报关单的，可通过中国电子口岸自行以普通A4纸打印报关单并加盖企业公章。

商业银行受理贸易项下的汇出汇款业务申请后，经办人员首先要审核汇款人的付汇资格，通过联网查询外管局发布的“对外付汇进口单位名录”核查。本地客户在“对外付汇进口单位名录”中且没有被列入“由外汇局审核真实性的进口单位名单”，则客户具备对外付汇资格；本地客户不在“对外付汇进口单位名录”中或在“对外付汇进口单位名录”但同时被列入“由外汇局审核真实性的进口单位名单”，则客户还需提交由外汇管理局签发的进口付汇备案表；异地客户进行贸易项下付汇，需提交由外汇管理局签发的进口付汇备案表。

法律法规链接

关于商业银行开展贸易真实性审核工作的规定

为提升贸易便利化水平，根据《中华人民共和国外汇管理条例》等规定，国家外汇管理局于2017年4月4日发布通知，决定向商业银行开放货物贸易外汇监测系统(银行版)(以下简称系统)“报关信息核验”模块。通知规定：

一、办理单笔等值10万美元(不含)以上货物贸易对外付汇业务(离岸转手买卖业务除外，下同)，银行在按现行规定审核相关交易单证的基础上，原则上应通过系统的“报关信息核验”模块，对相应进口报关电子信息办理核验手续；银行能确认企业对外付汇业务真实合法的，可不办理核验手续。

办理单笔等值10万美元以下货物贸易对外付汇业务，银行可按照“了解客户、了解业务、尽职审查”的原则，自主决定是否通过系统对相应进口报关电子信息办理核验手续。

二、企业办理货物贸易对外付汇业务，应向银行提供真实的报关信息。

三、银行应按以下方式在系统中办理进口报关电子信息的核验手续：

(1) 对于已完成进口报关手续的，银行自办理货物贸易对外付汇业务之日起5个工作日内，按照本次货物贸易对外付汇金额，在系统中办理核验手续。

(2) 对于未完成进口报关手续的，银行应要求企业在完成报关手续之日(即进口日期，下同)起40日内提供相应的报关信息，并按照本次货物贸易对外付汇金额，在系统中补办核验手续。

(3) 对于已完成进口报关手续但企业因合理原因无法及时提供报关信息的，银行确认交易真实合法后为其办理付汇业务，在企业完成报关手续之日起40日内补办理核验手续。对于上述确实无法提供报关信息的，银行应在系统中对该笔付汇业务进行记录。

(4) 对于因溢短装等合理原因导致货物贸易实际对外付汇金额大于报关金额的，银行在系统中办理核验手续时，应注明原因。

四、对于存在下列情况之一的企业，银行应逐笔在系统中对企业加注相应标识，企业的标识信息通过系统向全国银行开放：

(1) 未在规定期限内提供报关信息且无合理解释的；

(2) 涉嫌重复使用报关信息且无合理解释的；

(3) 涉嫌使用虚假报关信息的；

(4) 其他需加注标识的情况。

企业的标识信息保存期限为24个月。由于银行操作失误导致企业被误标识的，经银行内部审批后，银行可撤销相关企业的标识信息。

五、对于因数据传输不完整等原因造成系统缺失相应进口报关电子信息的，银行确认交易真实合法后为其办理付汇业务，并及时在系统中补办理核验手续。对于系统始终缺失进口报关电子信息的，银行应在系统中对该笔付汇业务进行记录。

资料来源：国家外汇管理局网站. http://www.safe.gov.cn/.

(一) 境外汇款申请书的内容及填写方法

境外汇款申请书样式如表1-1所示，其各项栏目的填制方法如下所述。

(1) 致(To)：××银行，填写汇出行名称。

(2) 日期：填写客户去银行办理业务的日期，如May 11，2019。

(3) 汇款方式：如果选择电汇，则在“电汇T/T”前的方框里画“×”，表示选中。

(4) 发报等级：在“普通”和“加急”中进行选择。一般银行的SWIFT系统设置默认发送“普通”级别报文。由于多数银行通常是24小时接收报文，因此两个级别差别不大。一般此栏可以不填写。

(5) 申报号码：由银行根据国家外汇管理局有关申报号码的编制规则编写。

(6) 20银行业务编号：这里“20”是使用SWIFT发送报文时的项目代码，这项内容表示“发报行给该汇款业务的参考号”，所以，此栏由汇出行填写，表明该笔业务在汇出行的业务编号。

申请书中的“20，32A，50a...”代表的是采用SWIFT系统发送信息时不同项目的代码。

(7) 收电行/付款行：由汇出行填写。

(8) 32A 汇款币种及金额：此栏指汇款人申请汇出的实际付款币种及金额，用国际标准化组织(ISO)代码表示币种，用阿拉伯数字写出汇款的总金额。

(9) 金额大写：用英文把实际汇款金额翻译成大写，例如，汇款金额是USD 162 000.00，此栏填写U. S. DOLLARS ONE HUNDRED AND SIXTY TWO THOUSAND ONLY。

(10) 相应金额及账号：“现汇金额”是指汇款人申请汇出的实际付款金额中，直接从外汇账户或以外币现钞支付的金额；“购汇金额”是指汇款人申请汇出的实际付款金额中，用本币向银行购买外汇直接对境外支付的金额；“其他金额”是指汇款人除购汇和现汇以外对境外支付的金额，包括跨境贸易人民币结算以及记账外汇的金额。“账号”是指银行对境外付款时扣款的账号。

(11) 50a 汇款人名称及地址：一般是国际贸易中进口商公司全称和地址，即汇款人预留银行印鉴或国家市场监督管理总局颁发的组织机构代码证或国家外汇管理局及其分支局签发的特殊机构代码赋码通知书上的名称及地址。对私业务填写个人身份证件上的姓名及住址。

(12) 对公或对私业务：对公业务，填写组织机构代码，按照国家市场监督管理总局颁发的组织机构代码证上的代码，或已由国家市场监督管理总局核准的统一社会信用代码，或国家外汇管理局及其分支局签发的特殊机构代码赋码通知书上的单位组织机构代码，或特殊机构代码填写。对私业务，在中国居民个人和中国非居民个人中选择。

(13) 54/56a 收款银行之代理行名称及地址：在汇出行和汇入行没有往来账户的情况下，需要通过中转行划拨头寸。如果需要中转行，在没有特殊要求的情况下也可以留空，由汇出行填写中转行的名称、所在国家、城市及其在清算系统中的识别代码。

(14) 57a 收款人开户银行名称及地址：汇出行一般把收款人在出口地的开户行定为汇入行，需填写该开户行的名称、所在国家、城市及其在清算系统中的识别代码。如果该开户行和汇出行没有往来账户，最好填写收款人开户银行在其中转行的账号。

(15) 59a 收款人名称及地址：一般填写国际贸易中出口商公司全称、地址和账号。

(16) 70 汇款附言：对所汇款项的必要说明。要注意容量，这里只限填140个字符。此栏可以填写合同号码。

还要注意的是，在实际业务中，出现过汇给阿联酋的美元因为附言中提到苏丹而被冻结的情况。美国的清算系统自动筛选敏感字眼，如果发现受美国制裁的国家相关信息，资金就可能会被冻结。与古巴、伊朗、朝鲜、苏丹、利比亚等国家和地区清算时，如果要用美元结算只能通过伦敦、中国香港等金融中心清算。

(17) 71A 国内外费用承担：办理境外汇款时发生的国内外费用承担分三种方式，即汇款人承担、收款人承担、双方共同承担。境外清算费由对方承担时，如果汇入行与汇出行属同一家银行或有互开往来账户关系，则款项一般可全额汇达对方；如果没有以上关系，款项将通过另一家或几家银行转至收款行，每家转汇行都会从中扣收一笔转汇费。

(18) 收款人常驻国家(地区)名称及代码：查询银行提供的“国家(地区)名称代码表”后填写。

(19) 请选择：按汇款性质可在预付货款、货到付款、退款或其他4项中选择。

(20) 交易编码：根据汇款业务交易性质对应的“国际收支交易编码表(支出)”填写，如一般贸易，填写121010。当一笔付款有多种交易性质时，按金额从大到小，填写最大的两项；如果汇款涉及进口核查项下的交易，则核查项下的交易视为最大金额交易；如果汇款属于退款，则填写对应的原来收入的国际收支交易编码。

(21) 相应币种及金额：根据交易编码填写，存在多种交易性质的情况下，第一行填写最大金额的一笔，第二行填其余金额，两栏合计数应等于汇款币种及金额。

(22) 交易附言：具体描述汇款的交易性质，如交易编码是121010，此栏填写“一般贸易”。

(23) 选择是否为保税货物项下付款。

(24) 外汇局批件号/备案表号/业务编号：外汇局签发的，凭以对境外付款的各种批件或进口付汇备案表号。外汇报批业务由银行代理，汇款申请表和申报表合一。银行一般都在汇款业务发生后的1个工作日内向相关机构报批。

(25) 银行专用栏：购汇汇率、等值人民币、手续费等，留空由银行填写。

(26) 申请人签章：此栏需加盖进口商的财务印章，由具体办理业务的公司人员签字或签章，并留下联系电话。

(27) 银行签章：留空由银行填写。

表1-1　境外汇款申请书样式

境外汇款申请书
APPLICATION FOR FUNDS TRANSFERS(OVERSEAS)

致：________银行　　　　　　　　　　日期：
To:　　　　　　　　　　　　　　　　　Date:

	□电汇T/T　□票汇D/D　□信汇M/T		发报等级Priority □普通Normal □加急Urgent
申报号码 BOP Reporting No.	□□□□□□ □□□□ □□ □□□□□□ □□□□		
20 银行业务编号 Bank Transac. Ref. No.		收电行/付款行 Receiver/Drawn on	
32A 汇款币种及金额 Currency & Interbank Settlement Amount		金额大写 Amount in Words	
其中 现汇金额Amount in FX		账号A/C No.	
购汇金额Amount of Purchase		账号A/C No.	
其他金额Amount of Others		账号A/C No.	
50a 汇款人名称及地址 Remitter's Name & Address			
□对公组织机构　代码Unit Code □□□□□□□□-□		□ 对私	□个人身份证号码Individual ID No. □中国居民个人Resident Individual □中国非居民个人Non-Resident Individual
54/56a 收款银行之代理行名称及地址 Correspondent of Beneficiary's Bank Name & Address			
57a 收款人开户银行名称及地址 Beneficiary's Bank Name & Address		收款人开户银行在其代理行账号Ben.'s Bank A/C No.	
59a 收款人名称及地址 Beneficiary's Name & Add.		收款人账号Ben.'s A/C No.	
70 汇款附言Remittance Information 只限140个字位Not Exceeding 140 Characters		71A 国内外费用承担 All Bank's Charges if Any Are to Be Borne by	□汇款人OUR　□收款人BEN　□共同SHA
收款人常驻国家(地区)名称及代码Resident Country/Region Name & Code □□□			
请选择: □预付货款Advance Payment　□货到付款Payment against Delivery　□退款Refund　□其他Others			

交易编码 BOP Trans. Code	□□□□□□□	相应币种及金额 Currency & Amount		交易附言 Transac. Remark	
	□□□□□□□				
是否为保税货物项下付款		□是　□否	合同号	发票号	
外汇局批件号/备案表号/业务编号					
银行专用栏 For Bank Use Only		申请人签章 Applicant's Signature		银行签章 Bank's Signature	
购汇汇率Rate @		请按照贵行背页所列条款代办以上汇款并进行申报 Please effect the upwards remittance subject to the conditions overleaf			
等值人民币 RMB Equivalent					
手续费Comm.					
电报费Cable Charges		申请人姓名 Name of Applicant		核准人签字 Authorized Person	
合计Total Charges		电话 Phone No.		日期 Date	
支付费用方式 In payment of the Remittance	□现金by Cash □支票by Check □账户from A/C				
核印 Sig.Ver		经办Maker		复核Checker	

(二) MT103报文

1. SWIFT 简介

SWIFT(Society for Worldwide International Financial Telecommunications)是“环球同业银行金融电信协会”的英文简称。该协会是国际银行同业间的国际合作组织，总部设在比利时的布鲁塞尔，它是为了解决各国金融通信不能适应国际支付清算的快速增长而设立的非营利性组织，可以实现组织各成员间的国际金融信息的传输。SWIFT的使用，为银行的结算提供了安全、可靠、快捷、标准化、自动化的通信业务，从而大大提高了银行的结算速度。目前，SWIFT系统连接超过200个国家和地区的1.1万多家银行和证券机构、市场基础设施和公司客户，使其能够相互发送和接收有关金融交易的信息，为国际社会提供支付结算服务。SWIFT的全球支付创新系统(GPI)已经成为跨境支付的新标准，大大缩短了国际汇款的到账时间，需10分钟左右。该系统于2017年初启动，到2018年底，已占SWIFT跨境支付流量的25%。

中国银行于1983年加入SWIFT，并于1985年5月正式开通使用，是SWIFT组织的第1034家成员行。

SWIFT报文格式具有标准化的特点，其报文共有10类。

第1类：客户汇款与支票(Customer Payments & Checks)

第2类：金融机构间头寸调拨(Financial Institution Transfers)

第3类：资金市场交易(Treasury Markets－FX, MM, Derivatives)

第4类：托收与光票(Collections & Cash Letters)

第5类：证券(Securities Markets)

第6类：贵金属(Treasury Market－Precious Metals)

第7类：跟单信用证和保函(Documentary Credits and Guarantees)

第8类：旅行支票(Travelar's Checks)

第9类：现金管理与账务(Cash Management & Customer Status)

第10类：SWIFT系统电报

SWIFT电文的日期表示为：YYMMDD(年月日)。如2018年7月28日，表示为180728；2019年11月10日，表示为191110。在SWIFT电文中，数字不使用分格号，小数点用逗号“,”来表示。如696,419.36，表示为696419,36；4/5 表示为0,8；5% 表示为5 PERCENT。

每家申请加入SWIFT组织的银行都必须事先按照SWIFT组织的统一原则，确定本行的SWIFT地址代码，经SWIFT组织批准后正式生效。银行识别代码(Bank Identifier Code，BIC)是由电脑可以自动判读的8位或是11位英文字母或阿拉伯数字组成，用于在SWIFT电文中明确区分金融交易中相关的不同金融机构。11位数字或字母的BIC可以拆分为银行代码、国家代码、地区代码和分行代码4个部分。以中国银行北京分行为例，其银行识别代码为BKCHCNBJ300，其含义为：BKCH(银行代码)、CN(国家代码)、BJ(地区代码)、300(分行代码)。

2. MT103 报文内容

MT103报文内容如表1-2所示，此报文用于单笔客户汇款业务。

表1-2 MT103报文内容

MT103 CUSTOMER TRANSFER(客户汇款)

Status	Tag(代码)	Field Name(栏位名称)
M	20	Sender's Reference(发报行的参号)
O	13C	Time Indication(时间指示)
M	23B	Bank Operation Code(银行操作代码)
O	23E	Instruction Code(指示代码)
O	26T	Transaction Type Code(双方约定的交易代码)
M	32A	Value Date/Currency/Interbank Settled Amount(起息日及银行间清偿币别、金额)
O	33B	Currency/Instructed Amount(汇款人指示的币别和金额)
O	36	Exchange Rate(汇率)
M	50a/K	Ordering Customer(汇款人)
O	51A	Sending Institution(发报行)
O	52a	Ordering Institution(汇款行)
O	53a	Sender's Correspondent(发报行的代理行)
O	54a	Receiver's Correspondent(收报行的代理行)
O	55a	Third Reimbursement Institution(偿付行)
O	56a	Intermediary Institution(中间行)
O	57a	Account with Institution(账户行)
M	59a	Beneficiary Customer(收款人)
O	70	Remittance Information(汇款信息)
M	71A	Details of Charges(费用细则)
O	71F	Sender's Charges(发报行的费用)
O	71G	Receiver's Charges(收报行的费用)
O	72	Sender to Receiver Information(发报行给收报行的信息)
O	77B	Regulatory Reporting(法定报告资料)
O	77T	Envelope Contents(信函内容)

注：M=Mandatory(必选项)；O=Optional(可选项)。

(1) 20：发报行的参号。由汇出行编制汇款业务的参考号。

(2) 13C：时间指示。以中欧时间为准，格式为“/代码字/时间 符号 时间偏差”，代码字放在两个单斜线之间，包括以下三种。

SNDTIME：特指时间TARGET支付已经借记发送方央行；

RNCTIME：特指时间TARGET付款已经贷记接受方的央行；

CLSTIME：在特指时间内，付款资金已被贷记清算行开在央行的账号，同时得到证实。

(3) 23B：银行操作代码。由四位字母组成，代表了汇款指示的紧急程度，并指示此份MT103是否附带SWIFT服务承诺协议(SLA)。SWIFT定义了“SWIFT支付服务等级”“优先服务等级”和“标准服务等级”，并规定了5种操作类型指示以何种服务完成汇款操作。这5种操作类型对应不同的代码，分别是CRED、SPAY、SSTD、SPRI、CRTS。我国商业银行多数用“CRED”这种操作类型，指有资金划拨，但不限定服务等级。

(4) 23E：指示代码。由四位字母组成，必须包含SWIFT提供的下列代码字之一：

CHQB：通过支票付款，使用该代码时，59栏位内不能放入账号；

CORT：公司之间贸易结算的付款；

HOLD：前来取款，验明身份后付款；

INTC：同一集团内部两个公司之间的付款；

REPA：关于电子支付参考号下的付款；

PHON：请用电话通知账户行；

PHOB：请用电话通知收款人；

PHOI：请用电话通知中间行；

SDVA：付款日也是起息日，汇款必须在同一天交到收款人手里；

TELE：请用最有效的通信方式通知账户行；

TELB：请用最有效的通信方式通知收款人；

TELI：请用最有效的通信方式通知中间行。

(5) 26T：双方约定的交易代码。由三位字母组成，用于识别特别交易的种类、用途、原因，如工资、退休金、红利等。

(6) 32A：起息日及银行间清偿币别、金额。格式为“日期 币别 金额”，日期表示为“YYMMDD”(年月日)；币别必须是ISO4217的标准货币代码；金额最长15位，其中包含一位逗点。

(7) 33B：汇款人指示的币别和金额。当涉及货币兑换或报文中出现71F和71G时，必须使用此栏位。

(8) 36：汇率。当32A和33B币别不一致时，必须填写此栏位。

(9) 50a/K：汇款人。此栏位有两种形式：一种是50a，填写汇款人账号及开户行BIC

代码；另一种是50K，填写汇款人账号、名称和地址。

(10) 51A：发报行。

(11) 52a：汇款行。当汇款行不是发报行时，使用此栏位。

(12) 53a：发报行的代理行。此栏位特指一个账户、发报行的分行或另一家银行，发报行通过其偿付收报行。

(13) 54a：收报行的代理行。此栏位列明收报行的分行或另一家银行，收报行在这家银行收到资金头寸。

(14) 55a：偿付行。

(15) 56a：中间行。

(16) 57a：账户行。此栏位列明收款人的开户行。如果收报行即为收款人的账户行或发报行要求收报行自行选择付款行，则不需使用此栏位。

(17) 59a：收款人。收款人是指由汇款人指定的最终接受所汇款项的个人、银行或其他组织。此栏位有两种形式：一种是59A，填写收款人账号及开户行BIC代码；另一种是59，填写收款人账号、名称和地址。

(18) 70：汇款信息。此栏位列明供收款人参考的所汇款项信息。格式为/代码字/，使用以下代码字之一：

INV发票：后跟日期、参考号和发票详情；

IPI标志：相关国际付款指令的唯一参号；

RFB：收款人参号；

ROC：付款人参号；

IPI：相关国际支付指令；

TSU：TSU交易。代码字放在两个斜线之间，后跟发票号、单斜线、支付的金额。

(19) 71A：费用细则。此栏位列明费用的承担方，包括以下三种情况：

OUR：双方银行的费用都由汇款人承担；

SHA：共同承担，即发报行的收费由汇款人承担，收报行的费用由收款人承担；

BEN：双方银行的费用都由收款人承担。

(20) 71F：发报行的费用。

(21) 71G：收报行的费用。

(22) 72：发报行给收报行的信息。格式为/代码字/，使用以下代码字之一：

ACC：给账户行的附言；

INT：给中间行的附言；

REC：给收报行的附言；

INS：指示行，该指示行要求发报行完成该交易。

(23) 77B：法定报告资料。

(24) 77T：信函内容。

(三) 票汇项下的汇票

1. 汇票的定义及必要项目

根据英国《票据法》的定义，汇票是指由一人向另一人签发的，要求即期或定期或在可以确定的将来时间，对某人或其指定人或来人支付一定金额的无条件书面支付命令。

如图1-8所示，汇票在转让前有三个基本当事人，即出票人、付款人/受票人和收款人。汇票是出票人向收款人签发的书面支付凭证(出票)，票面上载明出票人向付款人发出的无条件支付命令，付款人根据此凭证付款给收款人。

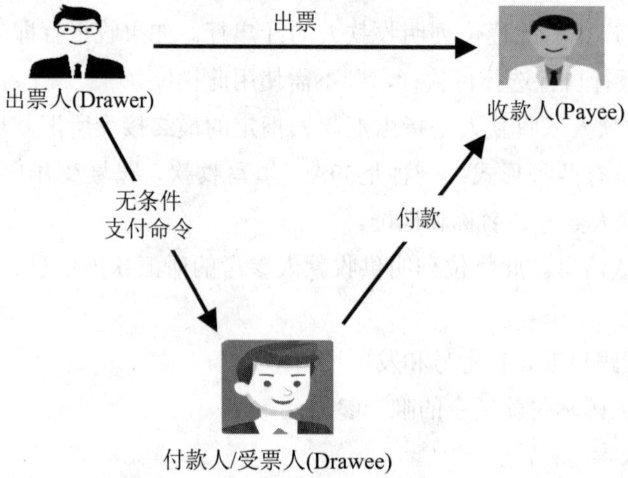

图1-8　汇票基本当事人

汇票样例如图1-9所示，王军代表沈阳宏达进出口有限公司(出票人)签发汇票，命令韩国国际出口公司付款给中国银行沈阳分行(收款人)。汇票有以下8个必要项目。

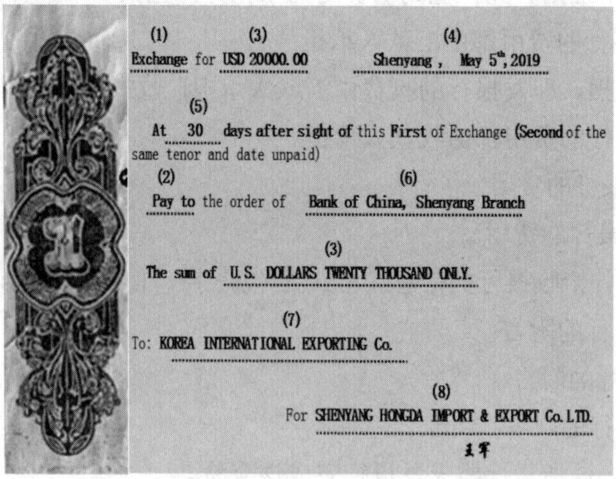

(1) Exchange for (3) USD 20000.00 (4) Shenyang , May 5th, 2019

(5) At 30 days after sight of this First of Exchange (Second of the same tenor and date unpaid)

(2) Pay to the order of (6) Bank of China, Shenyang Branch

(3) The sum of U.S. DOLLARS TWENTY THOUSAND ONLY.

(7) To: KOREA INTERNATIONAL EXPORTING Co.

(8) For SHENYANG HONGDA IMPORT & EXPORT Co. LTD.

王军

图1-9　汇票样例

(1)“汇票”字样。“汇票”主要有3种写法：Bill of Exchange；Exchange；Draft。

例如：Exchange for GBP 1000.00，Draft for USD 15 000.00。

注明“汇票”字样的目的在于与其他票据相区别。

英国《票据法》规定，可以不写票据名称，但在实际业务中，为避免给当事人带来不便，一般都注明“汇票”字样。

(2) 书面无条件支付命令(Pay to)。此项要注意以下两点。

① 必须使用英语的“祈使句”。

例如：“支付给ABC公司或其指定人金额为5000.00美元。”(Pay to ABC Co. or order the sum of FIVE THOUSAND U.S. DOLLARS.)

这是正确的支付语句。

② 支付命令必须是无条件的。

例如：“如果ABC公司供应的货物符合合同，支付给它们金额5000.00美元。”(Pay to ABC Co. providing the goods they supply are complied with contract the sum of FIVE THOUSAND U.S. DOLLARS.)

这是不正确的支付语句。

(3) 一定金额的货币。此项应注意以下5点。

① 汇票的金额必须注明货币名称，如：GBP 5000.00。

② 汇票的金额必须是确定的，即不能有“大约”“左右”等字样。

③ 汇票的金额要用大写(Amount in words)和小写(Amount in figure)分别标明。

④ 如果汇票中有利息条款，汇票中对适用的利率和利息计算的起止日期应予以确定，以免发生争执。

⑤ 如果汇票的票面金额是以某种货币折算成另一种货币，汇票中必须注明汇率。

(4) 出票地点和日期。出票地点的法律意义在于汇票出票适用法律的选择上，汇票形式上的有效性，即汇票的必要项目是否准确齐全，一般以出票地国家的法律为依据。《中华人民共和国票据法》(以下简称《票据法》)和英国《票据法》都没有将出票地视为汇票的必要项目，也就是可以不填。我国《票据法》规定，如果说汇票上未记载出票地，以出票人的营业场所、住所或经常居住地为出票地。

此外，标明出票日期可起到以下3个作用。

① 决定汇票提示期限是否已过期。

② 决定汇票的到期日。

③ 决定出票人的行为能力。

出票日期的形式有两种写法：

欧洲式：DD/MM/YY，即“日/月/年”。

美国式：MM/DD/YY，即“月/日/年”。

(5) 付款期限(Tenor)。付款期限主要有3种。

① 即期付款汇票，又称即期汇票(Sight/Demand bill)，指持票人提示汇票的当天即为到期日，即见票即付的汇票，其英文表达形式为at sight/on demand/on presentation。

② 定期付款汇票，也称远期汇票(Time/Term/Usance bill)，此种汇票的到期日是指可以确定的将来时间，具体情况有3种。

a. 见票后若干天/月付款的汇票。这种汇票必须由持票人及时向付款人提示要求承兑，以便明确承兑人的付款责任，承兑日视为见票日。此种汇票的英文表达为at ×× days/×× month(s) after sight。

例如：见票后90天付款的汇票译为at 90 days after sight。

b. 出票后若干天/月付款汇票。这种汇票也要由持票人及时向付款人提示要求承兑，以明确承兑人的付款责任。此种汇票的英文表达为 at ×× days/×× month(s) after date。

例如：出票后90天付款的汇票译为at 90 days after date。

c. 提单日期/装运日期/说明日期后若干天/月付款的汇票。这种汇票仍然需要持票人及时向付款人提示要求承兑，以明确承兑人的付款责任。此种汇票的英文表达为at ×× days/×× month(s) after B/L date / shipment date / stated date。

例如：提单日期后90天付款的汇票译为at 90 days after B/L date。

在国际结算中，远期汇票到期日的计算原则是“算尾不算头；假日顺延；若干月后，对月对日，不跨月”。

③ 固定将来日期付款的汇票，又称“板期汇票”，尽管这种汇票在票面上已指明付款日期，但仍然要求持票人及时向付款人提示承兑，以明确承兑人的付款责任。英文表达为on a fixed future date。

例如：固定在5月19日付款译为on 19th May fixed。

(6) 收款人名称。收款人通常称为“抬头人”，它有3种写法。

① 限制性抬头。此种汇票不能转让，具体写法有3种。

a. 仅付ABC公司：pay to ABC Co. only

b. 付给ABC公司，不可转让：pay to ABC Co. not transferable

c. 付给ABC公司：pay to ABC Co.，再在汇票任何空白处标明“不可转让”(not transferable)字样。

② 指示性抬头。此种汇票可以由收款人收款，也可以由收款人的指定人收款，其特征是经收款人背书后可转让，具体写法有3种。

a. 付给ABC公司的指定人：pay to the order of ABC Co.

b. 付给ABC公司或其指定人：pay to ABC Co. or order

c. 付给ABC公司：pay to ABC Co.

根据英国《票据法》相关规定，此种写法等同于付给ABC公司或其指定人。

③ 来人抬头。此种汇票不规定汇票的收款人，任何持票人均可作为收款人，其特征是经交付即可转让，具体写法有两种。

a. 付给来人：pay to bearer

b. 付给ABC公司或来人：pay to ABC Co. or bearer

(7) 付款人名称和付款地点。此项目必须书写清楚，以便持票人向其提示要求承兑或付款。

一般而言，付款人和出票人是两个不同的当事人，如果付款人是出票人自己，持票人有权选择将此票据当作汇票或者当作本票看待。

(8) 出票人名称和签字。汇票开出后，经由出票人签字方可有效，以此明确其债务责任。因此，如果签字是伪造的，或是未经授权的人签字，则是无效的汇票。

某个自然人代表公司、单位、银行、团体等机构做授权签字时，应在机构名称前写上“For”或“On behalf of ”或“For and on behalf of ”或“Pre pro.”，并在个人签字后面写上他的职务名称。

例如：

For A Co., New York

Alice Brown Manager

上述出票形式表明，这张汇票不是Alice Brown个人开出的，而是代表 A公司开出的，A公司将受到Alice Brown签字的约束。

知识链接

比较汇票、本票和支票

汇票、本票和支票并称为三大票据，是重要的结算工具，都是资金所有权的证明。

1. 本票

本票样式如图1-10所示，本票有8个必要项目。

(1)
Promissory Note for (7) New York, (5)

(2)
At (6) ****** sight we promise to pay to (3)

the sum of (7)

Payable at (8)

For (4)

Authorized Signature(s)

图1-10　本票样式

(1) “本票”字样。注明“本票”字样，即“Promissory Note”。

(2) 无条件支付承诺。本票是出票人的无条件支付承诺，用“We promise to pay to...”语句表达。

以下3至7项的具体内容与汇票相关内容的规范一致。

(3) 收款人或其指定人。

(4) 制票人(Maker)。

(5) 出票地点和日期。

(6) 付款期限。

(7) 一定金额的货币。

(8) 付款地点。由于本票的出票人是付款人，所以本票无付款人名称，只标明付款地点。我国《票据法》和英国《票据法》都不将此项作为必要项目。

2. 支票

支票样例如图1-11所示，支票有7个必要项目。

(1)
Cheque

(5)
London , 20 Mar., 2019

(2) (8)
(6) Pay to the order of Guangdong Economic &Technical Corp.

(7)
The sum of G. B. Pounds TWENTY FOUR THOUSAND FIVE HUNDRED and FIFTY

ONLY. GBP 24 550.00

(3)
Hong Kong and Shanghai Banking Corporation Ltd.

254 Canal Street, London

For and on behalf of
(4)
SWIRE INSURANCE LIMITED

Authorized Signature(s)

图1-11　支票样例

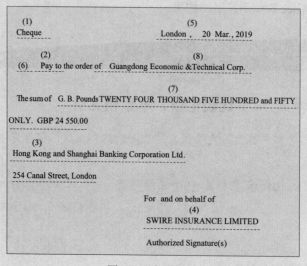

(1) 支票字样，即“Cheque”。

(2) 无条件支付命令。

(3) 付款银行名称和地点。

(4) 出票人名称及签字。

(5) 出票日期和地点。

(6) “即期”字样(可以省略)。

(7) 一定金额的货币(包括大写和小写)。

(8) 收款人或其指定人。

汇票、本票和支票的区别如表1-3所示。

表1-3 汇票、本票和支票的区别

票据种类	汇票	本票	支票
性质	命令式或委托式	承诺式	命令式
基本当事人	出票人(Drawer) 付款人(Drawee) 收款人(Payee)	制票人(Maker) 收款人(Payee)	出票人(Drawer) 付款行(Drawee Bank) 收款人(Payee)
有无承兑	远期汇票有承兑	无承兑	无承兑
主债务人	远期汇票承兑前是出票人，承兑后是承兑人	制票人	出票人是主债务人，付款行可以加盖“保付”戳记，保证付款，避免签发空头支票
有无划线制度	银行即期汇票有划线	无	有

资料来源：刘晶红. 国际结算操作[M]. 北京：中国金融出版社，2012：7-8.

2. 票汇项下汇票的必要项目

票汇项下的汇票是汇出行开立的委托汇入行付款的银行即期汇票，即汇出行是出票人，汇入行是付款人，收款人一般是票汇业务的收款人。票汇项下的汇票样例如图1-12所示，中国银行大连分行作为汇出行开立汇票，委托国民西敏寺银行柏林分行付款给飞利浦贸易公司。

在国际贸易结算中，票汇项下汇票的收款人通常是出口商，但有时是进口商，这是因为进口商需要自带汇票到出口国验货，验货合格后再将汇票的债权转让给出口商。

票汇项下汇票的填写规范与上述汇票必要项目的内容相同。

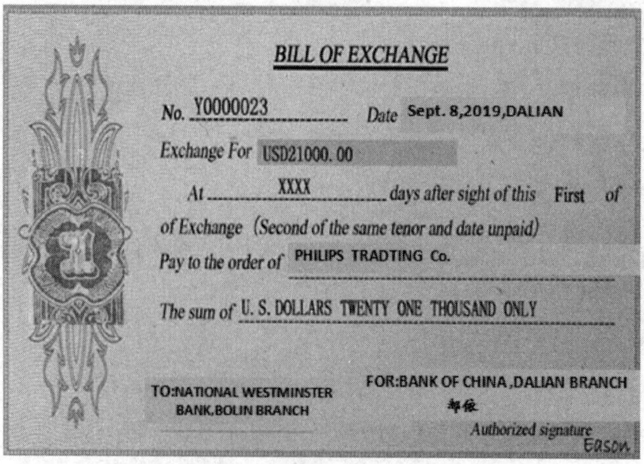

图1-12　票汇项下的汇票样例

知识拓展

票据法体系和中国的《票据法》

国际上没有统一的票据法，只有具有代表性的两大法系——大陆法系和英美法系。大陆法系以《日内瓦统一法》为基础，英美法系以英国《票据法》为基础。

大陆法系和英美法系的主要差异表现在以下几个方面。

(1) 伪造背书后拥有汇票的人能否成为持票人。

大陆法系认为可以成为持票人，英国《票据法》认为不能成为持票人，没有持票人的权利。

(2) 关于“保证”的票据行为的规定。

大陆法系关于“保证”有完整的规定，而英国《票据法》仅有近似的规定。

(3) 关于票据的对价观点。

大陆法系没有规定，而英国《票据法》有明确规定，即付对价持票人和正当持票人享有优越的权利。

(4) 票据的分类不同。

(5) 票据的要式不同，即关于票据的必要项目两大法系的规定不完全相同，如英国《票据法》规定，不要求必须写票据的名称，而大陆法系则要求必须写。

《中华人民共和国票据法》于1995年通过，1996年1月1日施行，2004年修正。关于涉外票据该法律做出了如下具体规定。

涉外票据是指票据行为既有发生在国内又有发生在国外的票据，其适用原则为：首先，适用我国缔结或参加的国际条约，但声明保留的条款除外；其次，适用我国有关法律、法规；前两者都没规定，适用国际惯例。在实践中，具体掌握如下几点。

(1) 出票时的记载事项，适用出票地法律。

(2) 背书、承兑、付款和保证行为，适用行为地法律。

(3) 追索权的行使期限，适用出票地法律。

(4) 提示期限，拒绝证明的方式、期限，适用付款地法律。

(5) 票据丧失时，失票人请求保全票据权利的程序，适用付款地法律。

资料来源：章安平，汪卫芳. 国际结算操作[M]. 北京：高等教育出版社，2014：15.

【知识小结】

汇出国外汇款任务以汇出行业务为主体，内容主要包括汇出行办理国际电汇、票汇业务的操作要点。通过本项目学习，掌握境外汇款申请书、MT103报文的内容，能够准确熟练地开立票汇项下的汇票。此外，要清楚把握汇出行受理汇出汇款业务的注意事项。

1. 要审查汇款人经营的合法性

如果是第一次来行办理业务的客户，要提交以下材料。

(1) 依法核准登记，具有经年检的法人营业执照或其他足以证明其经营合法性和经营范围的有效证明文件。

(2) 具有进出口经营资格的证明文件。

2. 要落实汇款资金

如果是现汇账户结算，要提交现汇账户的支款凭证；如果是用购汇方式结算，则要提交用于购汇的人民币支票。此外，还要注意款项的汇出是否符合国家有关外汇管理规定，如有需要，还要提交外汇管理办法要求的有效凭证。

3. 要审核汇款申请书

要求汇款申请书内容完整、印鉴齐全、字迹清楚。

知识拓展

中银全球智汇

中银全球智汇，中文简称“中银智汇”，英文简称“BOC-GPI”(Bank of China-Global Payments Innovation)，它是中国银行推出的国际汇款创新产品，可为汇款人提供优先处理、追踪反馈、费用透明、信息完整传递等智能、贴心的服务。

(1) 优先处理。汇款过程中从汇款银行至最终收款银行都将优先处理“中银智汇”汇款。

(2) 追踪反馈。汇款银行将全程追踪“中银智汇”处理进程并及时反馈汇款人处理情况。

(3) 费用透明。汇款银行将在汇款完成后及时向汇款人通知收费情况。

(4) 信息完整传递。汇款人提供的包括附言在内的汇款信息可完整传递至收款人。

无论是个人客户还是公司客户，均可通过中国银行营业网点的柜台和智能柜台办理“中银智汇”业务，更为便捷的是，通过手机银行和网上银行也可办理。

“中银智汇”支持的汇款币种有美元、欧元、英镑、加元、丹麦克朗、人民币、新加坡元、日元、澳元、韩元、新西兰元等。

资料来源：中国银行官网. https://www.boc.cn/.

【考　　核】

一、基础知识测试

(一) 单选题

1. 票汇的结算工具是(　　)。

A. MT103报文　　B. 委托书

C. 银行即期汇票　　D. MT100报文

2. (　　)和货到付款是应用于国际贸易货款结算的汇款方式。

A. O/A　　B. 交货付款

C. 寄售　　D. 预付货款

3. 我国第一个加入SWIFT的商业银行是(　　)。

A. 中国建设银行　　B. 招商银行

C. 中国银行　　D. 交通银行

4. D/D是(　　)汇款方式。

A. 电汇　　B. 信汇

C. 票汇　　D. 寄售

5. 如果一张汇票的付款时间是“payable on 19th May”，它又叫(　　)。

A. 即期汇票　　B. 板期汇票

C. 承兑汇票　　D. 定期汇票

6. 票汇项下汇票的出票人是(　　)。

A. 汇款人　　B. 汇出行

C. 汇入行　　D. 收款人

7. MT103由(　　)填写。

A. 汇款人　　B. 汇出行

C. 汇入行　　D. 收款人

8. 采用寄售方式出售商品时，(　　)承担的风险很大。

A. 代销商　　B. 出口商

C. 银行　　D. 进口商

9. 规定付款期限为“at 90 days after sight”的汇票，若其承兑日为10月3日，则其付款日应为(　　)。

A. 当年12月30日　　B. 当年12月31日

C. 次年1月1日　　D. 次年1月1日后的第一个营业日

10. (　　)的汇票不可以转让。

A. 指示性抬头　　B. 限制性抬头

C. 来人抬头　　D. 以上三种收款人形式都可以转让

(二) 多选题

1. 在电汇业务中传递汇款指示的方式有(　　)。

A. 出票　　B. 电报　　C. 电传

D. SWFIT　　E. 电话

2. 汇款结算方式的基本当事人有(　　)。

A. 汇出行　　B. 汇入行　　C. 提示行

D. 收款人　　E. 汇款人

3. 汇款结算方式的特点是(　　)。

A. 风险大　　B. 费用低　　C. 资金负担不平衡

D. 手续简便　　E. 属于银行信用

4. 由出口商签发的要求银行在出票后一定期限内付款的汇票不可能是(　　)。

A. 商业汇票　　B. 银行汇票　　C. 即期汇票

D. 远期汇票　　E. 银行即期汇票

5. 汇付包括(　　)。

A. D/D　　B. D/P　　C. M/T

D. D/A　　E. T/T

6. 票据包括(　　)。

A. 汇票　　B. 商业发票　　C. 支票

D. 本票　　E. 形式发票

7. 下列属于汇出汇款业务的有(　　)。

A. 审查客户递交的资料　　B. 审核汇款申请书

C. 通知收款人取款　　D. 发出汇款指示

E. 核验报文的真实性

8. 本票与汇票的主要区别有(　　)。

A. 汇票是无条件书面支付命令，本票是无条件书面支付承诺

B. 本票只能是即期付款，而汇票则有即期付款与远期付款

C. 本票的付款人只能是银行，而汇票的付款人既可以是银行，也可能是工商企业

D. 汇票有三个基本当事人，本票有两个基本当事人

E. 远期汇票需承兑，远期本票不需承兑

9. 远期汇票的付款时间，除了指定具体付款日期外，还可以规定(　　)。

A. 出票后若干天付款　　B. 见票后若干天/月付款

C. 提单签发后若干天付款　　D. 出票后若干月付款

E. 见票后若干月付款

10. 下列说法中，(　　)是正确的。

A. 远期本票的当事人有两个：制票人、收款人。

B. 支票有即期和远期之分

C. 远期本票不需承兑

D. 本票的付款人是制票人

E. 以出票地法律为依据判断汇票和本票的必要项目是否齐全

(三) 判断题

1. 汇款人和汇出行是委托代理关系。(　　)

2. 在汇款业务中，M/T应用最普遍。(　　)

3. 汇款是建立在银行信用基础上的一种结算方式。(　　)

4. 一张票据上记载的金额是“USD 50.00 or 100.00”，这样的记载是无效的。(　　)

5. 指示性抬头的汇票不能流通转让。(　　)

6. 汇款人和汇出行是委托代理关系。(　　)

7. 汇票是出票人的支付承诺。(　　)

8. 顺汇是指资金流向与结算工具传递方向相同，是由收款人主动开出汇票交由银行收款。(　　)

9. 票汇属于逆汇。(　　)

10. 本票的主债务人是制票人。(　　)

二、技能测试

根据下列信息和销售合同(见表1-4)，完成【任务引例一】的操作任务。

沈阳宏顺进出口公司相关信息：

报关经营单位代码：2201936605

组织机构代码：90758432-6

账号：756123000472183

报关单编号：151520091894672315

商业发票编号：2019034

业务编号：OR0000660

中国银行沈阳分行BIC代码：BKCHCNLN810

收款人开户行：花旗银行纽约分行(CITIBANK, NEWYORK)，账号为786549066436758。

银行费用承担者：汇款人

发报行费用：USD 16.25

表1-4　销售合同

SALES CONTRACT

NO. QA20190320　　DATE: Mar. 1, 2019

THE SELLER: Wooster Exp. Trading Co.　NO. 7 RD., NW08670，U.S.A.

THE BUYER: SHENYANG HONGSHUN IMPORT & EXPORT CO., LTD.

NO. 1666 XUYANG ROAD, SHENYANG, CHINA

This Contract is made by and between the Buyer and the Seller, whereby the Buyer agrees to buy and the Seller agrees to sell the under mentioned commodity according to the terms and conditions stipulated below:

Commodity & Specification	Quantity	Unit price	Amount
Microscopes,Photographic Equipment.OFE 566	2 pcs	USD 26300.00/pc CIF DALIAN	CIF DALIAN USD 26 300.00
TOTAL	2 pairs		USD 52 600.00

Total Amount: SAY U.S. DOLLARS FIFTY –TWO THOUSAND SIX HUNDRED ONLY.

Packing: Packed in 2 pairs/carton

Port of Loading and Destination: From New York, U.S.A. to DALIAN, China

Time of Shipment: Partial Shipment not allowed

Terms of Payment: T/T after shipment

THE SELLERS Wooster Exp. Trading Co.

John

THE BUYERS

SHENYANG HONGSHUN IMPORT & EXPORT CO., LTD.

金然

1. 模拟刘莉填写境外汇款申请书，见表1-5。

表1-5 境外汇款申请书
APPLICATION FOR FUNDS TRANSFERS(OVERSEAS)

致：______________银行　　　　　　　　　　　　日期：
To: ______________　　　　　　　　　　　　　　Date:

		□电汇T/T □票汇D/D □信汇M/T	发报等级Priority □普通Normal □加急Urgent
申报号码 BOP Reporting No.	□□□□□□□ □□□□ □□ □□□□□□□ □□□□		
20 银行业务编号 Bank Transac. Ref. No.		收电行/付款行 Receiver/Drawn on	
32A 汇款币种及金额 Currency & Interbank Settlement Amount		金额大写 Amount in Words	
其中 现汇金额Amount in FX		账号A/C No.	
其中 购汇金额Amount of Purchase		账号A/C No.	
其中 其他金额Amount of Others		账号A/C No.	
50a 汇款人名称及地址 Remitter's Name & Address			
□对公组织机构 代码Unit Code □□□□□□□□□-□		□ 对私	□个人身份证号码Individual ID No. □中国居民个人Resident Individual □中国非居民个人Non-Resident Individual
54/56a 收款银行之代理行名称及地址 Correspondent of Beneficiary's Bank Name & Address			
57a 收款人开户银行名称及地址 Beneficiary's Bank Name & Address		收款人开户银行在其代理行账号Ben.'s Bank A/C No.	
59a 收款人名称及地址 Beneficiary's Name & Add.		收款人账号Ben.'s A/C No.	
70 汇款附言Remittance Information 只限140个字位Not Exceeding 140 Characters		71A 国内外费用承担 All Bank's Charges if Any Are to be Borne by	□汇款人OUR □收款人BEN □共同SHA
收款人常驻国家(地区)名称及代码Resident Country/Region Name & Code □□□			
请选择: □预付货款Advance Payment	□货到付款Payment Against Delivery	□退款Refund	□其他Others
交易编码 BOP Trans. Code	□□□□□□ □□□□□□	相应币种及金额 Currency & Amount	交易附言 Transac. Remark
是否为保税货物项下付款	□是 □否	合同号	发票号
外汇局批件号/备案表号/业务编号			
银行专用栏 For Bank Use Only	申请人签章 Applicant's Signature		银行签章 Bank's Signature
购汇汇率Rate @		请按照贵行背页所列条款代办以上汇款并进行申报 Please effect the upwards remittance subject to the conditions overleaf	
等值人民币 RMB Equivalent			
手续费Comm.			
电报费Cable Charges			
合计Total Charges		申请人姓名 Name of Applicant 电话 Phone No.	核准人签字 Authorized Person 日期 Date
支付费用方式 In payment of the Remittance	□现金by Cash □支票by Check □账户from A/C		
核印 Sig.Ver		经办Maker	复核Checker

2. 填写MT103报文，见表1-6。

表1-6　MT103报文

FM: Date: Send to:	
20:	
32A:	
33B:	
50a:	
59a:	
71A:	
71F:	

完成【任务引例二】的操作任务，填写票汇项下的汇票，见表1-7。

表1-7　票汇项下的汇票

__________for__________　　　　____________________

At____________________pay to____________________or order

the sum of____

To____________________　　　　For____________________

____________________　　　　____________________

【拓　　展】

相关专业词汇中英文对照如表1-8所示。

表1-8　专业词汇中英文对照

中文专业词汇	英文专业词汇
国际汇款	International Remittance
电汇	T/T (Telegraphic Transfer)
票汇	D/D (Remittance by Banker’s Demand Draft)
信汇	M/T (Mail Transfer)
赊销	O/A (Open Account Trade)
出票人	Drawer
付款人	Drawee
收款人	Payee

任务二　国外汇入汇款业务

任务引例

2019年5月6日，中国银行沈阳分行收到一份SWIFT电文，内容显示中国银行纽约分行汇来一笔款项，金额为46 000.00美元，收款人是沈阳信达进出口公司(SHENYANG KINGTRUST IMP. & EXP. CO.)，汇款人是纽约佳美公司(New York Camry Company)。中国银行沈阳分行作为汇入行在做好审核登记，并在落实头寸之后，向沈阳信达进出口公司结汇。

操作任务：代表汇入行登记汇入汇款。

学习任务

一、汇入行的业务处理

汇入行的业务处理如图1-13所示，其中核验汇款指示和汇票的真实性是防范风险的重要措施。核验对象因汇款种类而不同，电汇核对密押，票汇和信汇核对印鉴。

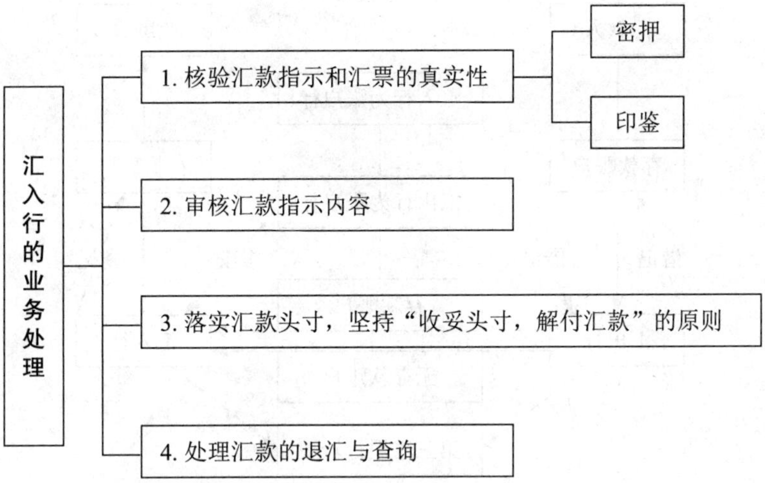

图1-13　汇入行的业务处理

汇款人提出退汇的业务处理如图1-14所示。

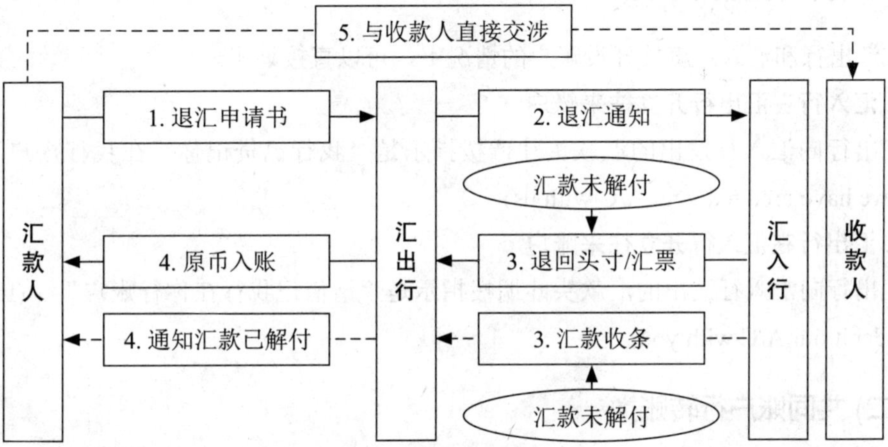

图1-14　汇款人提出退汇的业务处理

如遇收款人提出退汇，汇入行可作为拒收处理，并通知汇出行，由汇款人凭汇款回执到汇出行办理退汇手续。

二、汇款业务中的头寸调拨

头寸(Position)旧称“头衬”，是金融界及商业界的行业用语。汇款业务中的头寸调拨是指通过汇出行和汇入行之间的往来账户划拨汇款资金。如图1-15所示，汇出行和汇入行的账户往来设置不同，汇款头寸的调拨指示也不同，可以概括为以下3类。

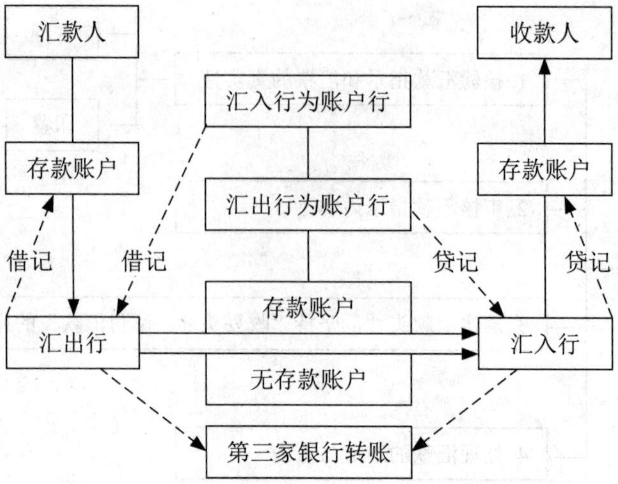

图1-15 汇款头寸调拨指示

(一) 账户行直接入账类

在汇出行和汇入行直接开设账户的情况下，可以直接划账。

1. 汇入行在汇出行开立往来账户

汇出行向汇入行发出的汇款头寸调拨指示是“我行已贷记你行在我行账户”。(In cover, we have credited your A/C with us)

2. 汇出行在汇入行开立往来账户

汇出行向汇入行发出的汇款头寸调拨指示是“请借记我行在你行账户”。(In cover, please debit our A/C with you)

(二) 共同账户行转账类

汇出行和汇入行都在第三家银行开设了账户，汇出行向汇入行发出的汇款头寸调拨指示是“我行已授权A行(共同账户行)借记我行账户，并贷记你行账户”。(In cover, we have authorized A Bank to debit our A/C and credit your A/C with them)

共同账户行在收到授权后，向汇出行发出借记通知书，向汇入行发出贷记通知书，汇入行在收到贷记通知书后，即可将汇款解付给收款人。

(三) 汇出行和汇入行分别在不同银行开有往来账户

汇出行向汇入行发出的汇款头寸调拨指示是“我行已指示×行将款项汇给你方”。(In cover, we have instructed × Bank to remit proceeds to you)

银行头寸调拨是SWIFT的第二大类电文，MT202报文被普遍用于单笔银行头寸调拨，它是由付款行或代表付款行的银行直接或通过代理行发送给收款方的银行，用来将头寸调入收款行账户的报文格式，其内容如表1-9所示。该报文格式也可以用来要求收报行将发报行的头寸在发报行开立的几个账户之间调拨，或要求收报行“借记”发报行的账户，同时“贷记”发报行开在另一账户行(项目57a中列明的银行)的几个账户中的一个账户。

表1-9　MT202报文内容

Status	Tag	Field Name
M	20	Transaction Reference Number (业务参考号)
M	21	Related Reference (相关参考号)
M	13C	Time Indication (要求银行借记或贷记款项的时间)
M	32A	Value Date/Currency/Interbank Settled Amount (起息日及银行间清偿币别、金额)
O	52a	Ordering Institution (汇款人账户行)
O	53a	Sender's Correspondent (发报行的代理行)
O	54a	Receiver's Correspondent (收报行的代理行)
O	56a	Intermediary Institution (中间行)
O	57a	Account With Institution (账户行)
M	58a	Beneficiary Institution (汇入行)
O	72	Sender to Receiver Information (发报行给收报行的信息)

知识拓展

往账和来账

本国银行在外国银行开立的往来账户，称为“往账(Nostro A/C)”，本国银行是存款行(Depositor)，外国银行是账户行(Depository)。

外国银行在本国银行开立的往来账户，称为“来账(Vostro A/C)”，外国银行是存款行(Depositor)，本国银行是账户行(Depository)。

资料来源：刘晶红. 国际结算操作[M]. 北京：中国金融出版社，2012：40.

【知识小结】

国外汇入汇款任务以汇入行为主体，内容包括汇入行审核登记汇入汇款、解付汇款、退汇等业务处理，通过学习要掌握汇入汇款登记的内容，把握解付汇款的原则，理解什么是汇款业务的头寸调拨，能够根据汇出行和汇入行的账户设置情况，检查头寸调拨指示是否准确。

【考　　核】

一、基础知识测试

(一) 单选题

1. 如果汇出行发给汇入行的汇款指示中写明：In cover, we have authorized A bank to debit our account and credit your account with them，则表明(　　)。

A. 汇出行在汇入行开设有该笔汇款业务所使用货币的账户

B. 汇入行在汇出行开设有该笔汇款业务所使用货币的账户

C. A银行是汇出行与汇入行的共同账户行

D. 汇出行将通过A银行将汇款头寸汇给汇入行，以供其向收款人支付

2. 在电汇业务中，汇入行查验真伪的对象是(　　)。

A. 印鉴　　B. 密押　　C. 费率　　D. 签字

3. (　　)情况下，汇款结算的成本最低，速度最快。

A. 汇出行和汇入行直接开设账户

B. 汇出行和汇入行有共同账户行

C. 汇出行和汇入行分别在不同银行开设账户

D. 以上三种情况都一样

4. (　　)不是汇入行的业务。

A. 核对密押　　B. 检查头寸　　C. 解付汇款　　D. 填写MT103报文

5. (　　)表明，汇出行和汇入行分别在不同银行开设账户。

A. In cover, we have credited your A/C with us.

B. In cover, we have instructed X Bank to remit proceeds to you.

C. In cover,we have authorized A Bank to debit our A/C and credit your A/C with them.

D. In cover, please debit our A/C with you.

6. 不必限定在汇入行取款的汇款方式是(　　)

A. 电汇　　B. 信汇　　C. 票汇　　D. 以上都是

7. 无法占用客户资金的汇款方式是(　　)。

A. T/T　　B. D/D　　C. M/T　　D. 以上都是

(二) 多选题

1. 信汇、票汇业务中，汇入行核实真伪的查验对象是(　　)。

A. 印鉴　　B. 密押　　C. 费率

D. 签字　　E. 汇出行资信

2. 退汇可以由(　　)提出。

A. 汇出行　　B. 汇入行　　C. 汇款人

D. 收款人　　　　E. 代理行

3. (　　)不是汇入行的业务。

A. 填写汇款申请书　　　　B. 审核汇款申请书

C. 查验密押或印鉴　　　　D. 落实头寸解付汇款

E. 发出MT103报文

4. (　　)不是往账业务的头寸调拨指示。

A. In cover, we have credited your A/C with us.

B. In cover, we have instructed × Bank to remit proceeds to you.

C. In cover,we have authorized A Bank to debit our A/C and credit your A/C with them.

D. In cover, please debit our A/C with you.

E. B and C

5. 在汇出行和汇入行互设账户的情况下，头寸调拨指示可以是(　　)。

A. In cover, we have credited your A/C with us.

B. In cover, we have instructed × Bank to remit proceeds to you.

C. In cover,we have authorized A Bank to debit our A/C and credit your A/C with them.

D. In cover, please debit our A/C with you.

E. B and C

(三) 判断题

1. 如果汇出行向汇入行发出的汇款头寸调拨指示是“In cover, we have credited your A/C with us.”，则说明汇入行在汇出行开立了往来账户。(　　)

2. 无论是电汇还是票汇、信汇，汇入行查验汇款真实性的方法相同，都是查验汇出行的签字。(　　)

3. 只要汇入行收到汇出行发来的退汇通知，就要退回头寸。(　　)

4. 汇入行应坚持“收妥头寸、解付汇款”的原则。(　　)

5. 在汇出行和汇入行之间无账户往来时，汇款的结算成本较高。(　　)

二、技能测试

【任务引例】

根据【任务引例】和下列补充信息，登记汇入汇款，填写表1-10。

2019年5月6日，中国银行沈阳分行收到一份SWIFT电文，内容显示中国银行纽约分行汇来一笔货款，金额为46 000.00美元，收款人是沈阳信达进出口公司(SHENYANG KINGTRUST IMP. & EXP. CO.)，汇款人是纽约佳美公司(New York Camry Company)。中国银行沈阳分行作为汇入行在做好审核登记，并落实头寸之后，向沈阳信达进出口公司结汇。

【补充信息】

(1) 国外扣费：100美元

(2) 汇出业务参考号：OR 15042856

(3) 汇入业务编号：IR 1505065587

(4) 收款人账号：756128000492185

(5) 结汇汇率：USD 1=CNY 6.5561/6.5576

表1-10　登记汇入汇款

项　目	内　容	项　目	内　容
汇入币种		汇入金额	
国外扣费币种		国外扣费金额	
是否同行转入		业务处理模式	
起息日		汇款方式	
汇出行		业务编号	
解付方式		解付金额	
汇款人国别		汇款人名称	
收款人账号		收汇类型	
交易附言		结汇汇率	

项目综合实训

【国际汇款业务操作流程总结】

如图1-16所示，国际汇款业务操作流程可以概括为：委托→指示→解付→调拨。

电汇、票汇、信汇在“委托”“解付”“调拨”三个环节的操作要点基本相同，区别在于“指示”环节，电汇是汇出行以电报、电传或SWIFT形式向汇入行发出指示，票汇是汇出行向汇入行寄出汇款通知书，信汇是汇出行向汇入行寄出信汇委托书。

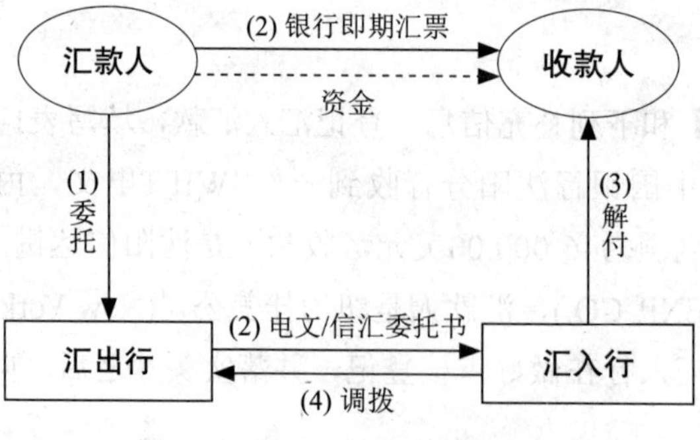

图1-16　国际汇款业务基本流程

业务操作

一、模拟国际汇款业务

2019年3月16日，辽宁宏远进出口公司(Liaoning Hongyuan Import & Export Company)职员李悦准备好了报关单、商业发票到实验银行辽金分行办理票汇汇出汇款业务。该笔汇款业务的收款人为纽约风机公司(New York Blower Company)，金额为52 500.00美元，用途为进口机械设备的货款，货款从宏远公司在实验银行辽金分行的现汇账户中支出。汇入行选择纽约风机公司的开户行花旗银行纽约分行，银行费用由汇款人和收款人共同承担(费率0.2‰)，假设汇入行是汇出行的账户行。(业务编号：655970016229)

二、模拟操作

1. 概括说明汇出行受理汇出汇款业务的操作要点。

2. 填写表1-11。

表1-11　汇款申请书审核工作单

项　　目	内　　容
汇款方式	
汇款人名称和地址	
收款人名称和地址	
汇款币种和金额	
款项用途	
银行费用由哪方支付	

3. 开立票汇项下的汇票。

4. 概括说明汇入行办理汇入汇款业务的操作要点。

操作设计

学生每4人一组，分别以汇款人、汇出行、汇入行、收款人的身份配合完成此笔业务。

一、根据所给条件模拟汇出行填写一份电传

汇出行：Bank of China, Shenyang Branch

汇入行：Midland Bank Ltd., London

发电日期：29 July, 2019

起息日：29 July, 2019

密押：23××××

汇款编号：219TT××××

付款金额：GBP 3800.00

收款人：R. H. L College, London. Account No. 230642 ** with Midland Bank Ltd.

附言：Contract No. 20030011

汇款人：Hope Training School, Shenyang

头寸调拨：Debit our H. O. Account

请填写：

FM: ____________________

To: ____________________

Date: ____________________

Test: ____________________

Our ref No.: ____________________

Pay(Amt): ____________________

Value (date): ____________________

For credit of account No.: ____________________

Message: ____________________

Order: ____________________

Cover: ____________________

二、解读SWIFT电文(见表1-12)

表1-12　SWIFT电文

FM: Bank of China, Beijing Branch Date 190912 Send to Chase Manhattan New YORK N.Y.	
20:	TT119900/03
32A:	190930 USD 200 000.00
50a:	China International Water and Electric Corp. Beijing
57a:	Bank of New YORK N. Y. for Account of No. 12347899
59a:	International Electricite Corporation N.Y.
70:	Remit for Customer Duty
71A:	BEN

三、解释说明

1. 该笔汇款业务的4个基本当事人。

2. 款项用途。

3. 费用承担。

思考题

中国银行为了便于开展国际业务，与美国花旗银行建立了代理关系，并且中国银行在纽约花旗银行开立了一个美元活期存款账户。请回答下列问题：

1. 对我国来讲该账户是往账，还是来账？存款行和账户行各是什么？

2. 如果中国银行是汇出行，如何填写头寸调拨指示？

案例分析

2018年7月，A市甲银行下属的一家支行受理一笔汇出汇款业务，该支行经办员按操作流程接受委托后，于当日通过甲银行办理汇出汇款。过了一段时间，汇款人来支行查询，称收款人一直未收到自己汇出的此笔款项。支行经办员随即联系甲银行，甲银行立即电询账户行告知收款人尚未收到汇款，请复电告知划付日期。账户行回电称，该笔汇款已由收款银行退回，理由是无法解付。

支行经办员再次仔细审核汇款申请书后发现，收款银行一栏填写的是“Hong kong and Shanghai Banking Corp. Ltd., HONG KONG”，收款人一栏写的是“UK Trading Co., SINGAPORE”，随即与汇款人联系确认汇入地，原来收款银行地址应为新加坡而不是中国香港。在征得汇款人同意后，更改了此笔汇款的收款银行地址，并立即通过甲银行重新通知其账户行将头寸划拨至汇丰银行新加坡分行，才最终完成了这笔汇款业务。

请分析：本案发生的原因是什么？外贸从业人员和汇出行经办员应从中吸取什么教训？

项目二 国际托收业务操作

能力目标

✧ 能够以委托人身份根据贸易合同填写托收委托书，缮制托收项下的汇票；
✧ 能够以托收行身份受理国际托收业务申请，缮制托收指示书，做托收背书；
✧ 能够以代收行身份办理进口代收业务；
✧ 能够以付款人的身份做承兑。

知识目标

✧ 知道国际托收业务所涉及的当事人；
✧ 了解国际托收业务适用的国际惯例；
✧ 了解进口赎单通知书、MT400和MT412报文的内容；
✧ 掌握跟单托收的交单条件；
✧ 掌握托收项下汇票的必要项目；
✧ 掌握托收委托书和托收指示书的内容。

素质目标

✧ 充分尊重客户，时刻保持友善的工作态度，倾听客户需求，向客户耐心讲解托收业务的特点，为降低客户结算成本出谋划策，能够为出口企业提供高效的收汇服务，具有较强的金融服务意识和良好的沟通能力；
✧ 依据托收委托书的填写规范和国际票据应记载的必要项目，正确填制托收委托书和托收项下的汇票，具有认真、稳健的工作作风；
✧ 在办理结汇时，严格遵守操作规程，坚持收妥结汇的原则，加强与会计部门的合作，具有较强的团队协作能力；

✧ 作为托收行能够依据托收委托书的内容准确缮制托收指示书，作为代收行认真清点单据的种类和份数，准确缮制赎单通知书、MT400和MT412报文，具有严谨的工作作风。

项目导入

上海新龙股份有限公司(SHANGHAI NEW DRAGON CO. LTD.)出口一批服装到一家纽约公司(WINNIE TRADE COMPANY)，合同金额为15 000.00美元，合同支付条款列明D/P at sight。

2019年9月12日，上海新龙股份有限公司委托中国银行上海分行，通过纽约银行办理此笔结算业务。

什么是D/P at sight？该项业务如何办理？

通过本项目的学习，理解什么是D/P at sight，并掌握跟单托收业务各个环节的操作要点。

关键词

跟单托收　付款交单　承兑交单　托收委托书　托收指示书

知识结构图

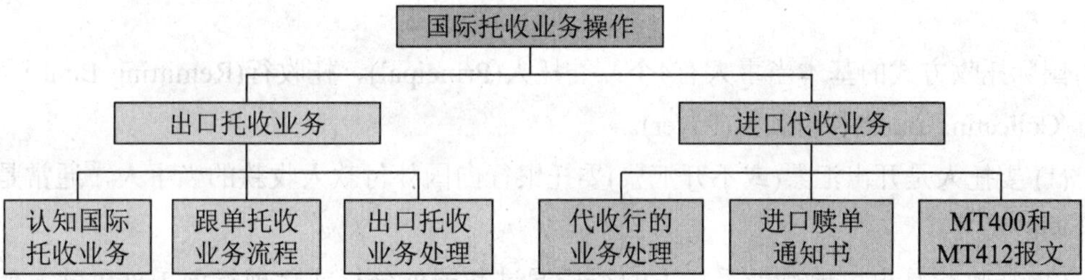

任务一　出口托收业务

任务引例

2019年5月15日，沈阳宏顺进出口公司(Shenyang Hongshun Imp. & Exp. Co.)与纽约维尼贸易公司(Winnie Trading Company，New York)签订服装出口合同，合同金额为

30 000.00美元，支付条款规定D/P at sight。2019年6月25日，沈阳宏顺进出口公司职员王某备齐了商业单据，向中国银行沈阳分行申请办理跟单托收业务，中国银行沈阳分行出口结算部业务经办员赵某受理了该笔业务申请。

操作任务：

1. 模拟委托人开立托收项下的汇票；
2. 模拟委托人填写托收申请书；
3. 模拟托收行审核委托人递交的合同、相关商业单据等资料，校准托收申请书；
4. 模拟托收行向代收行缮制托收指示书。

学习任务

一、认知国际托收业务

(一) 国际托收的概念及当事人

国际托收(Collection)是指出口商在货物出运后，委托出口地银行通过其国外联行或代理行向进口商收取货款或劳务费用的一种结算方式。

根据《托收统一规则》(URC522)的解释，托收是指由收到托收指示的银行，将收到的金融单据或商业单据向付款人提示，以取得付款或承兑，并凭付款或承兑或其他条件交出单据。

国际托收方式的基本当事人有4个：委托人(Principal)、托收行(Remitting Bank)、代收行(Collecting Bank)和付款人(Payer)。

(1) 委托人是开出汇票(或不开汇票)委托银行向国外付款人收款的当事人，通常是买卖合同的卖方。

(2) 托收行是出口地接受委托人的委托通过其国外分行或代理行向国外付款人代为收款的银行。

(3) 代收行是托收行在进口地的分行或代理行，是接受托收行的委托向付款人收款的银行。

(4) 付款人即债务人，是汇票的受票人(Drawee)，是买卖合同的买方。

由此可见，委托人与托收行之间、托收行与代收行之间都是委托代理关系。委托人与代收行之间、代收行与付款人之间不存在任何法律上的权利义务关系。

(二) 国际托收业务的种类

根据所附结算工具的不同，国际托收分为光票托收和跟单托收两种。

1. 光票托收

光票托收是指附带金融单据和商业单据(不含物权单据)的托收。在国际贸易中，光票托收通常用于收取出口货款的余款、样品费、佣金等费用。

2. 跟单托收

跟单托收是指出口方将汇票连同提单、保险单、发票等商业单据一并交给当地银行，委托该银行向进口方收取货款的托收。按照交单条件的不同，跟单托收分为付款交单和承兑交单两种。

1) 付款交单(Documents against Payment，D/P)

付款交单是指出口方的交单以进口方的付款为条件，即出口方将汇票连同货运单据交给银行托收时，指示银行只有在进口方付清货款时才能交出货运单据。如果进口方拒付，就不能拿到货运单据，也就无法提取单据项下的货物。付款交单按付款时间的不同，可分为即期付款交单和远期付款交单两种。

(1) 即期付款交单(D/P at sight)，指出口方通过银行向进口方提示汇票和货运单据，受票人见票即付，付清货款即可拿到货运单据。

(2) 远期付款交单(D/P at...days after sight)，是由出口方通过银行向进口方提示汇票和货运单据，进口方在汇票上承兑，并于汇票到期日付款后向银行取得单据。在汇票到期付款前，汇票和货运单据由代收行掌握。

2) 承兑交单(Documents against Acceptance，D/A)

承兑交单是指出口方按买卖合同发货后，开立以进口方为付款人的远期汇票并附上装运单据，代收行在收到单据后立即向进口方提示远期汇票，进口方对该远期汇票予以承兑，代收行随即根据进口方的承兑向进口方交付单据，该远期汇票到期时，进口方再向代收行付款。

案例阅读　出口商在托收结算中面临的商业信用风险

我国某外贸公司与美国某客商以预付货款的方式顺利做了几笔小额交易后，客商称销路已经打开，要求增加进口商品数量，但由于数量太多，其资金周转不开，希望我方将前T/T改为D/P at sight方式。当时我方考虑到在D/P at sight方式下，如果对方不去付款赎单，就拿不到单据，货物的所有权仍归我方所有，于是，未对客商的资信进行全面调查，就以此种方式发了一个40英尺货柜的货物，金额为3万美元。后来，货物到达目的港后，客商借口资金紧张，迟迟不去赎单。10天后，各种费用相继发生。考虑到这批货物的花色品种均为客商特别指定的，如果将货物运回，也无法转售，便被迫把付款方式改为D/A 30天。可是，客商将货物提走之后，便杳无音讯。我方到涉外法律服务部门一问才知道，如到美国打官司费用极高，于是只好作罢。

在这个案例中，我国出口企业之所以会蒙受损失，是因为对托收结算方式下出口商可能面临的风险认识不足，虽然在跟单托收方式中，进口商不付款或不承兑就拿不到代表物权的货运单据，但是，毕竟货物已经发走，即使货物所有权仍然掌握在自己手中，也会发生损失。因此，作为出口企业要认识到托收是建立在商业信用基础上的结算方式，在签订买卖合约之前，要对进口商的商业信用有充分的把握，才能接受以托收方式结算货款。

二、跟单托收业务流程

(一) 即期付款交单业务流程

如图2-1所示，即期付款交单业务流程可以概括为以下几个步骤。

(1) 委托人按照合同规定发货并取得货运单据后，填写托收申请书，开出即期跟单汇票，连同货运单据交托收行，委托其代收货款。

(2) 托收行根据托收申请书缮制托收指示书，连同即期跟单汇票、货运单据寄交进口地代收行。

(3) 代收行在收到即期跟单汇票及货运单据后，即向付款人做付款提示。

(4) 付款人审单无误后付款。

(5) 代收行向付款人交单。

(6) 代收行办理款项划拨业务。

(7) 托收行向委托人交款。

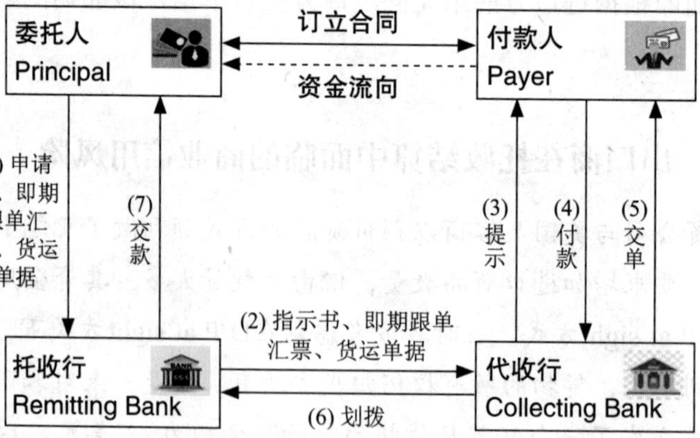

图2-1 即期付款交单业务流程

(二) 远期付款交单业务流程

如图2-2所示，远期付款交单业务流程可以概括为以下几个步骤。

(1) 委托人按合同规定发货后填写托收申请书，开立远期跟单汇票连同货运单据交托收行，委托其代收货款。

(2) 托收行根据托收申请书缮制托收指示书，连同远期跟单汇票、货运单据寄给代收行委托其代收款项。

(3) 按照托收指示书的指示，代收行向付款人提示要求其承兑。

(4) 付款人经审核无误在汇票上做承兑，代收行保留汇票和货运单据。

(5) 汇票到期时，代收行向付款人提示付款。

(6) 付款人付款，代收行交单。

(7) 代收行办理款项划拨业务。

(8) 托收行向委托人交款。

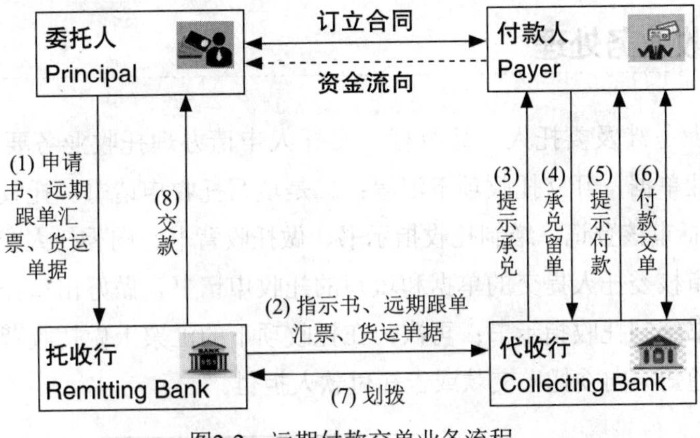

图2-2　远期付款交单业务流程

(三) 承兑交单业务流程

如图2-3所示，承兑交单业务流程可以概括为以下几个步骤。

(1) 委托人按合同规定装货后填写托收申请书，开立远期跟单汇票连同货运单据交托收行，委托其代收货款。

(2) 托收行根据托收申请书缮制托收指示书，连同汇票、货运单据寄给代收行委托其代收款项。

(3) 按照托收指示书的指示代收行向付款人提示承兑。

(4) 付款人经审核无误在汇票上做承兑，代收行交单。

(5) 汇票到期时，代收行向付款人提示付款。

(6) 付款人付款。

(7) 代收行办理款项划拨业务。

(8) 托收行向委托人交款。

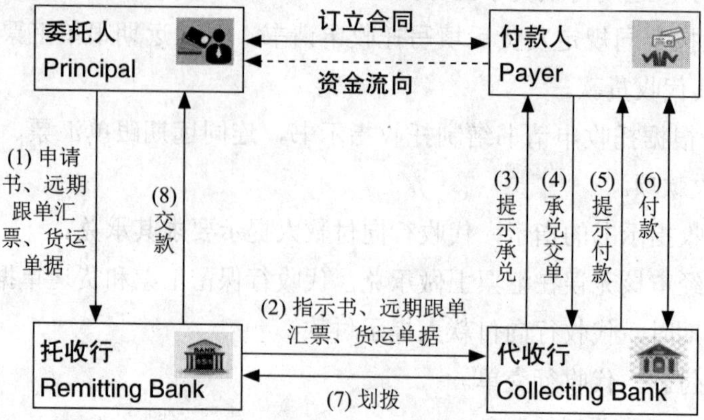

图2-3　承兑交单业务流程

三、出口托收业务处理

出口托收业务涉及委托人和托收行，委托人申请办理托收业务要做好两件事：一是备齐全套商业单据，开立托收项下汇票；二是填写托收申请书。托收行的业务处理如图2-4所示，包括审核登记、缮制托收指示书、做托收背书、向委托人交款等内容。具体来说，首先，审核委托人提交的单据和填写的托收申请书，做好出口托收登记；其次，根据托收申请书缮制托收指示书；再次，在托收项下的汇票上做托收背书；最后，根据代收行发来的通知，向委托人交款或告知付款人拒付。

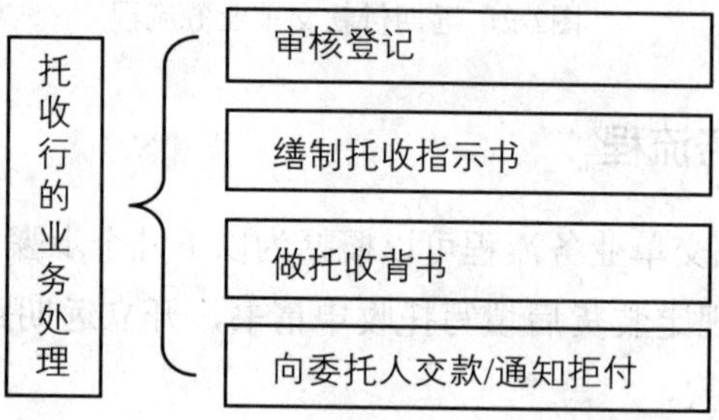

图2-4　托收行的业务处理

(一) 托收项下的汇票

托收项下汇票的必要项目如图2-5所示，包括9项内容。

BILL OF EXCHANGE

No. (1)

For_________(2)__________(amount in figure)　　_________(3)_________(place and date of issue)

At_________(4)__________sight of this FIRST Bill of exchange (SECOND being unpaid) pay to

__________(5)____________________or order

The sum of_________(2)_________(amount in words)

Value received for_____(6)_____(quantity)　of _________________(name of commodity).

Drawn under________(7)_______S/C No._________________(number and dated)

To:(8)

For and on behalf of__________(9)_________

____________________(Authorized Sigature)

图2-5　托收项下汇票的样式

(1) 汇票号码，填写商业发票号码。

(2) 大小写金额，要等于或小于发票金额。

(3) 出票地点和日期，出票日期一般是向托收行交单的日期，且不早于发票日期。

(4) 付款期限，要与交单条件相符。即期付款交单填写At sight；远期付款交单和承兑交单填写At ××× days after sight。

(5) 收款人，一般写托收行名称。

(6) 对价条款，填写商品数量、名称。

(7) 出票条款，填写交单条件、合同号码和合同签订日期。

(8) 受票人，填写进口商名称。

(9) 出票人，填写委托人名称。

托收汇票一式两份，两联汇票具有相同的法律效力。当第一联汇票生效时，第二联自动作废(Second of exchange being unpaid)；当第二联汇票生效时，第一联汇票自动作废(First of exchange being unpaid)。

知识链接

托收背书

背书是指由票据债权人在票据背面记载有关事项并签字的票据行为。背书有两大类：转让背书和非转让背书。托收背书是非转让背书，是指背书人要求被背书人按照委托代收票款，被背书人没有汇票所有权，只是代替背书人行使提示要求付款的权利。如果托收项下汇票的收款人是托收行，作为背书人的托收行要做托收背书，被背书人是代收行，其行为意旨托收行委托代收行向受票人提示，要求受票人承兑或付款，具体格式如图2-6所示。

Pay to______________(被背书人)for collection For _______________(背书人) (signature背书人签字)

图2-6　托收背书的格式

(二) 托收申请书的内容

托收申请书，也叫托收委托书，填写时用英文，如表2-1所示为跟单托收申请书的样式，全部内容分4部分。

1. 托收基本内容

此部分包括申请办理托收的日期、金额、期限、当事人、适用的国际惯例等内容。

(1) 委托人(Principal)。委托人也叫申请人，是出口商，应填写详细的名称、地址、电话及传真号码。

(2) 付款人(Drawee)。付款人是进口商，应填写详细的名称、地址、电话及传真号码。若进口商的资料不详细，则容易增加代收行工作难度，使出口商收到款项的时间较长。

(3) 代收行(Collecting Bank)。出口商在该栏内填写国外代收银行(一般为进口商的开户银行)的名称和地址，这样便于代收行直接向付款方递交单据，尽早收到托收款项。如果没有填写或不知道进口方的开户银行，则托收行将为委托人选择进口商所在国家或地区的一家银行作为代收行。

(4) 期限(Tenor)。此项内容要与委托人提交的汇票保持一致。

(5) 汇票/发票号码(Draft/Invoice No.)。

2. 单据内容

写清提交给银行的单据名称和正本/副本数量。

3. 特别指示

(1) 托收的交单方式。必须明确是付款交单还是承兑交单，在选中的内容前画“×”。

(2) 费用承担。明确托收项下的费用是由付款人承担还是由委托人自己承担。

(3) 承兑通知。明确是否发出远期汇票已承兑及付款到期日的通知。

(4) 拒付处理。明确当拒付发生时，是否要求做拒绝证书，是否需要发出通知，说明拒付或拒绝承兑的原因。

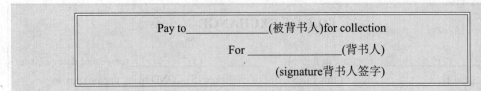

(5) 费用/利息收取。明确代收行在付款人拒绝支付托收项下费用/利息的情况下是否可以放单。

(6) 责任条款。委托人声明承担所选择的代收行而产生的一切后果。

(7) 付款指示。明确收妥的托收款项的处置方式。

4. 委托人联系方式及公司签章

表2-1　跟单托收申请书的样式

跟单托收申请书

APPLICATION FOR DOCUMENTARY COLLECTION

To: Date:________

We enclose the following draft(s)/ documents as specified hereunder which please collect in accordance with the instructions indicated herein. This collection is subject to URC522.	Collecting Bank (Full Name & Address)
Principal (Full Name & Address)	Drawee (Full Name & Address)

Tenor	Draft/Invoice No.	Amount

DOCUMENTS

DRAFT 汇票	COM. INV. 商业发票	PACKING LIST 装箱单	B/L 提单	N/N B/L 不可转让提单	AWB 航空运单	C/O 原产地证书	INS. POL. 保险单	INSP. CERT. 检验证书	FORM A 普惠制产地证	

Special Instructions (marked "×")

□Please deliver documents against □payment at sight/ □payment ____ after sight/ □acceptance

□All your charges are to be borne by □the drawee/ □us.

□In case of a time bill, please advise us of acceptance giving maturity date.

□In case of dishonour, please do not protest but advise us of non-payment/non-acceptance giving reasons.

□Please instruct the Collecting Bank to deliver documents only upon receipt of all their banking charges.

□We will take on all the results caused by choosing the above bank as the collecting bank.

Please credit the proceeds as follows:____________.

□to our Account No.

□Remit

联系人：　　　　电话：　　　　申请人

知识链接

托收行对托收申请书的审核重点

委托人要认真填写托收申请书，托收行只能根据托收申请书的指示办理托收业务。托收行审核托收申请书时应注意以下主要项目。

1. 交单条件

如果托收含有远期付款的汇票，该托收指示书中应注明商业单据是凭承兑交单(D/A)还是凭付款交单(D/P)，避免提示行将远期付款交单误认为远期承兑交单办理。还可加列如下条款：

Please present drafts to drawee for acceptance；But do not release documents to them until paid.(请向受票人提示汇票要求承兑，但单据只有在货款付讫后方可交受票人)

2. 是否允许付款人延迟付款

明确延迟付款(Delayed Payment)是否计收利息及利率多少；是否允许分批付款、分批提货。例如，货物出口至一些偏远地区时，因航运时间较长，往往单据较货物先到进口地，此时，买方即使付款或承兑后取得所有单据，仍需再等一段时间才能取得货物。因此，买方可能要求卖方允许在货物到达目的港口时再付款或承兑。

3. 是否委托国外代收行代为存仓/保险

货款如遭拒付或拒绝承兑，是否要求委托国外代收行代为存仓/保险(If unpaid/unaccepted, store and insure goods.)。原则上，代收行对于跟单托收项下货物无义务采取任何保险措施。但是，无论是否得到指示，如果银行为了保护货物而采取了措施，则不对货物的处境和状况负责，也不对任何受委托看管/或保护货物的第三者的行为负责，但代收行应立即将所采取的措施通知托收行。银行由于采取保护货物的措施而发生的手续费和其他费用概由委托人负担。在特殊情况下，如预计货物比单据先到或采取远期付款交单方式时，委托人可以要求代收行到船务公司办理提货存仓、保险。即使有此项指示，代收行也可不予办理，但应立即通知委托行不能照办。

4. 是否安排需要时的代理

如委托人指定一名代理人，在遭到拒绝付款和/或拒绝承兑时，作为需要时的代理，则应在托收指示书中明确且完整地注明该代理人的权限：是否有权提货、指示减价、修改条件、改变收款对象等。例如，In case of need refer to ___who will assist you to obtain acceptance/payment but who has no authority to amend the terms of this bill. (如有需要请与____联系，该公司会协助贵行取得承兑/付款但无权更改任何条款)。如果委托人希望授权该代理人在付款人拒付时，可将货物提取存仓或再转卖，则必须在托收指示中充分说明该代理人的权限。委托人可要求代收行在所收货款中扣除若干金额给该代理人，但必须列明应扣的金额及代理人的姓名及有关资料。例如，From proceeds deduct ___ to be paid to above agent.

5. 是否需要做成拒绝证书

在即期汇票提示后付款人拒付，或者在远期汇票提示后不承兑或者承兑后于到期日不付款，即遭到拒绝付款或拒绝承兑时，是否需要做成拒绝证书或者仅以航空邮寄或电信通知托收行。如认为有必要，委托人可以在托收指示中要求做成拒绝证书(Protest)。在初次提示后，若受票人(付款人)已明确表示拒绝付款或拒绝承兑，托收指示中规定要做成拒绝证书，提示行可将汇票提交公证行(Notary Public)，由公证人代表出票人再度向付款人提示，要求付款或承兑。若受票人再次拒绝兑付，即把受票人陈述的理由记录下来，载入正式文件——拒绝证书，以证明拒绝付款或拒绝承兑的有关事实。

6. 银行手续费/利息/其他费用条款

银行费用由委托人还是付款人支付或者双方共同负担必须指明，最好在合同中事先订明。整个托收业务，是基于委托人的指示而办理。因此，委托人应承担整个托收业务所引起的手续费或其他费用，但委托人仍可以指示提示行向受票人收取国外银行费用。如果托收行和代收行的费用全由委托人负担，付款人则只支付汇票金额，托收行只能收到汇票金额扣除代收行费用，委托人取得扣除所有银行费用后的汇票金额；如果银行费用由委托人和付款人共同负担，代收行向付款人收取汇票的代收费用，托收行所收到的则是汇票金额，委托人取得扣除托收行费用后的汇票金额。

除非托收指示明确规定该项手续费、利息或其他费用不能免除(Do not Waive)，提示行可以不收该项费用，而将单据在付款或承兑后交予受票人。如果单据中所包括的金融单据注明了无条件和肯定的利息条款，银行则应认为该利息金额是托收金额的组成部分，除非托收指示另有授权，金融单据上所列的本金和应收利息不能免除。若托收提示明确规定不准免除手续费和/或其他费用，则托收行、代收行或提示行对由此而引起的任何费用和延误不负责任。最后还须注意一点，托收委托书中不论是列明所有费用由委托人负担，还是由受票人负担，一旦该项费用被拒绝，不论托收结果如何，代收行有权迅速向托收行收回手续费和其他费用的支出。

7. 付款人(Drawee)

付款人的名称、地址必须准确详细。

8. 代收行(Collecting Bank)

如果委托人要特别指定一家银行通过该行代收，则可以列出该行的名称，否则可由托收行自行选择。

资料来源：侯迎春，张文娟. 国际结算[M]. 北京：中国金融出版社，2019：78-80.

(三) 托收指示书的内容

根据《托收统一规则》对托收指示(Collection Instruction)的定义，托收指示是托收行根据托收申请书缮制的、授权代收行处理单据的完全和准确的条款。所有托收单据必须附带托收指示，除非托收指示另有授权，代收行将不理会除向其发出托收的一方/银行以外的任何一方/银行的任何指示。

托收指示书的内容必须与托收委托书中的内容严格一致，其样式如表2-2所示，包括以下基本内容。

(1) 代收行、委托人、付款人、提示行(如有)的详细情况，包括全称、地址、电话和传真号码等。

(2) 托收的金额和货币种类。

(3) 单据清单和每项单据的份数。

(4) 凭以取得付款和/或承兑的条件和条款，凭以交付单据的条件。

(5) 要求收取的费用是否可以放弃。

(6) 要求收取的利息(如有)是否可以放弃。

(7) 付款方法和付款通知书的形式。

(8) 发生拒付、拒绝承兑或未执行其他指示情况时的指示。

表2-2 托收指示书样式

<table>
<tr><td colspan="10">托收指示书
Documentary Collection Instruction
Office:
Address: Date:
SWIFT: Please always quoted Our Ref. No.</td></tr>
<tr><td colspan="5">We enclose the following draft(s)/documents as specified hereunder which please collect in accordance with the instructions indicated herein.
This collection is subject to URC522</td><td colspan="5">To:Collecting Bank (Full Name & Address)</td></tr>
<tr><td colspan="5">Principle(Full Name & Address)</td><td colspan="5">Drawee(Full Name & Address)</td></tr>
<tr><td colspan="3">Draft/Invoice No.</td><td colspan="2">Tenor</td><td colspan="2">Amount</td><td colspan="2">Charges</td><td>Total Amount</td></tr>
<tr><td colspan="10">The relative documents are disposed as follows:
DOCUMENTS</td></tr>
<tr><td>DRAFT</td><td>COM. INV.</td><td>PKG. LIST</td><td>B/L</td><td>AWB.</td><td>INS. POL.</td><td>INSP. CERT.</td><td>CERT. ORIG.</td><td></td><td></td></tr>
<tr><td></td><td></td><td></td><td></td><td></td><td></td><td></td><td></td><td></td><td></td></tr>
<tr><td colspan="10">Special Instructions (marked“×”)
□Please deliver documents against payment at sight/□payment after__sight/ □acceptance
□All your charges are to be borne by □the drawee/□us.
□In case of a time bill, please advise us of acceptance giving maturity date.
□In case of dishonour, please do not protest but advise us of non-payment/non-acceptance giving reasons.
□Please remit the proceeds to ______________for credit to___________ quoting our OC No. under your advice to us.</td></tr>
<tr><td colspan="5">This collection is subject to Uniform Rules for Collections, 1995 revision, ICC publication No. 522</td><td colspan="5">For:</td></tr>
</table>

知识链接

《托收统一规则》

《托收统一规则》(Uniform Rulers for Collection，URC)是办理国际托收业务适用的国际惯例，国际商会先后于1958年、1967年、1978年和1995年公布了有关托收业务的惯例，现行的托收惯例是国际商会第522号出版物(ICC Publication No. 522)，此规则于1995年4月公布，1996年1月1日起正式实施。

《托收统一规则》包括7个部分：总则和定义；托收的形式和结构；提示的形式；义务和责任；付款、利息和其他费用；其他条款。

《托收统一规则》明确了托收行和代收行的义务和免责事由。概括地讲，托收行的主要义务包括：审核托收申请书和单据；慎重选择代收行；缮制托收指示和寄单。代收行的主要义务包括：审核托收指示和单据；保管好单据；及时反馈托收情况。银行对单据的有效性、单据在传递过程中延误和损坏、货物的保全措施、不可抗力等事由都是免责的。

关于托收项下的单据，银行必须确定其所收到的单据应与托收指示书中所列表面相符，如果发现任何单据有短缺或非托收指示所列，银行必须以电讯方式通知；如电讯不可行，以其他快捷方式通知，不得延误。银行对任何单据的格式、完整性、准确性、真实性、虚假性，或其法律效力，或对在单据中载明，或在其上附加的一般性和/或特殊性的条款不承担责任或对其负责。

关于托收项下的货物，未经银行事先同意，不得以银行的地址直接发送给该银行，或者以该行作为收货人，或者以该行为抬头人。如果未经银行事先同意而将货物以银行的地址直接发送给该行，该行也没有提取货物的义务，其风险和责任仍由发货方承担。

(四) 托收行解付结卷

托收委托书中的付款指示有两个选择：原币种入账和本币入账，原币种入账直接记企业的现汇账户，本币入账涉及结汇。

结汇(Foreign Exchange Settlement)是指境内所有企事业单位、机关和社会团体(外商投资企业除外)取得外汇收入后，按照《中华人民共和国外汇管理条例》(以下简称《外汇管理条例》)的规定，必须将规定范围内的外汇收入及时调回境内，按照银行挂牌汇率，全部卖给外汇指定银行。结汇方式有强制结汇、意愿结汇和限额结汇之分，根据《外汇管理条例》，我国实行的是意愿结汇制。

托收行在收到代收行发来的收妥通知后，如果委托人事先选择的是本币入账，托收行即按当日外汇牌价的买入价折算成人民币，记企业的人民币存款账户，完成结汇。

【知识小结】

出口托收任务以托收行业务为主体，主要内容包括托收行受理托收申请、托收行发出托收指示、托收行向出口商交款的操作要点。通过学习，掌握跟单托收的交单条件；能够模拟委托人准确熟练地填写托收委托书和开立托收项下的汇票；能够模拟托收行缮制托收指示书。

【考　　核】

一、基础知识测试

(一) 单选题

1. (　　)是托收行的义务。

A. 确保货物得到保护　　B. 按委托人的指示办事

C. 开立汇票　　D. 保证为委托人收回款项

2. 托收是一种(　　)。

A. 顺汇方式　　B. 保证出口商能得到款项的方法

C. 商业信用的支付方式　　D. 进口商向出口商提供融资的付款方式

3. 国际托收业务适用的国际惯例是(　　)。

A. ISP98　　B. URDG458　　C. UCP600　　D. URC522

4. 托收项下汇票的出票人是(　　)。

A. 托收行　　B. 代收行　　C. 委托人　　D. 进口商

5. 即期付款交单的英文表达是(　　)。

A. D/P at sight　　B. L/C　　C. D/A　　D. D/P after sight

(二) 多选题

1. 某公司有两笔托收业务，分别是D/P at sight 和D/A，下列说法正确的有(　　)。

A. 前者是进口方见票即付就可以取得货运单据，后者是进口方在见票时承兑后即可取得货运单据

B. 后者是进口方在到期日付清货款才可以取得货运单据，前者是进口方在见票时承兑后即可取得货运单据

C. 前者的风险比后者大

D. 后者的风险比前者大

E. 两者风险一样大

2. 托收结算方式下出口商面临的风险有(　　)。

A. 开证行拒付　　B. 进口商破产倒闭

C. 进口国发生内乱或战争　　D. 进口商未申领到进口许可证

E. 代收行拒付

3. 托收行在向代收行寄出跟单托收项下单据前的处理手续应包括(　　)。

A. 审核托收申请人填制的申请书

B. 核对单据的种类和份数

C. 审核单据的具体内容是否与合同相符

D. 缮制出口托收委托书

E. 通知委托人拒付

4. 采用托收方式结算时，出口商应注意(　　)。

A. 考察进口商的资信和经营作风　　B. 了解进口国的贸易和外汇管制

C. 了解托收行的资信　　D. 出口合同争取采用CIF条件成交

E. 了解代收行资信

5. 托收结算方式下银行免责的情况有(　　)。

A. 单据在寄送中延误所引起的后果

B. 不可抗力所引起的后果

C. 单据内容有误所引起的后果

D. 由于疏忽没有遵照委托指示所引起的后果

E. 单据种类和份数与单据清单不相符所引起的后果

(三) 判断题

1. 托收业务中至少有两家不同的银行参与，故托收业务属于银行信用。　(　　)

2. 在托收业务中，如果委托人没有指定代收行，托收行可自行选择代收行。(　　)

3. 在采取托收方式结算时，如发现进口商财务状况恶化，应采取承兑交单方式。(　　)

4. 对出口商而言，D/P比D/A 的风险大。　(　　)

5. D/A方式下既可以使用即期汇票也可以使用远期汇票，但必须是商业汇票。(　　)

二、技能测试

根据下列补充信息和销售合同(见表2-3)，完成【任务引例】的操作任务。

表2-3　销售合同

SALES　CONTRACT

No. QA2019052013

DATE: MAY 15，2019

THE SELLER: SHENYANG HONGSHUN IMPORT & EXPORT CO., LTD.
No. 1666 XUYANG ROAD, SHENYANG, CHINA
THE BUYER: WINNIE TRADE COMPANY
No. 7 RD., NW08670, U.S.A.

This Contract is made by and between the Buyer and the Seller, whereby the Buyer agrees to buy and the Seller agrees to sell the under mentioned commodity according to the terms and conditions stipulated below:

Commodity & Specification	Quantity	Unit price	Amount
GIRLS DRESS SHELL:WOVEN TWILL 100% COTTON LINING:WOVEN 100% POLYESTER	3000 pcs	USD 10.00/pc CIF NEW YORK	CIF NEW YORK USD 30 000.00
TOTAL	3000 pairs		USD 3 0000.00
Total Amount: SAY U.S. DOLLARS THIRTY THOUSAND ONLY.			

Packing: Packed in 30 pairs/carton
Port of Loading and Destination: From DALIAN, China to New York, U.S.A.
Time of Shipment: Not later than June 30, 2019
Terms of Payment: D/P at sight. All banking charges are borne by the seller.
Collecting Bank: Bank of New York, U.S.A. 5 Flushing Place 15th Floor Queens, NY 11355, U.S.A.
A/C No. B1998819705
Documents:
+ Signed Invoice (No. 20110116) in quadruplicate.
+ Full set (3/3) of clean on board ocean Bill of Lading marked “freight prepaid” made out to order of shipper blank endorsed notifying the applicant.
+ Packing List in triplicate.
+ Certificate of Origin in triplicate.
+ Insurance policy (2/2) endorsed in blank

THE SELLER:
SHENYANG HONGSHUN IMPORT & EXPORT CO., LTD.
金 然

THE BUYER:
WINNIE TRADE COMPANY
leon kao

【补充信息】

(1) 费用由付款人承担；

(2) 拒付时放弃拒绝证书，但发出拒付通知并说明拒付原因；

(3) 不放弃银行费用；

(4) 款项收妥后记入沈阳宏顺进出口公司在中国银行沈阳分行开立的美元账户，账号为893560002467329。

【操作任务】

1. 根据托收项下汇票必要项目的内容，填写托收项下的汇票，如图2-7所示。

BILL OF EXCHANGE

No.____________

Exchange for________(amount in figure)________， ________(place and date of issue)

AT_______________sight of this FIRST Bill of exchange (SECOND being unpaid) pay to

________________________________or order

The sum of___________________(amount in words) Value received for__________________(quantity)

of_______________(name of commodity).

Drawn under_______________S/C No._______________(number and dated)

To:________________________________

For and on behalf of______________________

____

(Authorized Sigature)

图2-7　托收项下汇票

2. 根据托收申请书合同和补充信息，模拟委托人填写托收申请书，如表2-4所示。

表2-4　托收申请书

跟单托收申请书

APPLICATION FOR DOCUMENTARY COLLECTION

To:　　　　　　　　　　　　　　　　　　　　　Date :___________

We enclose the following draft(s)/documents as specified hereunder which please collect in accordance with the instructions indicated herein. This collection is subject to URC522.	Collecting Bank (Full Name & Address)
Principal (Full Name & Address)	Drawee (Full Name & Address)

Tenor	Draft/Invoice No.	Amount

DOCUMENTS

DRAFT	COM. INV.	PACKING LIST	B/L	N/N B/L	AWB.	C/O	INS. POL.	INSP. CERT.	FORM A	

Special Instructions (marked “×”)

☐Please deliver documents against ☐payment at sight/ ☐payment_____after sight/ ☐acceptance

☐All your charges are to be borne by ☐the drawee/ ☐us.

☐In case of a time bill, please advise us of acceptance giving maturity date.

☐In case of dishonour, please do not protest but advise us of non-payment/non-acceptance giving reasons.

☐Please instruct the Collecting Bank to deliver documents only upon receipt of all their banking charges.

☐We will take on all the results caused by choosing the above bank as the collecting bank.

Please credit the proceeds as follows:

☐to our Account No.

☐Remit

联系人：　　　　　　　　　　　　电话：　　　　　　　　　　　　申请人：

3. 根据托收背书的格式，模拟托收行填写托收背书，如图2-8所示。

Pay to______________for collection For ________________ (signature)

图2-8　托收背书

4. 模拟托收行填写托收指示书，如表2-5所示。

表2-5　托收指示书

<table>
<tr><td colspan="10">托收指示书
Documentary Collection Instruction
Office:
Address:　　　　　　　Date:
SWIFT:　　　　　Please always quoted Our Ref. No.</td></tr>
<tr><td colspan="6">We enclose the following draft (s) /documents as specified hereunder which please collect in accordance with the instructions indicated herein.
This collection is subject to URC522</td><td colspan="4">To: Collecting Bank (Full Name & Address)</td></tr>
<tr><td colspan="6">Principle(Full Name & Address)</td><td colspan="4">Drawee (Full Name & Address)</td></tr>
<tr><td colspan="2">Draft/Invoice No.</td><td colspan="4">Tenor</td><td>Amount</td><td>Charges</td><td colspan="2">Total Amount</td></tr>
<tr><td colspan="10">The relative documents are disposed as follows:
Documents:</td></tr>
<tr><td>DRAFT</td><td>COM. INV.</td><td>PKG. LIST</td><td>B/L</td><td>AWB.</td><td>INS. POL.</td><td>INSP. CERT.</td><td>CERT. ORIG.</td><td></td><td></td></tr>
<tr><td></td><td></td><td></td><td></td><td></td><td></td><td></td><td></td><td></td><td></td></tr>
<tr><td colspan="10">Special Instructions (marked “×”)
□Please deliver documents against □payment at sight/ □Payment__after sight/ □acceptance
□All your charges are to be borne by □the drawee/ □us.
□In case of a time bill, please advise us of acceptance giving maturity date.
□In case of dishonour, please do not protest but advise us of non-payment/non-acceptance giving reasons.</td></tr>
<tr><td colspan="6">This collection is subject to Uniform Rules for Collections, 1995 revision, ICC publication No. 522</td><td colspan="4">For:</td></tr>
</table>

知识拓展

贸易术语

贸易术语是指用1组英文短语或3个缩写字母来表示商品的价格构成，确定交货地点，明确货物交接过程中买卖双方的有关责任、风险、费用划分的专门用语。

如表2-6所示，《2010年国际贸易术语解释通则》对11种贸易术语进行了详尽的解释。按照适用运输方式的不同，11种贸易术语可分为两大类。

表2-6　贸易术语一览

类　别	简写	释　义
适用于任何运输方式或多种运输方式的术语	EXW	工厂交货(指定地点)
	FCA	货交承运人(指定地点)
	CPT	成本、运费付至(指定目的地)
	CIP	成本、运费、保费付至(指定目的地)
	DAT	终点地交货(指定终点站)
	DAP	目的地交货(指定目的地)
	DDP	完税后交货(指定目的地)
适用于海运及内河水运的术语	FAS	装运港船边交货(指定装运港)
	FOB	装运港船上交货(指定装运港)
	CFR	成本加运费(指定目的港)
	CIF	成本、保费加运费(指定目的港)

在海上货物运输中，常用的贸易术语是FOB和CIF。如表2-7所示，买卖双方在不同的贸易术语下，风险、义务承担有所区别。

FOB，Free on Board(...named port of shipment)，即船上交货(……指定装运港)，习惯上称为装运港船上交货，是指当货物在指定装运港越过船舷时，卖方即完成交货。买方必须自该交货点起，负担一切费用和货物灭失或损坏的风险。

CIF，Cost Insurance and Freight(...named port of destination)，即成本、保险费加运费(……指定目的地)，卖方将货物交付给承运人时，即完成其交货义务，而不是货物到达目的地之时。

表2-7　FOB和CIF对照表

义务术语	买/卖方	货物	租船订舱装船支付运费	风险承担	保险及保险费	取得出口许可证、出口清关	取得进口许可证、进口清关	其他义务
FOB	卖方	供货		装运港船舷前		√		提供各种单据或电子信息
	买方	领货	√	装运港船舷后	√		√	接受单据、支付货款
CIF	卖方	供货	√	装运港船舷前	√	√		提供各种单据或电子信息
	买方	领货		装运港船舷后			√	接受单据、支付货款

任务二 进口代收业务

任务引例

2019年6月12日，中国银行沈阳分行收到一份从中国银行纽约分行发来的托收指示书，内容显示付款人是本行客户沈阳华弘进出口公司(Shenyang HuaHong Imp. & Exp. Co.)，托收金额为45 000.00美元，委托人是纽约联合公司(New York United Company)，交单条件是D/P at sight。中国银行沈阳分行作为代收行在做好审核登记后，通知沈阳华弘公司赎单，沈阳华弘公司见票即付，中国银行沈阳分行向中国银行纽约银行发出付款通知。

操作任务：

1. 模拟代收行做进口托收登记；
2. 模拟代收行缮制进口赎单通知书；
3. 模拟代收行缮制MT400。

学习任务

一、代收行的业务处理

代收行的业务处理如图2-9所示，包括审核托收指示书和单据、缮制进口赎单通知书、向托收行发通知等内容。首先，审核托收指示书的真实性，做好进口代收登记，如果发现单据缺少或与托收指示书中所列单据的种类和份数不一致时，必须毫不迟疑地以电讯方式或其他快捷方式通知托收行。其次，在收到托收指示书的3个工作日内向付款人发出通知。最后，根据交单条件和付款人履行义务的情况向托收行发出相应的通知，如果付款人履行义务，在即期付款交单和远期付款交单到期时，发出付款通知，在远期付款交单和承兑交单第一次提示时，发出承兑通知；如果付款人不履行义务，发出拒付通知，在发出拒付通知60天后，仍未收到进一步指示，可以退回单据。

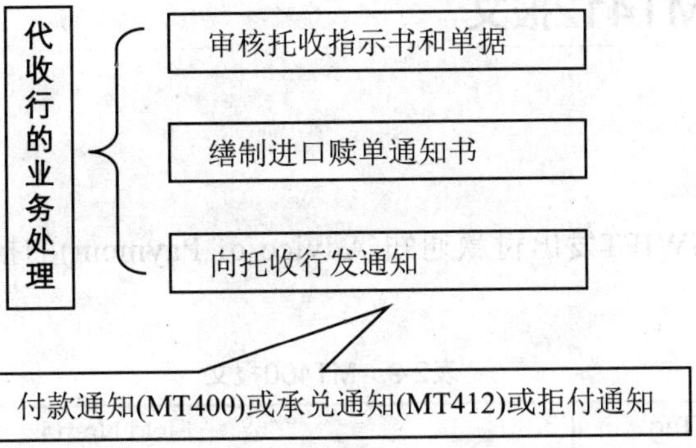

图2-9　代收行的业务处理

二、进口赎单通知书

进口赎单通知书样式如表2-8所示，包括托收行、付款人、委托人的全称；邮政地址、电传、电话、传真；托收金额和货币种类；单据清单；交单条件；费用承担；拒付的处理；费用、利息是否可放弃；付款、承兑、拒付的通知方式等内容。

表2-8　进口赎单通知书样式

INWARD DOCUMENTS FOR COLLECTION

To: Date:

Ref.

Documents received as follows, please examine

Drawee (Full Name & Address)	Remitting Bank
Principal (Full Name & Address)	Amount
Invoice No.	Tenor

Doc.	DRAFT	COM. INV.	PKG. LIST	B/L	AWB.	INS. POL.	INSP. CERT.	CERT. ORIG.		

□Documents against payment.

□Documents against acceptance.

□Please process for payment/acceptance or dishonor within 3 working days.

□Our banking charges are for your account.

□Banking charges outside our bank are for your account.

For:

三、MT400和MT412报文

(一) MT400

MT400是通过SWIFT发出付款通知(Advice of Payment)的报文格式，具体内容如表2-9所示。

表2-9 MT400报文

M/O	Tag	Field Name
M	20:	SENDING BANK'S TRN (发报行编号)
M	21:	RELATED REFERANCE (有关业务编号)
M	32a:	AMOUNT COLLECTED (代收金额)
M	33A:	PROCEEDS REMITTED (汇出金额)
O	52a:	ORDERING BANK (代收行)
O	53a:	SENDER'S CORRESPONDENT (发报行的代理行)
O	54a:	RECEIVER'S CORRESPONDENT (收报行的代理行)
O	57a:	ACCOUNT WITH BANK (账户行)
O	58a:	BENEFICIARY BANK (收款行)
O	71B:	DETAILS OF CHARGES (费用明细)
O	72:	SENDER TO RECEIVER INFORMATION (附言)
O	73:	DETAILS OF AMOUNT ADDED (附加金额明细)

72栏填写说明：/BNF/表示下列附言给收费行，/REC/表示下列附言给收报行，/TELEBEN/表示请用快捷的有效电讯方式通知收款行，/PHONBEN/表示请用电话通知收款行(后跟电话号码)，/ALCHAREF/表示付款人拒付所有费用，/OUCHAREF/表示付款人拒付我方费用，/UCHAREF/表示付款人拒付你方费用。

(二) MT412

MT412是通过SWIFT发出托收承兑通知(Advice of Acceptance)的报文格式，具体内容如表2-10所示。

表2-10 MT412报文

M/O	Tag	Field Name
M	20:	SENDING BANK' TRN (发报行的编号)
M	21:	RELATED REFERENCE (有关业务编号)
M	32A:	MATURITY DATE, CURRENCY CODE, AMOUNT ACCEPTED (承兑托收款项的到期日、货币和金额)
O	72C:	SENDER TO RECEIVER INFORMATION (附言)

知识链接

承兑

承兑(Acceptance)是指付款人对远期汇票表示承担到期付款责任的票据行为。

付款人一旦对汇票做出承兑，即成为承兑人，以主债务人的地位承担汇票到期时付款的法律责任，出票人则退居从债务人的地位。

承兑有一般承兑和限制承兑两种。

一般承兑，也叫普通承兑，其做法如图2-10所示，应记载“Accepted”字样、承兑日期、承兑人签章(名)，付款日期可以记载，也可以不写。

限制承兑，也叫保留承兑，是付款人在做承兑时加列付款条件、限定付款地点或只对部分汇票金额负责的承兑方式。

BILL OF EXCHANGE

Exchange for USD 5000.00　　　　SHENYANG, 5 APRIL, 2019

AT 60 days after sight of this FIRST of exchange (SECOND being unpaid) pay to the order of ABC Co.

The sum of U.S. DOLLARS FIVE THOUSAND ONLY.

ACCEPTED 18 APRIL ,2019 For BANK OF EUROPE （Signature）

To:BANK of EUROPE

LONDON

For SHENYANG BEF Co.

(Authorized Signature)

图2-10　一般承兑汇票样式

【知识小结】

进口代收任务以代收行业务为主体，内容主要包括代收行审核托收指示书和单据、缮制进口赎单通知书、向托收行发通知的操作要点。通过学习，学生能够熟练完成进口代收登记、缮制进口赎单通知书、缮制MT400及MT412报文等代收行的业务；能够模拟付款人做承兑。

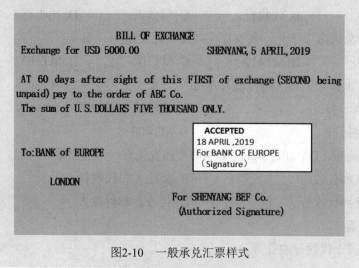

【考　核】

一、基础知识测试

(一) 单选题

1. (　　)属于代收行的义务。

A. 保证货物的安全　　B. 执行托收行指示

C. 服从付款人指示　　D. 保证付款人付款

2. (　　)是代收行审单的操作要点。

A. 单据与货物一致　　B. 单据与贸易合同一致

C. 每种单据的相关内容一致　　D. 单据的名称和份数与托收指示书所列一致

3. 做了承兑的托收项下汇票的主债务人是(　　)。

A. 委托人　　B. 代收行　　C. 付款人　　D. 托收行

4. 如果付款人做了承兑，代收行应向托收行发出(　　)。

A. MT400　　B. MT412　　C. MT100　　D. MT103

5. 代收行审核登记后，向付款人发出(　　)。

A. 托收指示书　　B. 进口赎单通知书

C. 托收委托书　　D. MT400

6. D/P at sight、D/P after sight、D/A的不同发生在(　　)之间。

A. 委托人和托收行　　B. 委托人和代收行

C. 托收行和代收行　　D. 代收行和付款人

(二) 多选题

1. (　　)属于代收行的业务。

A. 审核托收指示书　　B. 清点单据的种类和份数

C. 通知付款人赎单　　D. 向托收行发通知

E. 缮制托收指示书

2. (　　)是托收结算方式的特点。

A. 建立在商业信用基础上　　B. 顺汇

C. 逆汇　　D. 建立在银行信用基础上

E. 委托人必须提交物权凭证

3. D/A条件下，代收行向付款人提示的不可能是(　　)。

A. 即期汇票　　B. 银行汇票　　C. 商业汇票　　D. 远期汇票　　E. 支票

4. D/P at sight条件下，代收行向付款人提示的应该是(　　)。

A. 即期汇票　　B. 银行汇票　　C. 商业汇票

D. 远期汇票　　E. 银行承兑汇票

5. 跟单托收结算方式的基本当事人有(　　)。

A. 委托人　　B. 提示行　　C. 托收行

D. 代收行　　E. 付款人

(三) 判断题

1. D/A方式下既可以使用即期汇票也可以使用远期汇票，但必须是商业汇票。(　　)

2. 代收行应该在托收项下汇票上做承兑。(　　)

3. 如果是付款交单，只要代收行可靠，委托人一定能收回货款。(　　)

4. 代收行在进口商拒付时，有责任保管货物。(　　)

5. 跟单托收就是利用跟单汇票办理的托收。(　　)

6. 交单条件是指出口商向托收行交单时应满足的条件。(　　)

7. 托收指示中注明“Interests may not be waived”，代收行必须收妥货款连同利息后放单。(　　)

8. 为防止进口方拒付货款，委托人应该以代收行作为收货人。(　　)

9. 委托人必须自行指定代收行。(　　)

10. 托收和汇款一样，都是以商业信用为基础的结算方式。(　　)

二、技能测试

完成【任务引例】的操作。

1. 模拟代收行登记，见表2-11。

表2-11　进口代收行登记表

项　　目	内　　容	项　　目	内　　容
付款人		收单日	
托收类型		发票号	
托收行		寄单日	
进口代收币种		进口代收金额	
出票人名称		托收行费用	
托收到期日		收款人所在地	
收费方式		邮电费的类型	
实收邮电费金额		代收行	

【补充信息】

(1) 发票号：ACMM1024558

(2) 寄单日：2019年6月7日

(3) 托收行费用：40美元

(4) 收费方式：现收

(5) 邮电费类型：远洋电费

(6) 实收邮电费金额：20美元

2. 模拟代收行，填写表2-12。

表2-12 进口赎单通知书

<table>
<tr><td colspan="11">INWARD DOCUMENTS FOR COLLECTION
To: Date:
Ref.
Documents received as follows, please examine</td></tr>
<tr><td colspan="5">Drawee (Full Name & Address)</td><td colspan="6">Remitting Bank</td></tr>
<tr><td colspan="5">Principal (Full Name & Address)</td><td colspan="6">Amount</td></tr>
<tr><td colspan="5">Invoice No.</td><td colspan="6">Tenor</td></tr>
<tr><td rowspan="2">Doc.</td><td>DRAFT</td><td>COM.
INV.</td><td>PKG. LIST</td><td>B/L</td><td>AWB.</td><td>INS.
POL.</td><td>INSP.
CERT.</td><td>CERT.
ORIG.</td><td></td><td></td></tr>
<tr><td></td><td></td><td></td><td></td><td></td><td></td><td></td><td></td><td></td><td></td></tr>
<tr><td colspan="11">□Documents against payment.
□Documents against acceptance.
□Please process for payment/acceptance or dishonor within 3 working days.
□Our banking charges are for your account.
□Banking charges outside our bank are for your account.
For:</td></tr>
</table>

补充单据：汇票2份，商业发票3份，包装单3份，提单3正3副，保险单2份，装船通知(Shipping Advice)1份。

3. 模拟代收行，填写表2-13。

表2-13 MT400报文

项　目	内　容
20:	
21:	
32K:	
53A:	
58A:	
72:	

【补充信息】

(1) 发报行编号：967AN2012

(2) 业务编号：125OC0356

附言给收报行，付款人拒付你方费用。

知识拓展

一、D/P • T/R

D/P • T/R是付款交单凭信托收据借单，T/R(Trust Receipt)是信托收据，即进口方开立的书面保证文件，凭以借出货运单据，以便提货出售，取得货款再偿还代收银行，换回信托收据。

在跟单托收业务中，若结算条件是D/P • T/R，即出口方授权银行，凭T/R借单给进口方，则事后付款人拒付，后果由委托人自行承担；如果结算条件只是D/P或D/A，没有提到T/R，而代收行却接受进口商申请而主动提供了借单便利，则事后付款人不付款，后果由代收行承担。

二、专业词汇中英文对照(见表2-14)

表2-14　专业词汇中英文对照

中文专业词汇	英文专业词汇
商业发票	Commercial Invoice
提单	Bill of Lading
保险单	Insurance Policy
装箱单	Packing List
原产地证书	Certificate of Origin
检验证书	Inspection Certificate
航空运单	Air Way Bill
装船通知	Shipping Advice

项目综合实训

业务操作

模拟托收项下汇票的票据行为。

2019年3月10日，张利代表天津新发进出口公司(TIANJIN XINFA IMPORT & EXPORT CO.) 与一家日本公司(MITSUBISHI TRUST CO. LTD. ，CHIYODA-KU, TOKYO 100,

JAPAN)签订MN161900号贸易合同，出口5000件男士衬衫，金额为56 000.00美元，合同支付条款列明D/A，付款期限为见票后90天，发票号码是HLK356。5月20日，新发公司业务员到中国银行天津分行办理托收业务，中国银行受理此笔业务，并委托中国银行东京分行代收。

一、模拟委托人填写汇票（见图2-11）

BILL OF EXCHANGE

No.____________

Exchange For____________ TIANJIN，____________

AT________________________sight of this FIRST Bill of exchange (SECOND being unpaid)

pay to________________________or order

The sum of____________Value received for______(quantity) of______(name of commodity).

Drawn under________________________S/C No.________________________(number and dated)

To:________________________

For and on behalf of________________________

____

(Authorized Sigature)

图2-11　托收项下的汇票

二、模拟托收行填写托收背书（见图2-12）

Pay to____________for collection

For ________________

(Signature)

图2-12　托收背书

三、模拟付款人于5月25日填写一般承兑（见图2-13）

ACCEPTED

____

____

(Signature)

图2-13　一般承兑

思考题

某公司委托当地银行办理托收，单据于5月5日到达代收行，同日代收行向付款人提示。在3种不同交单条件下，付款人应于何日付款？何日承兑(如有)？代收行于何日交单？根据题意，填写表2-15。

表2-15　不同交单条件下的日期计算

交单条件	日　期		
	付 款 日	承 兑 日	交 单 日
D/P at sight			
D/P at 20 days after sight			
D/A at 20 days after sight			

案例分析

案例一： 某公司按照合同的付款条件——"The buyers shall duly accept the documentary draft drawn by the sellers at 20 days after sight ....The shipping documents are to be delivered against acceptance." 于3月15日办完托收手续。4月25日买方来电，未收到托收单据。经调查得知，是因为托收指示书上的付款人地址不详所致。由于买方未能及时提货，货物因雨淋受潮，买方最终拒绝承兑付款。

请分析：

1. 谁该承担责任？
2. 从本案例中出口方应吸取什么教训？

案例二： 我国某公司出口一批货物，结算方式是跟单托收，交单条件是D/P 90天，汇票及货运单据通过托收行寄抵代收行后，买方进行了承兑。货到目的地后，代收行凭借付款人出具的信托收据(T/R)交出单据。在汇票到期时，买方宣告倒闭。请问：我方如何收回货款？为什么？

项目三 国际信用证业务操作

能力目标

- ✧ 能够以开证申请人的身份根据贸易合同填写开证申请书，缮制信用证项下的汇票；
- ✧ 能够以开证行的身份受理国际信用证开证申请，准确缮制MT700报文；
- ✧ 能够根据信用证修改的国际惯例正确办理信用证修改业务；
- ✧ 能够以开证行的身份完成审单偿付业务；
- ✧ 能够以通知行的身份审证并缮制信用证通知书；
- ✧ 能够以受益人的身份依据贸易合同对信用证进行审核；
- ✧ 能够完成审核信用证项下的各种英文单据的业务；
- ✧ 能够根据国际贸易的实际需要恰当选择不同种类的信用证。

知识目标

- ✧ 知道国际信用证业务所涉及的当事人；
- ✧ 知道MT700报文的内容；
- ✧ 了解跟单信用证的国际惯例；
- ✧ 了解落实备付款项的意义；
- ✧ 了解保兑业务；
- ✧ 理解什么是软条款；
- ✧ 理解特殊信用证的特点和适用性；
- ✧ 掌握国际信用证的定义、性质、特点；
- ✧ 掌握跟单信用证的业务流程；
- ✧ 掌握备付款项的形式；
- ✧ 掌握开证申请书的内容；

✧ 掌握电开信用证的内容；
✧ 掌握通知行审证的要点；
✧ 掌握信用证通知书的内容；
✧ 掌握受益人审证的要点；
✧ 掌握信用证项下单据的审核要点；
✧ 掌握寄单索汇的方法、对象、方式和路线。

素质目标

✧ 能结合信用证的特点，向客户讲清信用证业务的费用；
✧ 能依据不同种类信用证的特点，结合贸易条件，为客户正确选择适用的信用证，具有较强的金融服务意识和良好的沟通能力；
✧ 根据申请书的条款，正确、及时地开出信用证，能依据MT700报文的填写规范，认真缮制MT700报文，具有稳健的工作作风；
✧ 落实开证备付款项不是结算部门能够独立完成的业务，需要与银行内部其他部门沟通协作，为此要具有团队协作意识；
✧ 验明信用证的真实性是通知行的责任义务，审证要认真，具有防范风险的意识；
✧ “单证一致、单单一致”是议付和付款的原则，能够依据审单要点，认真审核信用证项下的所有单据，具有严谨的工作作风。

项目导入

沈阳通安进出口公司(Shenyang Tongan Imp. & Exp. Co.)与马来西亚一家公司(Malaysia MS Corp.)经过谈判，于2019年4月8日就出口鼓风机签订贸易合同，合同价款95 000.00美元。

双方就结算条款的谈判并不顺利，由于是初次与MS公司打交道，通安公司担心采用赊销或跟单托收结算会存在风险，先提出全部采用前T/T结算，但对方有一定的资金压力没同意，经过多次协商，最终确定，货款的20%采用前T/T，剩余的80%采用跟单信用证结算。

2019年5月10日，沈阳通安进出口公司收到了对方开来的信用证。经过审证，发现了几处与合同不相符的地方，于是与MS公司联系改证，对方同意改证。通安公司通过中国银行沈阳分行将全部不符点传递给马来西亚开证行，最终开证行修改了信用证。

通安公司接受信用证后即组织发运，于2019年5月20日备好全套信用证项下的单据，到中国银行沈阳分行交单议付。

跟单信用证结算有什么特点？为了防范风险，出口方在审证时，应注意把握哪些要点？通过本项目的学习，将理解信用证的性质，掌握跟单信用证结算方式各个环节的操作要点。

关键词

跟单信用证　开证行　开证申请人　受益人　通知行　议付行　开证申请书　MT700　可转让信用证　循环信用证　对开信用证　背对背信用证　预支信用证

知识结构图

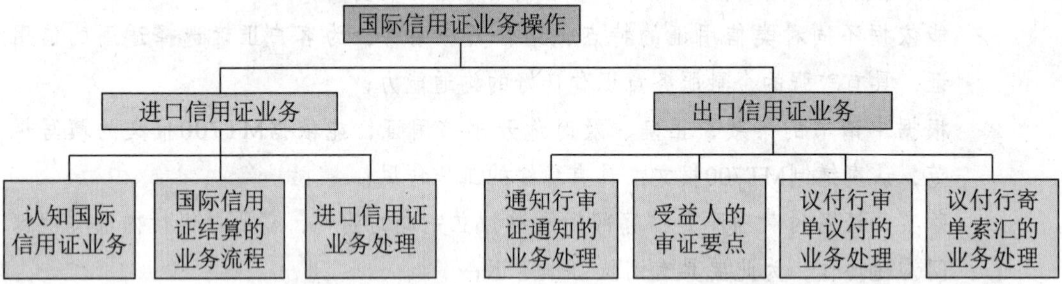

任务一　进口信用证业务

任务引例

2019年7月12日，沈阳宏顺进出口公司(Shenyang Hongshun Imp. & Exp. Co.)与日本Sharp Corp. 就进口10台数码印刷机签订了销售合同。合同规定，结算方式是跟单信用证。7月20日，沈阳宏顺进出口公司职员刘杰备齐开证资料，向中国银行沈阳分行申请办理开证业务，中国银行沈阳分行进口结算业务经办员于力受理了此笔业务。7月25日，中行沈阳分行在对沈阳宏顺公司进行资信调查并落实备付款项的基础上，向中国银行东京分行开出SWIFT信用证。7月31日，中行沈阳分行收到出口方提出修改信用证的电文并转交沈阳宏顺公司。8月2日，中行沈阳分行受理宏顺公司提出的修改信用证申请。9月17日，中国银行沈阳分行收到中国银行东京分行的索偿电文和单据，随即进行审单偿付的业务处理。

操作任务：

1. 模拟刘杰(进口商)填写开证申请书；
2. 模拟于力(开证行)审核开证资料，校准开证申请书；
3. 模拟中国银行沈阳分行开立SWIFT信用证。

学习任务

一、认知国际信用证业务

(一) 信用证的定义和性质

信用证(Letter of Credit，L/C)，是银行的有条件书面付款承诺，它是银行应申请人的要求并按其指示，向受益人开出的载有一定金额，在一定期限内凭符合规定的单据付款的书面保证文件。

信用证具有以下性质。

1. 信用证是一项独立文件

信用证以贸易合同为基础开立，但一旦开立，即成为独立于贸易合同以外的自足文件，银行只对已经开立的信用证负责，而不会理会贸易合同。

2. 信用证业务是纯单据业务

信用证业务中，银行只处理信用证要求的相关单据，并且只审核相关单据表面上是否与信用证相符，对货物与单据所记载的内容是否一致并不负责，即凭单付款，而不是凭货付款。

3. 信用证是银行信用

银行承担第一性付款责任。

知识链接

跟单信用证统一惯例

《跟单信用证统一惯例》(Uniform Customs and Practice for Documentary Credits，UCP)是办理国际跟单信用证业务适用的国际惯例，它由国际商会颁布，现行的惯例是国际商会第600号出版物(ICC Publication No. 600)，UCP600从2007年7月1日起正式生效。

UCP600的具体条款说明了信用证的性质。

第4条a款：信用证就性质而言独立于可能作为其依据的销售合同或其他合同的交

易。即使信用证中提及该合同，银行亦与该合同完全无关，且不受其约束。(独立文件)

第5条：银行处理的是单据，而不是单据所涉及的货物、服务或其他履约行为。(纯单据业务)

第7条a款：只要规定的单据被提交至指定银行或开证方，并构成相符单据，则开证行必须按信用证所适用的情形予以承付。(银行信用)

(二) 信用证当事人的权利与义务

如图3-1所示，信用证业务涉及以下当事人。

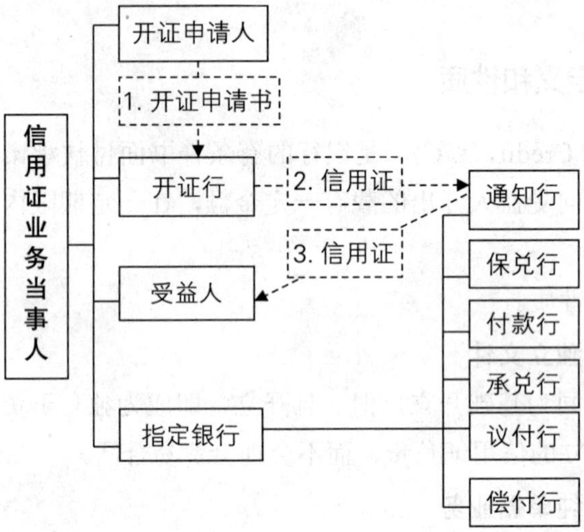

图3-1　信用证当事人示意图

1. 开证申请人

开证申请人(Applicant)是向银行提交申请书，申请开立信用证的人，一般为进出口贸易中的进口商。开证申请人受两个合约的约束：一是贸易合同；二是开证代理合同(开证申请书)。

1) 权利

(1) 根据合同申请开立信用证，支付相关费用。

(2) 提供开证担保，合理指示开证。

(3) 向开证行付款赎单。

2) 义务

在审单后发现不符，可以退单拒付。

2. 开证行

开证行(Issuing Bank)是接受开证申请人的要求向受益人开立信用证的银行，一般是申请人的开户银行。

1) 权利

(1) 有权收取与开证相关的费用。

(2) 有权要求开证申请人提供开证担保。

(3) 如单证不符，有权拒付。

(4) 开证申请人无力赎单，有权处理货物，货款不足有权追偿。

2) 义务

(1) 根据开证申请书的条款，正确、及时地开出信用证。

(2) 承担第一性付款责任。

(3) 付款后对出口方没有追索权。

(4) 谨慎审核单据，5个工作日内完成。

3. 受益人

受益人(Beneficiary)是享受信用证所赋予的权益的人，一般为出口商，有时是中间商。

1) 权利

(1) 审核信用证，发现信用证条款与合同不符，有权提出修改或拒绝接受。

(2) 在单证相符的情况下，有权要求取得信用证款项，如果银行倒闭或无理拒付，有权要求进口商付款。

2) 义务

提交与信用证规定相符的单据。

4. 通知行

通知行(Advising Bank)是向受益人通知信用证的银行，通常是开证行在出口国的分支机构或代理行。

1) 权利

可以按信用证条款收取手续费。

2) 义务

验明信用证的表面真实性，如通知行不能确定信用证的表面真实性，应毫不延误地告知发来信用证的银行；如通知行仍决定通知该信用证，则必须告知受益人它不能核对信用证的真实性。

5. 保兑行

保兑是指除了开证行以外的银行做出的对符合信用证条款的交单进行支付的承诺。保兑行(Confirming Bank)一般是根据开证行的委托对信用证加具保兑的银行。是否加保兑，受委托的银行有选择权。如果不准备加保兑，必须不延误地告知开证行；如果选择加具保兑，即成为保兑行。保兑行要承担的责任与开证行相同，即第一性付款责任。

还有一种是“沉默保兑”，是指贸易合同中没有规定开立保兑信用证，但受益人在收到通知行发来的信用证通知后，自己要求通知行对该信用证加保兑。通知行根据其与受益人之间的书面约定，单方面对信用证加具保兑。沉默保兑是通知行对受益人的一种授信业务，一般对受益人的财务状况等有一定的要求。

6. 付款行

付款行(Paying Bank)又称代付行，是开证行的付款代理人，是开证行在信用证中指定的信用证项下汇票的付款人。

1) 权利

审单不符，有权拒付。

2) 义务

付款前要严格审单，一旦付款不得向受益人追索，而只能向开证行索偿。如果开证行审核付款行寄来的单据发现不符点并拒付，付款行则要自己承担损失。

7. 承兑行

远期付款信用证如果要求受益人出具远期汇票，会指定一家银行作为受票行，即远期汇票的付款人，它做出承兑后，就成为承兑行(Accepting Bank)。

如果承兑行不是开证行，承兑行付款后可以向开证行要求偿付；如果承兑行承兑后到期却没有履行付款，开证行应负最后付款的责任。若单证相符，而承兑行不承兑汇票，开证行可指示受益人另开具以开证行为付款人的远期汇票，由开证行承兑并到期付款。

8. 议付行

议付又被称为“买单”或“押汇”，议付行(Negotiating Bank)是在核实单证相符后买入单据，垫付款项给受益人的银行。

1) 权利

如果遭到开证行拒付，对受益人有追索权。

2) 义务

在议付前要严格审单。

9. 偿付行

偿付行(Reimbursing Bank)是受开证行委托向议付行或付款行清偿垫款的银行。

信用证使用的货币如果不是开证行国家的货币，或开证行和索偿行没有直接的账户往来关系时，开证行为了便利头寸的调拨，即可授权一家在货币清算地的分行或代理行作为偿付行。

偿付行有权选择是否接受开证行的委托，即使接受委托，也只是按照授权调拨头寸，并没有审单的义务。偿付行未能进行偿付时，开证行并不能解除其自身偿付的义务。

(三) 普通信用证

1. 按照是否附有货运单据划分：跟单信用证和光票信用证

(1) 跟单信用证(Documentary Credit)是指凭跟单汇票或仅凭借商业单据付款的信用

证。此处的商业单据一定包含代表货物所有权的单据(如海运提单等)，或证明货物已交运的单据(如铁路运单、航空运单、邮包收据)。在国际贸易货款结算中，绝大部分使用跟单信用证。

(2) 光票信用证(Clean Credit)是指凭不附货运单据的光票(Clean Draft)付款的信用证。银行凭光票付款，也可要求受益人附交一些非货运单据，如发票、垫款清单等。

2. 按照是否加保兑划分：保兑信用证和不保兑信用证

(1) 保兑信用证(Confirmed Letter of Credit)是指开证行开出信用证后，由另一银行保证对符合信用证条款规定的单据履行付款义务。

使用保兑信用证主要有两个原因：一是受益人对开证行的信用不信任或对进口国政治状况有顾虑，为了安全收款，要求资信很好的第三方银行加保兑；二是有些出口地国家的法律、法规规定，受益人只能接受经本地银行保兑的信用证。

(2) 不保兑信用证(Unconfirmed Letter of Credit)是指开证银行开出的信用证没有经另一家银行保证兑付。通知行在给受益人的信用证通知中一般会写上“This is merely an advice of credit issued by the above mentioned bank which conveys no engagement on the part of this bank.”(这是上述银行所开信用证的通知，我行只通知而不加保兑)。一般当开证银行资信良好、成交金额不大时，都使用不保兑信用证。

3. 按兑付方式划分：即期付款信用证、延期付款信用证、承兑信用证和议付信用证

(1) 即期付款信用证(Sight Payment Credit)是指开证行或指定付款行在审单相符后立即付款的信用证。此种信用证一般在信用证中注明“即期付款兑现(by payment at sight)”。即期付款信用证一般不要求汇票，开证行或指定付款行只凭与信用证相符的单据付款。

(2) 延期付款信用证(Deferred Payment Credit)是指开证行或指定付款行在收到与信用证相符单据的若干天后再付款的信用证。此种信用证不要求汇票，信用证条款通常表述为“by deferred payment at ××× days.”。

(3) 承兑信用证(Acceptance Credit)是指要求受益人开立汇票的远期信用证，信用证条款通常表述为“by acceptance of drafts at ××× days.”。此种信用证要求受益人开立以开证行或指定付款行为付款人的远期汇票，开证行或指定付款行承兑前，他们对受益人的权利和义务以信用证为准。承兑后，他们成为汇票的承兑人，即主债务人，要以票据法为依据对汇票的出票人、背书人、持票人承担保证付款的责任。

(4) 议付信用证(Negotiation Credit)是指受益人可以向指定银行或任何一家银行交单，该行审单无误后，垫付资金给受益人的信用证。此种信用证的开证行保证对议付后取得善意持票人身份的议付行及时偿付，信用证中通常的表述为“by negotiation”。议付行被指定称为“限制议付信用证”，通常表述为“Available with ××× bank by negotiation.”；如果没有指定具体的议付行，称为“公开议付信用证”或“自由议付信用证”，通常表述为“Available with any bank by negotiation.”。议付信用证可以是即期的，也可以是远期的，一般要求开立以开证行为付款人的汇票。

二、国际信用证结算的业务流程

国际信用证结算的业务流程如图3-2所示。

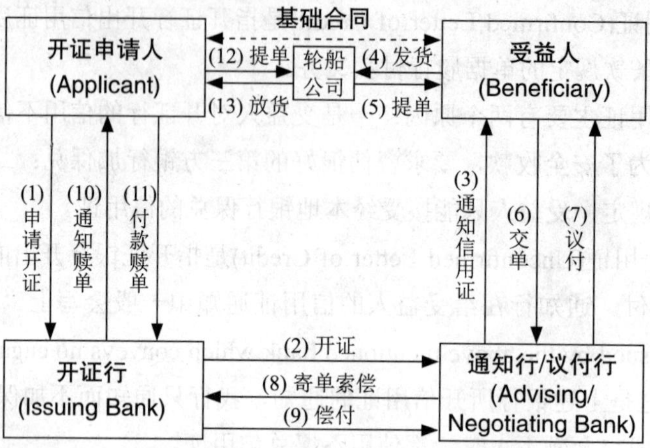

图3-2　国际信用证结算的业务流程

信用证结算业务各环节具体包括如下内容。

(1) 开证申请人依据基础合同，向开证行申请开立信用证。

(2) 开证行开立信用证，并发给通知行。

(3) 通知行向受益人通知信用证。

(4) 受益人接受信用证后，履行合同项下的发货义务。

(5) 受益人取得轮船公司签发的提单。

(6) 受益人备齐信用证要求的单据，交单议付。

(7) 议付行审单无误后议付。

(8) 议付行向开证行寄单索偿。

(9) 开证行审单无误后偿付。

(10) 开证行通知开证申请人赎单。

(11) 开证申请人付款给开证行，取得提单。

(12) 开证申请人向轮船公司提示提单。

(13) 轮船公司凭提单放货。

在信用证结算的诸多环节中，进口信用证业务包括：开证行受理开证申请，开证行开立和修改信用证，开证行审单偿付；出口信用证业务包括：通知行向受益人通知信用证，议付行审单议付，议付行向开证行寄单索偿。

三、进口信用证业务处理

进口信用证业务主要涉及开证申请人和开证行。首先，开证申请人要向开证行递交进口许可证、工商执照、法人印鉴等材料，填写开证申请书。其次，开证行要审核申请人递交的材料，校准开证申请书，在落实备付款项的基础上，开立信用证。再次，当出口方银行索偿时，审单偿付。最后，要求开证申请人付款赎单。

(一) 开证申请书的内容

进口商要根据贸易合同的约定，到银行提出开证申请，填写开证申请书。开证申请书是开证申请人和开证行之间的契约文件，也是开立信用证的依据，其内容必须完整、明确，一般包括正面、背面两部分：正面按照合同填写当事人、金额、开证形式、货物描述、运输条款、单据条款等内容；背面是申请人对开证行的申明，是申请人和开证行之间的法律契约，用以明确申请人和开证行之间的权责。

1. 开证申请书正面 (见表 3-1)

表3-1　不可撤销跟单信用证开证申请书正面

不可撤销跟单信用证申请书

APPLICATION FOR IRREVOCABLE DOCUMENTARY CREDIT

To:__________Bank　　　　Date of Application:

<table>
<tr><td colspan="2">Please issue an irrevocable documentary letter of credit in the following terms and guarantee back leaf by:
□airmail □express □cable
□with brief advice by teletransmission
□full teletransmission</td><td>20: Credit Number</td></tr>
<tr><td colspan="2" rowspan="2">Applicant</td><td>Advising Bank</td></tr>
<tr><td>Date of Expiry　on____YY__MM__DD
Place of Expiry　in________</td></tr>
<tr><td colspan="2">Beneficiary</td><td>Currency Code, Amount</td></tr>
<tr><td>Partial Shipments
□allowed
□not allowed</td><td>Transhipment
□allowed
□not allowed</td><td rowspan="3">Credit available with □adv. bank □any bank in____
by □sight payment □acceptance □negotiation
□mixed payment □deferred payment at____days
against presentation of the documents and beneficiary's draft (s) at____sight
drawn on____for____% of invoice value</td></tr>
<tr><td>Shipment from</td><td>Transportation to</td></tr>
<tr><td colspan="2">Latest Date of Shipment
YY　MM　DD</td></tr>
</table>

(续表)

<table>
<tr><td colspan="2">Documents Required (marked with ×)
□Signed commercial Invoice in____copies indicating this credit number and contract number.
□Full set of clean “On Board” Ocean (□Bills of Lading □Cargo Receipt) made out to (□you □order) and blank endorsed, marked “Freight (□prepaid□paid □collect)”, and notifying (□the applicant □____)
□(□Airway Bills □Railway Bills) showing “ Freight (□prepaid □paid □collect)” and consigned to____
□Full set of Insurance Policy/Certificate for 110% of the invoice value, showing claims payable in China, in the currency of the draft, and blank endorsed, covering (□ocean marine transportation □air transportation □overland transportation), All Risks and War Risks.
□Packing List/Weight Memo in____copies issued by________indicating quantity/gross and net weights of each package and packing conditions as called by this credit.
□Certificate of Quantity/Weight in____copies issued by________indicating the actual surveyed quantity/ weight of shipped goods as well as the packing conditions.
□Certificate of Quality in____copies issued by______.
□Certificate of Origin in____copies issued by______.
□Beneficiary’s certified copy of Fax/telex dispatched to the applicant within____hours after shipment advising (□name of vessel/□flight number/□wagon number), date of shipment, name, quantity, weight and value of goods.
Other Documents, if any:</td></tr>
<tr><td>Description of Goods</td><td>Price Term:□FOB □CFR □CIF
□Other</td></tr>
<tr><td>Additional instructions
□All banking charges outside the opening bank are for beneficiary’s account.
□Documents must be presented within____days after the date of issuance of the transport documents but within the validity of this credit.
Other terms, if any:</td><td>Applicant’s Signature and Seal

Contact with: Tel.:</td></tr>
</table>

开证申请书正面包括以下内容。

(1) 开证行：可以是具名开证行统一印制的名头。

(2) 申请日：申请人呈交申请书的日期。

(3) 开证形式：主要形式有信开、简电、全电，在选中形式上标注×。

(4) 信用证编号：由开证行填写。

(5) 通知行：除非合同有明确规定，否则由开证行填写。

(6) 申请人：填写进口商的全称和详细地址。

(7) 受益人：填写出口商或中间商的全称和详细地址。

(8) 提交单据的最后期限和地点，也是信用证失效的日期和地点。

(9) 金额：同时填写大小写，且两者要一致。

(10) 运输：包括是否允许分批装运、转运、起运地、目的地、最迟装运期等内容。

(11) 付款方式：包括三方面内容，一是付款类型，即期付款或延期付款或承兑或议付；二是指定银行名称，也可以不指定；三是汇票条款，是否开具汇票，如开具，写清汇票的金额、付款期限和受票人名称。

(12) 单据：注明商业发票、运输单据、保险单、包装单/重量单、数量/重量的检验证明、质量检验证明、原产地证书、受益人证明等单据的份数及由谁签发等内容。

(13) 货物描述：包括货物的名称、规格、质量、数量、技术标准等内容，描述要避免歧义，不要过于烦琐。

(14) 贸易术语。

(15) 附加指示：包括费用承担、交单期限等内容。

(16) 申请人签章、联系方式。

2. 开证申请书背面

开证申请书背面内容如下所述。

开证申请人承诺书

致：×××银行

我公司已办妥一切进口手续，现请贵行按我公司申请书内容(见正面英文)开出不可撤销跟单信用证，我公司承诺如下：

一、我公司同意贵行按照国际商会最新出版之《跟单信用证统一惯例》(UCP600)办理该信用证项下一切事宜，并同意承担由此产生的一切责任。

二、我公司保证该信用证所涉及的交易符合国家现行的各项外汇管理政策，并具有真实的贸易背景。

三、我公司保证在贵行规定的时间内向贵行支付该信用证项下的款项、手续费、利息及一切费用(包括国外受益人拒绝承担的有关银行费用)等所需的外汇和人民币，并承担汇率风险。我公司授权贵行从任何存在于贵行的我公司账户中主动扣款，包括利息、费用、佣金和一切支出，而无须事先通知本公司。

四、我公司承认该信用证项下所交单据的货权在我公司未以自有资金付款赎单并清偿一切费用之前，完整、自主地归属贵行。我公司保证：对该信用证项下的货物代为贵行保管、存仓、保险和/或按贵行的指示代为贵行销售，并在收妥货款后，及时付予贵行。我公司保证该信用证项下的货物未发生任何形式的货权转移，或与货物买卖合同无关的其他债权债务发生任何联系。

五、我公司保证在贵行《进口付款/承兑通知书》中规定的期限之内，通知贵行办理对外付款/承兑，否则贵行可认为我公司已接受单据，同意对外付款/承兑。

六、我公司保证在单证表面相符的条件下办理有关付款/承兑手续。如因单证有不符之处而拒绝付款/承兑，我公司保证在贵行《进口付款/承兑通知书》中规定的时期之前，将全套单据如数退还贵行并附书面理由，由贵行按国际惯例确定能否对外拒付。如贵行确定我公司所提拒付理由不成立，或虽然拒付理由成立，但我公司未能退回全套单据，或拒付单据退到贵行已超过《进口付款/承兑通知书》中规定的期限，贵行有权主动办理对外付款/承兑，而不必征得我公司同意。

七、该信用证如需修改，由我公司向贵行提出书面申请，由贵行根据具体情况确定能否办理修改。我公司确认所有修改当由信用证之受益人接受时才能生效。

八、我公司在收到贵行开出的信用证、修改书副本后，保证及时与原申请书核对，如有不符之处，保证在接到副本之日起，两个工作日内通知贵行。如未通知，当视为正确无误。

九、我公司保证：因自身临时性资金周转困难，我公司将在付款日前一定时间向贵行提出办理进口押汇的书面申请。如我公司未按期提出申请或在付款日前两个工作日内仍未按贵行要求办妥有关付款手续，贵行有权自动办理该信用证项下进口押汇的各项相关手续，进口押汇所涉及的期限、金额、利率由贵行按银行有关文件的规定自行确定。我公司在此承认贵行办理该信用证项下进口押汇之各项手续的有效性及合法性，保证对因此而引发的全部债务和一切费用承担全部的还款责任，并承诺放弃上述进口押汇所涉及任何及一切债务的抗辩权。

十、我公司同意贵行享有《跟单信用证统一惯例》(UCP600)第15条至第18条所规定的免责事项，即单据有效性的免责、讯息传递的免责、不可抗力及被指示银行行为的免责。

十一、因申请书字迹不清或词意含混而引起的一切后果由我公司承担。

十二、该信用证如因邮寄、电讯传递发生遗失、延误、错漏，贵行概不负责。

我公司在申请书正面的签字及盖章构成对本承诺的有效确认。

我公司人民币账号：

我公司外汇账号：　　　　　　　　开证申请人签字盖章

年　　月　　日

下列内容由银行填写：

□已受理贵公司申请，拟办理开证。　　□请补齐申请材料后，再申请办理。

受理人：　　　　联系电话：　　　　受理日期：　　　　年　　月　　日

(二) 开证行开证的业务处理

开证行开证的业务处理如图3-3所示。

1. 审核开证申请人递交的材料和开证申请书

开证行审核开证申请人递交的材料，是对申请人的资格审查：一是对外付汇资格，可联网查询外汇管理部门发布的“进口单位名录(单)”，查询申请人是否具备对外付汇的资格。二是对进出口经营权的审查，对于首次申请开证的客户，应审核其营业执照(副本)、组织机构代码证及“对外贸易经营者备案登记表”等，并留存上述材料的复印件。此外，开证申请人还需出具“单位基本情况表”和“进口信用证业务承诺书”，用于明确其今后在开证申请书及信用证修改申请书上所使用签章的形式。

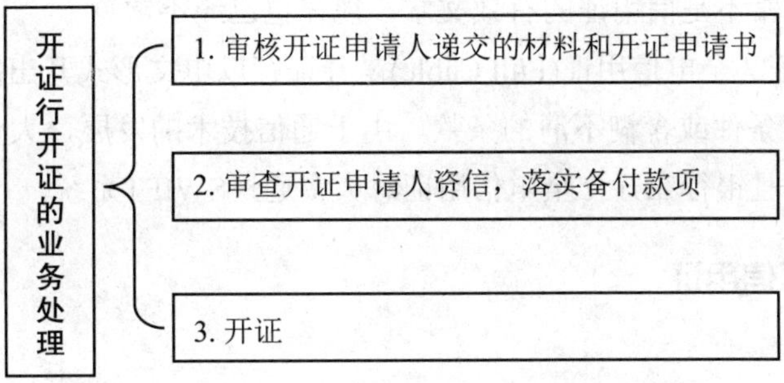

图3-3　开证行开证的业务处理

开证行审核开证申请提交的贸易合同、进口登记证或进口证明、开证申请书时，要注意以下几点。

(1) 贸易合同是否已签字、生效，并完整提交。

(2) 申请书是否加盖“进口信用证业务承诺书”所约定的签章。

(3) 信用证申请与贸易合同支付条款是否相符。

(4) 信用证申请书各项条款之间是否一致。

2. 审查开证申请人资信，落实备付款项

开证行之所以要审查开证申请人的资信，是因为开证行开出信用证要承担第一性付款责任。为防范风险，在开证前还要落实备付款项，包括开证保证金、不动产抵押、动产及权利财产质押、第三方担保、扣减授信额度等形式。

3. 开证

开证时间一般为合同规定的装运期前30～40天。开证申请人在收到信用证副本后，应及时与开证申请书核对，发现不符，要在收到副本之日起两个工作日内通知开证行。

根据开证行开立的方式不同，信用证分信开信用证和电开信用证。

1) 信开信用证

信开信用证是指开证行用信函格式开立的信用证，并以航空邮寄方式将信用证传递给通知行或受益人的方式，是一种传统的开立信用证的方式。由于信开信用证通过邮寄，费用比电开信用证低，但时间较长。现在，因为通信技术越来越发达，信开信用证已不多见。

2) 电开信用证

电开信用证是指开证行以电子文本的形式开立，并用加注密押的电报、电传或SWIFT系统等电信方式进行传递的信用证。

电开信用证可分为简电信用证和全电信用证。

(1) 简电信用证(Brief Cable)。简电信用证指仅记载信用证金额、有效期等主要内容的电开信用证，其目的是预先通知出口商，以便其早日备货。简电信用证条款不全，只列出信用证号码、受益人名称、品名、合同号码、装运期、有效期等，有的电文条款虽全，但往往有“详见航邮”(“details airmailed” or “airmailing details”)之类的字样，所以简电信用证通常不是信用证的有效文本，现在也已经不常见。

(2) 全电信用证。全电信用证(Full Cable)是开证行以电文形式开出的内容齐全的信用证，没有任何保留条件或含糊不清的条款。由于通信技术的发展，大多客户选择全电形式开立信用证，而且银行在开立全电信用证时大多通过SWIFT系统。

(三) SWIFT信用证

1. 开证格式

现在银行间传递的信用证大多使用如表3-2所示的MT700格式开立，也就是SWIFT电文的第七类格式。MT700格式容量对大部分跟单信用证来说已经足够，如果信用证内容超过MT700格式容量，要用MT701格式进行补充，这样信用证就由一个MT700加上一个甚至多个(最多3个)MT701组成。

表3-2 MT700报文格式

Status	Tag(代号)	Field Name(栏目名称)
M	27	Sequence of Total (报文页次)
M	40A	Form of Documentary Credit (跟单信用证类别)
M	20	Documentary Credit Number (信用证编号)
O	23	Reference to Pre-Advice (预先通知的编号)
O	31C	Date of Issue (开证日期)
M	40E	Applicable Rules (适用规则)
M	31D	Date and Place of Expiry (信用证的到期日及到期地点)
O	51a	Applicant Bank (开证行)
M	50	Applicant (开证申请人)
M	59	Beneficiary (受益人)
M	32B	Currency Code, Amount (信用证的币种与金额)
O	39A	Percentage Credit Amount Tolerance (信用证金额允许浮动的范围)
O	39B	Maximum Credit Amount (最高信用证金额)
O	39C	Additional Amounts Covered (可附加金额)
M	41a	Available with...by... (指定的银行及兑付方式)
O	42C	Drafts at... (汇票付款期限)
O	42a	Drawee (汇票付款人)
O	42M	Mixed Payment Details (混合付款指示)
O	42P	Deferred Payment Details (延迟付款指示)
O	43P	Partial Shipments (分批装运)
O	43T	Transshipment (转运)
O	44A	Place of Taking in Charge/Dispatch from.../Place of Receipt (装船发运和接受监管/收到货物的地点)
O	44E	Port of Loading/Airport of Departure (装货港/始发地机场)
O	44F	Port of Discharge/Airport of Destination (卸货港/目的地机场)

(续表)

Status	Tag(代号)	Field Name(栏目名称)
O	44B	Place of Final Destination/For Transportation to.../Place of Delivery(货物发运的最终目的地/交货地)
O	44C	Latest Date of Shipment (最迟装运日)
O	44D	Shipment Period (装运期)
O	45A	Description of Goods and/or Services (货物/劳务描述)
O	46A	Documents Required (单据要求)
O	47A	Additional Conditions (附加条款)
O	71B	Charges (费用)
O	48	Period for Presentation (交单期限)
M	49	Confirmation Instructions (保兑指示)
O	53a	Reimbursing Bank (偿付行)
O	78	Instructions to the Paying/Accepting/Negotiating Bank (银行间指示)
O	57a	"Advise Through" Bank (通知行)
O	72	Sender to Receiver Information (附言)

注：M为报文中必选项，O为报文中可选项。

依据MT700格式缮制的信用证内容如下所述。

27：如果MT700能够容纳信用证的全部内容，不需要使用MT701，则该项目显示1/1；否则，在MT700中显示1/2，在MT701中显示2/2。

40A：该项目可能是不可撤销跟单信用证，或不可撤销可转让跟单信用证，或不可撤销备用信用证。

20：填写信用证编号。

23：如果信用证已被预先通知，该项目显示PREADV/，后跟预先通知的编号和日期。

31C：该项目的格式为YYMMDD，如2019年9月5日，写成190905。

40E：适用规则，一般为《跟单信用证统一惯例》最新版本。

31D：该项目列明的日期和地点是跟单信用证最迟交单日期和交单地点，如果交单地点是进口地，出口方要注意提前寄单。

51a：填写开证行。

50：填写开证申请人。

59：填写受益人。

32B：金额一般不分格，分格用小数点表示，小数点用逗号表示，如“320,294.50”，写为“320294,50”或“320.294,50”。

39A：该项目表示允许浮动的百分比，如percentage credit amount 03/03，表示允许上下浮动不超过3%。

按照国际惯例，金额前面有“about/approximately/circa”等词语，允许有10%的增减幅度。

39C：该项目可列明保险费、运费、利息等金额。

注意：如果39款不显示，信用证金额就是32B所示金额。另外，39A和39B不能同时出现。

41a：该项目代号为41A时，指定银行用SWIFT“名址码”表示；该项目代号为41D时，指定银行用行名地址表示。

42C和42a：关于汇票，信用证项下汇票的付款人，一般是开证行，如有指定付款行，则填指定付款行。如“Beneficiary’s drafts drawn on Bank of China，Tokyo Branch payable at sight.”。(受益人开立以中国银行东京分行为付款人的即期汇票)

如果没有42C和42a，表明该信用证不需要汇票。

44：运输条款，包括运输方式、装运地和目的地、最迟装运日期、可否分批装运或转运。如“Shipment from Chinese port to New York not later than Mar. 18，2019.”。(自中国口岸装运货物驶往纽约，不得迟于2019年3月18日)

如果装运日期前有“on or about”，表示该日前后各5天之内装运有效。

按照国际惯例，即使信用证禁止分批装运，同一运输工具、同一航程、同一目的地的不同装运地、不同装运日期的运输不属于分批装运。

45A：货物描述内容要具体，一般包括货名、品质、数量、单价、价格术语等。例如：

DESCRIPTION OF GOODS：100% COTTON APRON AS PER S/C NO. AH107

ART. NO.	QUANTITY	UNIT PRICE
49394 (014)	2000 PIECES	USD 1.00
49395 (014)	2000 PIECES	USD 1.00
49396 (014)	3500 PIECES	USD 1.25
49397 (015)	4000 PIECES	USD 1.25

CIF SINGAPORE

货物数量前有“about, approximately, circa”等词语，允许有10%的增减；以度量衡为单位计量的货物，即使没有“about, approximately, circa”等词语，也允许有5%的增减。

46A：列明要求提交单据的时间、种类、份数。常见的信用证要求的单据有汇票、商业发票、原产地证书、提单、保险单、检验证书、受益人证明、装箱单或重量单。

47A：附加条款，常见的附加条款有：英文单据、第三方单据是否可接受；某些具体内容要在全部或几种单据中显示；关于不符点单据的处理等。如“If the documents presented with any discrepancies from beneficiary to your good bank or we find any descrepancies when we received the documents we will claim USD 50.00 for each discrepancy.”。(如果受益人向你方银行提交的单据中有不符点，或者我们收到单据后发现有不符点，每一个不符点，我们将扣除50美元)

71B：若无此项，表示除议付费、转让费外，其他费用均由开证申请人承担。

48：一般列明开立运输单据后多少天交单，如“Documents must be presented within 15 days after the date of shipment, but within the validity of this credit.”。(单据须在装运期后15日内提交，并且提交时间需在信用证有效期内)

若无此项，表示在开立运输单据后的21天内交单。

78：对付款行/承兑行/议付行的指示。如“Upon receipt of documents at our counters conforming to the terms and conditions of this L/C, we shall credit you according to your instructions.”。(我方收到符合信用证条款的单据后会按你方指示付款)

57a：列明通知行。

72：填写附言。

2. 信用证的修改格式

出口方审核信用证以后，有可能提出增减信用证金额、延长信用证有效期、修改货物描述和运输条款、调整保险加成等要求。开证行要按照图3-4所示流程，做好信用证修改的业务处理。

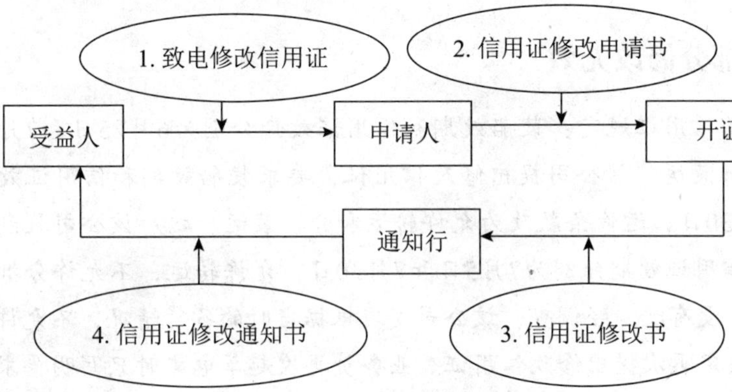

图3-4　信用证修改业务流程

开证行通过SWIFT发出信用证修改书，需缮制如表3-3所示的MT707报文。

表3-3　MT707报文格式

Status	Tag(代号)	Field Name(栏目名称)
M	20	Sender’s Reference (发报行的编号)
M	21	Receiver’s Reference (收报行的编号)
O	23	Issuing Bank’s Reference (开证行的编号)
O	52a	Issuing Bank (开证行)
O	31C	Date of issue (开证日期)
O	30	Date of Amendment (修改日期)
O	26E	Number of Amendment (修改次数)
M	59	Beneficiary (before this Amendment)(修改前的受益人)
O	31E	New date of Expiry (修改后的到期日)

(续表)

Status	Tag(代号)	Field Name(栏目名称)
O	32B	Increase of Documentary Credit Amount (跟单信用证的增额)
O	33B	Decrease of Documentary Credit Amount (跟单信用证的减额)
O	34B	New Documentary Credit Amount after Amendment (修改后的跟单信用证的金额)
O	39A	Percentage Credit Amount Tolerance (修改后的信用证金额浮动上下限)
O	39B	Maximum Credit Amount (修改后的信用证金额最高限额)
O	39C	Additional Amounts Covered (附加金额)
O	44A	Place of Taking in Charge/ of Receipt (对接管地/接收地的修改)
O	44E	Port of Loading/Airport of Departure (对装运港/始发港的修改)
O	44F	Port of Discharge/Airport of Destination (对卸货港/目的港的修改)
O	44B	Place of Final Destination/ of Delivery (对最终目的地/交货地的修改)
O	44C	Latest Date of Shipment (对最迟装运日期的修改)
O	44D	Shipment Period (对装运期的修改)
O	79	Narrative (修改详述)
O	72	Sender to Receiver Information (附言)

案例阅读　部分修改无效

某公司收到的信用证规定：装船效期和信用证效期分别为6月25日和7月20日，不准转运和不准分批装运。该公司提出修改信用证，要求装船效期和信用证效期分别延长至7月5日和7月30日，运输条款改为允许转运和分批装运。之后该公司收到修改通知书，装船效期和信用证效期分别为7月5日和7月30日，允许转运，不允许分批，也就是"不准分批装运"没有改。经调查，该公司发现根据当时的备货情况，不允许分批装运难以办到，于是决定再次提出修改信用证。业务员再次起草电文时只写明要求将不准分批装运改为"允许分批装运"，其他未提。之后该公司再次收到修改通知书，同意分批装运。

于是该公司在7月2日将第一批货发出，经中国香港转船，7月22日交单，寄单行被开证行拒绝，提出以下三个不符点：

(1) 提单日晚于6月25日；

(2) 交单日期晚于7月20日；

(3) 由中国香港转运。

开证行的拒付理由完全合理，因为出口方没有很好地理解UCP600关于修改信用证的条款，惯例规定：信用证修改可以多次进行，但必须全部接受修改的内容，部分接受修改内容做无效处理。

本案中，第一次修改由于没有接受禁止分批装运，属于部分接受，所以修改无效；第二次修改是有效的，但只把"不许分批装运"改为"允许分批装运"，其他信用证条款并未修改，即修改后的信用证条款装船效期和信用证效期仍为6月25日和7月20日，运输条款是不准转运，允许分批装运。因此，开证行提出的3个不符点完全合理，该公司得不到开证行的付款，只能通知开证行改为托收结算。

资料来源：黄飞雪，李志洁. UCP600与ISBP681[M]. 厦门：厦门大学出版社，2009：77-78.

(四) 开证行审单偿付

1. 开证行审单的处理要点

(1) 根据UCP600第14条b款规定，开证行从收单次日起至多5个银行工作日内审单完毕。

(2) 审单必须合理谨慎。审单遵循“单证一致、单单一致”的原则，审核单据的表面一致性，但也不是简单的“照镜子”，要注意把握实质性不符点和非实质性不符点。

案例阅读　非实质性不符点

某年10月24日，株式会社新韩银行(SHINHAN BANK，SEOUL KOREA)开立以浙江东汇公司为受益人的跟单信用证，载明：信用证金额82 332.00美元，可由任何银行议付，货物为男装(NFD－JP2065)800件，单价41.29美元；女装800件，单价23.87美元；男装(NFD－JP2062)1200K件，单价25.17美元。

同年12月1日，浙江东汇公司通过当地东海银行以DHL快递方式将信用证规定的单据寄送开证行，开证行在审单后向东海银行发出拒绝付款的通知，理由是发票上记载的男装(NFD－JP2062)数量1200K件，单价25.17美元，金额30 204.00美元，但实际上1 200 000件的金额应为30 204 000.00美元。

买卖双方各执一词，最后通过法院审理。法院判决认为开证行拒付不成立，原因如下：

(1) 信用证所记载的男装(NFD－JP2062)数量为1200K件，浙江东汇公司在开具发票时，为了满足单证表面相符，在发票上注明该男装数量为1200K件。

(2) 信用证总金额为82 332.00美元，在男装(NFD－JP2062)单价确定为25.17美元的情况下，其数量不可能为1 200 000件。

(3) “1200K”用来表示数量“1 200 000”并不符合英文的表达习惯。英文“kilo”确实表示“千”，但“kilo”仅是构词成分，并不单独用来表示数量，必须与其他词语结合才构成完整的词义表达，如“kilometre”(千米)、“kilogram”(千克)、“kilohertz”(千赫)等，因而在国际贸易中也没有用“K”来表达数量“千”的习惯。

(4) 结合开证申请人出具的货物检验证书中记载的该款男装数量亦为1200K件且开证行对检验证书未提出异议的事实，可以认定该“1200K”中的“K”并未对双方引起数量上的歧义。

因此，本案中由于英文字母“K”形成的不符点属于非实质性不符点，其未对开证行及开证申请人的利益造成任何损害，开证行以该不符点为由拒付信用证款项不能支持。

资料来源：法信微信公众号. Legal_information.

2. 开证行承付的处理要点

开证行确定单证相符，随即承付，并向寄单索偿银行发出偿付通知，即发出如表3-4所示的MT756报文。

表3-4 MT756报文格式

Status	Tag	Field Name
M	20	Sender's Reference (发报行的编号)
M	21	Presenting Bank's Reference (寄单行的编号)
M	32B	Total Amount Claimed (索偿总金额)
M	33A	Amount Reimbursed or Paid (偿付或付款的金额)
O	53a	Sender's Correspondent (发报行的代理行)
O	54a	Receiver's Correspondent (收报行的代理行)
O	72	Sender to Receiver Information (发报行给收报行的信息)

3. 开证行拒付的处理要点

开证行确定单证不符后，可以拒绝付款，也可以自行决定联系开证申请人放弃不符点。根据UCP600第16条d款规定，相关银行需在不迟于自收单翌日起第5个银行工作日结束前发出拒付通知，即发出MT734报文，内容如表3-5所示。拒付通知必须申明：开证行拒付；开证行拒付所依据的每一个不符点；对单据的处理。

开证行拒付后对单据的处理方法包括以下几种。

(1) 留单等待交单人的指示。

(2) 留单直至接到申请人放弃不符点的通知并同意接受该放弃。

(3) 接受对不符点的放弃前，收到交单人的进一步指示，按新指示办。

(4) 退回单据。

(5) 按事先指示处理。

表3-5 MT734报文格式

Status	Tag	Field Name
M	20	Sender's TRN (发报行的编号)
M	21	Presenting Bank's Reference (寄单行的编号)
M	32A	Date and Amount of Utilisation (寄单日期和支取金额)
O	73	Charges Claimed (要求支付的费用)
O	33a	Total Amount Claimed (索偿总金额)
O	57a	Account with Bank (账户行)
O	72	Sender to Receiver Information (发报行给收报行的信息)
M	77J	Discrepancies (不符点)
M	77B	Disposal of Documents (单据的处理)

(五) 开证行要求开证申请人付款赎单

开证行接受单据进行偿付后，立即通知开证申请人付款赎单，通知书样式如表3-6所示。

表3-6　对外付款/承兑通知书样式

对外付款/承兑通知书

银行业务编号：　　　　　　　　　　　　　　　　　　　　　　日期：

<table>
<tr><td colspan="2">结算方式</td><td colspan="4">□ 信用证 □托收 □ 保函 □其他</td><td colspan="3">信用证/保函编号</td><td colspan="3"></td></tr>
<tr><td colspan="2">来单币种及金额</td><td colspan="4"></td><td colspan="3">开证日期</td><td colspan="3"></td></tr>
<tr><td colspan="2">索汇币种及金额</td><td colspan="4"></td><td colspan="3">期　　限</td><td></td><td>到期日</td><td></td></tr>
<tr><td colspan="2">来单行名称</td><td colspan="4"></td><td colspan="3">来单行编号</td><td colspan="3"></td></tr>
<tr><td colspan="2">收款人名称</td><td colspan="10"></td></tr>
<tr><td colspan="2">收款行名称
及地址</td><td colspan="10"></td></tr>
<tr><td colspan="2">付款人名称</td><td colspan="10"></td></tr>
<tr><td colspan="6">□ 对公 组织机构代码</td><td colspan="2" rowspan="2">□ 对私</td><td colspan="4">个人身份证号码</td></tr>
<tr><td colspan="2">扣款币种及
金额</td><td colspan="4"></td><td colspan="4">□ 中国居民个人
□ 中国非居民个人</td></tr>
<tr><td colspan="2">合同号</td><td colspan="4"></td><td colspan="3">发票号</td><td colspan="3"></td></tr>
<tr><td colspan="2">提单号</td><td colspan="4"></td><td colspan="3">合同金额</td><td colspan="3"></td></tr>
<tr><td rowspan="2">单据</td><td>汇票</td><td>发票</td><td>海运提单</td><td>航空运单</td><td>货物收据</td><td>保险单</td><td>装箱单</td><td>重量单</td><td>产地证</td><td>检验证书</td><td>装船通知</td></tr>
<tr><td></td><td></td><td></td><td></td><td></td><td></td><td></td><td></td><td></td><td></td><td></td></tr>
<tr><td colspan="12">银行附言</td></tr>
<tr><td colspan="12">上述单据已收到，现提示贵公司：
□ 请于______年______月______日之前来我行办理即期付款/承兑并到期付款/拒付。
□ 如拒付，请于上述日期前提交拒付理由书详述拒付理由，我行将根据国际惯例和贵公司在《开证申请人承诺书》中的承诺审核处理(适用于信用证结算方式)。
□ 如在上述日期之前，贵公司既不来我行办理即期付款/承兑并到期付款，也不提交拒付请求，我行将根据国际惯例和贵公司在《开证申请人承诺书》中的承诺办理即期付款/承兑并到期付款/拒付(适用于信用证结算方式)。
□ 如拒付，请于上述日期前提交拒付理由书详述拒付理由，我行将根据国际惯例审核处理(适用于非信用证结算方式)。
□ 如在上述日期之前，贵公司既不来我行办理即期付款/承兑并到期付款，也不提交拒付请求，我行将根据国际惯例办理即期付款/承兑并到期付款/拒付(适用于非信用证结算方式)</td></tr>
<tr><td colspan="2">申报号码</td><td colspan="4"></td><td colspan="3">实际付款币种及金额</td><td colspan="3"></td></tr>
<tr><td colspan="2">付款编码</td><td colspan="4"></td><td colspan="3">如为购汇汇出，则购汇汇率</td><td colspan="3"></td></tr>
</table>

(续表)

<table>
<tr><td colspan="4">收款人常驻国家(地区)名称及代码 中国 142</td><td colspan="2">是否为保税货物项下付款</td><td>□是 □否</td></tr>
<tr><td colspan="2">是否为预付货款</td><td>□是 □否</td><td colspan="2">外汇局批件/备案表号</td><td colspan="2"></td></tr>
<tr><td colspan="2">付款币种及金额</td><td colspan="2"></td><td>金额大写</td><td colspan="2"></td></tr>
<tr><td rowspan="3">其中</td><td>购汇金额</td><td colspan="2"></td><td>账　号</td><td colspan="2"></td></tr>
<tr><td>现汇金额</td><td colspan="2"></td><td>账　号</td><td colspan="2"></td></tr>
<tr><td>其他金额</td><td colspan="2"></td><td>账　号</td><td colspan="2"></td></tr>
<tr><td colspan="2">交易编码</td><td>121010</td><td>相应币种及金额</td><td></td><td>交易附言</td><td></td></tr>
<tr><td colspan="3">□同意付款
□同意承兑并到期付款
□申请拒付

联系人及电话

申报日期</td><td colspan="2">付款人印鉴(银行预留印鉴)</td><td colspan="2">银行业务章

经办　复核　负责人</td></tr>
</table>

开证申请人在接到付款/承兑赎单通知书后，在付款前也要对单据进行审核，在确定相符后，向开证行付清应付款项，赎回全套单据。

如果开证申请人认为单据不符，应向开证行说明拒付理由，但不得以货物质量问题要求银行予以赔偿。如开证申请人拒付，开证行对已偿付的款项，无追索的权利。

【知识小结】

国际信用证业务以开证行业务为主体，内容主要包括开证行受理开证申请、开证行开立和修改信用证、开证行审单偿付等。通过学习，能够掌握跟单信用证的性质，准确、熟练地填写开证申请书，并能够依据开证申请书缮制MT700报文。

【考　　核】

一、基础知识测试

(一) 单选题

1. 开证行在信用证业务中承担的付款责任是(　　)。

A. 无条件的　　B. 可以撤回的　　C. 自行决定的　　D. 第一性且不可撤销的

2. 在合同规定的期限内，(　　)负有申请开立信用证的义务。

A. 卖方　　B. 买方　　C. 开证行　　D. 议付行

3. SWIFT全电信用证开证的报文格式是(　　)。

A. MT700　　B. MT706　　C. MT101　　D. MT103

4. 按照国际惯例，开证行在收到单据翌日起，最多(　　)个工作日内审单完毕。

A. 5　　B. 7　　C. 10　　D. 14

5. 国际信用证业务适用的国际惯例是(　　)。

A. URC　　B. URDG　　C. UCP　　D. FCI

6. 按照出口方所承担的风险从小到大的顺序排列，应是(　　)。

A. D/P、D/A、L/C　　B. D/A、D/P、L/C

C. L/C、D/A、D/P　　D. L/C、D/P、D/A

7. (　　)没有审单的义务。

A. 开证行　　B. 议付行　　C. 付款行　　D. 偿付行

8. 明确开证申请人和开证行之间权责的契约性文件是(　　)。

A. 信用证　　B. 贸易合同　　C. 开证申请书　　D. 运输合同

9. 开证行修改信用证时缮制(　　)报文。

A. MT700　　B. MT701　　C. MT705　　D. MT707

10. 以下有关贸易结算的支付方式，说法正确的是(　　)

A. 汇款是建立在银行信用基础上的支付方式

B. 汇款和信用证都是建立在商业信用基础上的支付方式

C. 托收是建立在银行信用基础上的支付方式

D. 信用证是建立在银行信用基础上的支付方式

11. 开证行在审单时发现不符点，(　　)不是开证行所必须做的。

A. 说明全部不符点　　B. 拒付时以单据为依据

C. 应用书信方式通知寄单行　　D. 在5个工作日内拒付

12. 审单工作中，银行将审查(　　)。

A. 单据的有效性　　B. 单据的真伪

C. 单据表面是否合格　　D. 货物发运人的诚信

(二) 多选题

1. 信用证结算的特点(　　)。

A. 银行信用　　B. 纯单据业务

C. 开证行承担第一性付款责任　　D. 独立于基础合同

E. 凭货付款

2. 信用证结算适用于(　　)的贸易。

A. 进出口双方缺乏信任　　B. 远洋运输

C. 预期利润较高　　D. 商业信用基础较好

E. CIF价成交

3. 信用证结算中银行坚守严格一致的原则是(　　)。

A. 单同一致　B. 货同一致　C. 单单一致

D. 单货一致　E. 单证一致

4. 开证行的业务包括(　　)。

A. 修改信用证　　B. 审核开证申请书

C. 落实付款保证　　D. 要求开证申请人付款赎单

E. 审单偿付

5. 关于跟单信用证结算方式，说法正确的有(　　)。

A. 保证了买卖双方的货款不致落空　B. 以商业信用为基础

C. 为进出口双方提供资金融通便利　D. 和托收相比，手续复杂

E. 信用证条款不够严谨，易被钻空子

6. 根据国际惯例，办理信用证业务的银行的免责范围有(　　)。

A. 对单据的真伪不负责　　B. 对单据表面相符不负责

C. 对文电传递中的事故不负责　　D. 对单据是否与货物相符不负责

E. 对于天灾人祸等不可抗力造成信用证业务不能正常进行的不负责

7. 开证行可以拒付货款的理由有(　　)。

A. 开证申请人破产　　B. 单证不符

C. 货物与合同不符　　D. 单单不符

E. 单据与货物不符

(三) 判断题

1. 如果开证申请人破产倒闭，则开证行可以拒付。(　　)

2. 保兑行和开证行一样，一旦向出口方付款，就没有追索权。(　　)

3. 信用证的开立说明了开证行接受了开证申请人的申请，因此，信用证体现了开证行与开证申请人之间的合同关系。(　　)

4. 银行开立信用证是以自己的信用为申请人向受益人做出的有条件的付款保证，越是资信良好的银行，其开立的信用证就越容易被受益人接受。(　　)

5. 信用证是开证行应开证申请人的申请而向受益人开立的，受益人提交了全套符合信用证规定的单据后，开证行应征得申请人的同意，才能向受益人付款。（　）

6. 跟单信用证结算业务有开证行的信用为基础，因此，只要有信用证在手，则出口收汇就不成问题。（　）

7. 保兑行只是接受开证行的请求，对其开立的信用证加具保兑，其付款责任只是在开证行未能如约履行付款责任时，才予承担。（　）

8. 信用证的指定付款行在向受益人付款后才发现单据中有一个不符点，付款行可以向受益人追索已付款项。（　）

9. 议付行如果不是保兑行，它对受益人的付款是有追索权的。（　）

10. 按照国际惯例，信用证规定的交单期一般在提单签发日以后15天，如无具体规定，最迟不超过提单签发后的21天。（　）

11. 信用证列明“This credit is available with any bank by negotiation.”，该证是限制议付信用证。（　）

12. 开证行在拒付报文中陈述“根据03ECE036号合同，发票货描部分缺少‘Average’一词”，该拒付理由合理。（　）

13. 修改信用证时，开证行缮制MT700报文。（　）

14. 提出信用证修改申请时应做到：凡是需要修改的内容，应一次性全部提出，避免分次提出的情况发生。（　）

15. 信用证和托收、汇款一样都是银行受理客户申请，所以也属于商业信用。（　）

二、技能测试

根据销售合同(见表3-7)和补充信息，完成【任务引例】的操作任务。

表3-7　销售合同

SALES　CONTRACT

No. QA20190720

DATE: July 12，2019

THE SELLER: SHARP CORP. 4-76 TOKYO, JAPAN POSTCODE 4610012

THE BUYER: SHENYANG HONGSHUN IMPORT & EXPORT CO., LTD. NO. 1666 XUYANG ROAD,SHENYANG,CHINA

This Contract is made by and between the Buyer and the Seller, whereby the Buyer agrees to buy and the Seller agrees to sell the under mentioned commodity according to the terms and conditions stipulated below:

Commodity & Specification	Quantity	Unit Price	Amount
Digital printing machine	10 pcs	USD 20 000.00/pc CIF Dalian	CIF Dalian USD 200 000.00
Total			USD 200 000.00

Total Amount: SAY U.S. DOLLARS TWO HUNDRED THOUSAND ONLY.

(续表)

Shipment: Shipment on or before Sept. 10, 2019 with partial shipments are not allowed and transhipment is allowed from Tokyo to Dalian. Payment: The buyer shall open through a bank acceptable to the seller an irrevocable L/C at sight to reach the Seller 30 days before the month of shipment remained valid for negotiation in Japan until the 15th day after the date of shipment. Insurance: The Seller shall cover insureance against all risks for 110 % of the total invoice value as per the relevant ocean marine cargo clause of P.I.C.C. dated Jan. 1st，1981. THE SELLERS: SHARP CORP. TOKYO Fujita Yuki THE BUYERS: SHENYANG HONGSHUN IMPORT & EXPORT CO., LTD. 金 然

【补充信息】

(1) 信用证有效期至2019年9月20日，有效地为日本。

(2) 开立以开证行为付款人，与商业发票同额的即期汇票。

(3) 商业单据：已签商业发票3份；全套清洁已装船海运提单，做成指示性抬头，运费预付；保险单2份；装箱单/重量单3份；原产地证书1份，由主管当局出具。

(4) 开证行以外的银行费用由受益人承担。

(5) 交单期：提单签发后的15天。

(6) L/C No.DB16759

【操作任务】

1. 模拟开证申请人，填写表3-8。

表3-8 开证申请书

APPLICATION FOR IRREVOCABLE DOCUMENTARY CREDIT

To: Date of Application:

Please issue an irrevocable documentary letter of credit in the following terms and guarantee back leaf by: □airmail □express □cable □with brief advice by teletransmission □full teletransmission	20 : Credit Number
Applicant	Advising Bank Date of Expiry on ____YY__MM__DD
Beneficiary	Place of Expiry in ________ Currency Code, Amount

(续表)

<table>
<tr><td>Partial Shipments
□allowed　□not allowed</td><td>Transhipment
□allowed　□not allowed</td><td rowspan="3">Credit available with □adv. bank □any bank in__
by □sight payment □acceptance □negotiation
□mixed payment□deferred payment at__days
against presentation of the documents and beneficiary's draft (s) at __sight
drawn on __for__% of invoice value</td></tr>
<tr><td>Shipment from</td><td>Transportation to</td></tr>
<tr><td colspan="2">Latest Date of Shipment</td></tr>
<tr><td colspan="3">Documents Required (marked with "×")
□Signed commercial Invoice in__copies indicating this credit number and contract number.
□Full set of clean "On Board" Ocean (□Bills of Lading □Cargo Receipt) made out to (□you □order) and blank endorsed, marked "Freight (□prepaid □paid □collect)", and notifying (□the applicant □__)
□(□Airway Bills □Railway Bills) showing "Freight (□prepaid □paid □collect)" and consigned to____.
□Insurance Policy/Certificate in____copies for 110 % of the invoice value, showing claims payable in China, in the currency of the draft, and blank endorsed, covering All Risks and War Risks.
□Packing List/Weight Memo in____copies issued by____indicating quantity/gross and net weights of each package and packing conditions as called by this credit.
□Certificate of Quantity/Weight in____copies issued by____indicating the actual surveyed quantity/weight of shipped goods as well as the packing conditions.
□Certificate of Quality in____copies issued by____.
□Certificate of Origin in____copies issued by____.
□Beneficiary's certified copy of Fax/telex dispatched to the applicant within____hours after shipment advising (□name of vessel/□flight number/□wagon number), date of shipment, name, quantity, weight and value of goods.
Other Documents, if any:</td></tr>
<tr><td colspan="2">Description of Goods</td><td>Price Term:□FOB □CFR □CIF
□Other</td></tr>
<tr><td colspan="2">Additional instructions
□All banking charges outside the opening bank are for beneficiary's account.
□Documents must be presented within____days after the date of issuance of the transport documents but within the validity of this credit.
Other terms, if any:</td><td>Applicant's Signature and Seal

Contact with:　　　Tel.:</td></tr>
</table>

2. 模拟开证行，填写表3-9。

表3-9　MT700报文

Tag	Field Name
27	
40A	
20	
31C	

(续表)

Tag	Field Name
40E	
31D	
51a	
50	
59	
32B	
41a	
42C	
42a	
43P	
44E	
44F	
44B	
44C	
45A	
46A	
47A	
48	

知识拓展

特殊跟单信用证

一、可转让信用证

可转让信用证(Transferable Credit)是指信用证的受益人(第一受益人)可以要求信用证中授权的转让银行，将该信用证全部或部分金额转让给一个或数个受益人(第二受益人)使用的信用证。可转让信用证必须在信用证中注明其是可转让的，否则就是不可转让信用证，其表述通常为“Form of Documentary Credit：transferable”。在把握可转让信用证时应注意以下几点。

(1) 开证行授权的转让行指被授权付款、承担延期付款责任、承兑或议付的银行，或当信用证是自由议付时在信用证中特别授权的转让银行。

(2) 可转让信用证只能转让一次，即只能由第一受益人转让给第二受益人。第二受益人不得要求将信用证转让给其后的第三受益人，但是，再转让给第一受益人，不属于被禁止转让的范畴。

(3) 信用证只能按原证规定条款转让，但信用证金额、商品的单价、到期日、交单日及最迟装运日期可以减少或缩短，保险加保比例可以增加，信用证申请人可以变动。

二、背对背信用证

背对背信用证(Back to Back Credit)是指受益人要求原证的通知行或其他银行以原证为基础和保证，另开一张内容相似的新信用证，这张信用证就是背对背信用证。它是一种从属性质的信用证。背对背信用证具有如下特点。

(1) 背对背信用证的开立并非原始信用证申请人和开证行的意旨。

(2) 背对背信用证与原证是两个独立的信用证，同时并存。

(3) 背对背信用证的受益人不能获得原证开证行的付款保证，只能得到背对背开证行的付款保证。

(4) 背对背信用证一经开立，其开证行要承担相应的义务，与原证开证行无关。

背对背信用证的使用目的与可转让信用证大致相同，通常都是在中间商贸易或转口贸易中使用。当进口商在信用证上不愿意加列可转让条款时，中间商往往以原证为抵押，申请开立一张内容近似的新证，即背对背信用证，给实际供货商。新证开立时，原证仍有效，由开立背对背信用证的开证行代原受益人保管，以原证项下收到的款项来支付背对背信用证开证行垫付的资金，这样中间商就不必因向实际供货商购货而支付货款。中间商通过这种操作可以实现融资，并获取利润。

三、循环信用证

循环信用证(Revolving Credit)是指信用证被全部或部分使用后，其金额又恢复到原金额，可再次使用，直至达到规定的次数或规定的总金额为止。循环信用证主要用于进出口买卖双方订立长期合同，分批交货，而且货物比较大宗单一的情况下，进口方可节省开证手续和费用，同时也可简化出口方的审证、改证等手续，有利于合同的履行。循环信用证分为以下几种。

(一) 按时间循环的循环信用证

信用证上规定受益人每隔多长时间可循环使用信用证上规定的金额。例如，信用证金额为5万美元，2个月循环一次，有效期为12个月。时间循环信用证又可分为两种。

1. 累积性循环信用证

该种信用证的受益人在规定期限内可以支取的信用证金额有余额，该笔余额可以转到下期一并使用。

2. 非累积性循环信用证

该种信用证的受益人在规定期限内可以支取的信用证金额有余额，但不能转到下期一并使用。

(二) 按金额循环的循环信用证

这种信用证每期金额用完后，可恢复到原金额循环使用，直到规定的总金额用完为止。这种循环有三种方式。

1. 自动循环

自动循环即信用证在每次装货议付后，不必等待开证行下达通知即可自动恢复到原金额。

2. 半自动循环

半自动循环即信用证在每次装货议付后，经过一定时间方可恢复原金额并再度使用。

3. 非自动循环

非自动循环即信用证在每次装货议付后，经开证行通知，才能恢复原金额再度使用。

四、对开信用证

对开信用证(Reciprocal Credit)是指两张信用证的开证申请人互以对方为受益人而开立的信用证。对开信用证的特点是第一张信用证的受益人(出口方)和开证申请人(进口方)就是第二张信用证的开证申请人和受益人，第一张信用证的通知行通常就是第二张信用证的开证行。两张信用证的金额相等或大体相等，两证可同时互开，也可先后开立。对开信用证多用于易货交易或来料加工或补偿贸易。

五、预支信用证

预支信用证又称为红条款信用证，是指开证行授权指定银行向受益人预付全部或部分信用证金额，由开证行保证偿还利息的信用证。

一般做法是开证行在开证申请人的请求下，在信用证上加列条款“Beneficiary may draw in advance under this credit by his draft for account up to____% of the credit amount accompanied by his undertaking to the effect of shipment within the validity of this credit and to provide documents in terms of the credit.”，授权出口地银行凭出口商签发的光票，在交单前就向出口商预先垫付全部或部分货款，以帮助出口商备货装运。等出口商交单议付时，预支行再从议付金额中扣除已垫付的本息。这是一种装船前的资金融通，旨在帮助出口商生产或采购所出售的货物。

由于过去信用证以信开为主，信用证上的预支条款为了醒目起见，通常用红字打印，故也称为“红条款信用证”。

六、假远期信用证

假远期信用证，又称买方远期信用证，是指开证行开出远期信用证，同时在信用证条款中承诺单证相符情况下即期付款，开证申请人到期再偿付开证行的信用证。假远期信用证是开证行为开证申请人提供的一种融资便利，利息一般由开证申请人负担。信用证中通常表述为“Usance drafts to be negotiated at sight and discounted by us, discount charges and acceptance commission are for Importer's account.”。

任务二 出口信用证业务

任务引例

2019年7月12日，中国银行沈阳分行受理了沈阳宏顺进出口公司的开证申请，在对该公司进行资信调查的基础上，向中国银行东京分行开出信用证。7月25日，中国银行东京分行收到信用证，Aida以通知行经办员身份审核信用证，确认信用证真实后，缮制信用证通知书。受益人Sharp Corp. 收到通知后，依据贸易合同进行审证。Sharp Corp. 接受信用证后，随即履行合同项下的义务，9月12日，Sharp Corp. 开立信用证项下汇票，并由Riyo代表Sharp Corp. 将信用证单据条款要求的单据交到中国银行东京分行议付。中国银行东京分行的Aida审单议付后，向中国银行沈阳分行寄单索汇。

操作任务：

1. 代表受益人开立信用证项下汇票；
2. 代表通知行缮制信用证通知书。

学习任务

一、通知行审证通知的业务处理

通知行一般选择出口商的账户行，以便于业务联络及解决将来可能发生的贸易融资需求。

通知行受理国外来证后，应在两个工作日内审核完毕并通知出口商，以利于出口商备货，在信用证有效期内完成规定义务。通知行审证通知的业务处理要点包括以下几方面。

(一) 核验信用证的表面真实性

对于电开信用证主要是核验密押是否相符，对于信开信用证是核验印鉴。此外，还要检查开证行有没有列入银行内部欺诈或可疑的银行名单中。如果通知行不能核验信用证的表面真实性，必须毫不迟疑地告知开证行。在这种情况下，可以选择通知受益人，也可以选择不通知。如果选择通知受益人，需告知未核验真伪。

通知行也可能被开证行要求加具保兑(We request you to advise the beneficiary adding your confirmation.)，通知行如果同意加保兑行，就成为保兑行，注明“我行保兑此证(We hereby confirm the credit.)”，并可限定保兑的范围；如果不愿意保兑，必须毫不延迟地通知开证行。

(二) 把握开证行的资信

在信用证结算方式下，承担第一性付款责任的是开证行，因此，开证行的资信至关重要。通知行应对开证行资产规模、分支机构的数量、经营历史、经营状况、所在国的政治经济风险等方面进行审核。如果审核结果认定开证行资信较差，应建议受益人注意防范风险或联系资信较好的银行重新开立信用证。

(三) 通知信用证

通知行审证完毕，即可按自己的格式缮制信用证通知书，如表3-10所示。开证行通知受益人的方式因开证形式而异。如果是信开信用证，通知行以正本通知受益人，副本存档；如果是电开信用证，以复制本通知受益人，原件存档。因此，信开信用证有转递行，电开信用证没有。

表3-10　信用证通知书样式

<table>
<tr><td colspan="4">×××银行
Address:　　　　**信用证通知书**
Fax:　　　　**NOTIFICATION OF DOCUMENTARY CREDIT**
Date:</td></tr>
<tr><td colspan="2">To：致</td><td colspan="2">WHEN CORRESPONDING
PLEASE QUOTE OUR REF NO.</td></tr>
<tr><td colspan="2">ISSUING BANK开证行</td><td colspan="2">TRANSMITTED TO US THROUGH 转递行

REF NO.</td></tr>
<tr><td>L/C NO. 信用证号</td><td>DATED 开证日期</td><td>AMOUNT 金额</td><td>EXPIRY PLACE 有效地</td></tr>
<tr><td>EXPIRY DATE 有效期</td><td>TENOR 期限</td><td>CHARGE 未付费用</td><td>CHARGE BY 费用承担人</td></tr>
</table>

(续表)

RECEIVED VIA 来证方式	AVAILABLE 是否生效	TEST/SIGN 印押是否相符	CONFIRM 我行是否保兑

DEAR SIRS 敬启者：

WE HAVE PLEASURE IN ADVISING YOU THAT WE HAVE RECEIVED FROM THE A/M BANK A(N) LETTER OF CREDIT,CONTENTS OF WHICH ARE AS PER ATTACHED SHEET(S).

THIS ADVICE AND THE ATTACHED SHEET(S) MUST ACCOMPANY THE RELATIVE DOCUMENTS WHEN PRESENTED FOR NEGOTIATION.

兹通知贵公司，我行收自述银行信用证一份，现随附通知。贵公司交单时，请将本通知书及信用证一并提示。

REMARK备注：

PLEASE NOTE THAT THIS ADVICE DOES NOT CONSTITUTE OUR CONFIRMATION OF THE ABOVE L/C NOR DOES IT CONVEY ANY ENGAGEMENT OR OBLIGATION ON OUR PART.

THIS L/C CONSISTS OF　　　SHEENT(S),INCLUDING THE COVERING LETTER AND ATTACHMENT(S).

本信用证连同面函及附件共______纸。

IF YOU FIND ANY TERMS AND CONDITIONS IN THE L/C WHICH YOU ARE UNABLE TO COMPLY WITH AND OR ANY ERROR(S), IT IS SUGGESTED THAT YOU CONTACT APPLICANT DIRECTLY FOR NECESSARY AMENDMENT(S) SO AS TO AVOID AND DIFFICULTIES WHICH MAY ARISE WHEN DOCUMENTS ARE PRESENED.

如本信用证中有无法办到的条款及/或错误，请与开证申请人联系，进行必要的修改，以排除交单时可能发生的问题。

THIS L/C IS ADVISED SUBJECT TO ICC UCP PUBLICATION NO. 600.

本信用证之通知系遵循国际商会跟单信用证统一惯例第600号出版物办理。

此证如有任何问题及疑虑，请与结算业务部审证科联络，电话：________________

YOURS FAITHFULLY

FOR____________________

信用证通知书的主要内容包括：开证行名址，开证方式，转递行名称，信用证基本内容(号码、开证日期、金额、有效地、有效期、期限)，未付费用，费用承担，是否生效，印鉴和密押是否相符，是否保兑。

知识链接

信用证中的软条款

软条款(Soft Clause)，是指在信用证中加列了致使信用证下的开证行付款与否不是取决于单证表面是否相符的各种条款，这些条款往往是受益人不容易做到或无把握做到的条款，所以，也称为陷阱条款 (Pitfall Clause)。常见的软条款有以下几种。

一、难以实施的条款

该类条款实施起来有较大难度，以致无法在规定时间内完成，或者该类条款实施起来会带来无法控制的风险。常见的这类条款有以下几种。

(1) 要求在装运后很短的时间内交单的条款，比如"所有单据必须在装运日提交到我行"。

(2) 将提单发货人做成申请人并要求空白背书的条款，比如"提单做成空白抬头和空白背书并且表明开证申请人为发货人"。空白背书需要由发货人做出，而如果提单发货人做成申请人，也就是进口方，则这样的规定实施起来很困难，并且提单发货人做成申请人的话，受益人将失去提单下的发货人应有的权利。

(3) 要求发票、检验证书等单据由进口国特定的机构或人员签字或出具的条款，如"检验证书由申请人指定的两名专家出具并签名，该签名的样本由开证行保存"，申请人指定的专家如不出具并签署检验证书，则受益人无法交单；即使专家出具并签署了检验证书，由于受益人手中并没有指定专家签名的样本，无法判断提交的检验证明会不会被开证行以签名不符而拒付，如"Inspection certificate to be signed by authorized signatures of applicant."(出口商的商检证明必须由开证申请人授权签字)，开证申请人授权谁、什么时候授权，都是无法掌控的问题。

二、无法操作的条款

比如"除发票和汇票外，其他提交的单据不得显示发票编号"，但有些官方或半官方单据要求必须显示有关发票的编号及出具日期，比如原产地证或出口许可证等。

三、高风险条款

这种条款是指操作起来并不困难，但可能给受益人带来很高风险的条款。常见的高风险条款有以下几种。

(1) 要求装运后将一份空白抬头、空白背书的正本提单直接寄给申请人的条款。如"受益人证明中要声明1/3空白抬头、空白背书的正本提单已于装运后一天直接航邮给申请人"，申请人获得一份已经空白背书的正本提单后即可提货，如果受益人交单发生问题，将钱货两空。

(2) 信用证在开证行国家到期。如"我行现开出这份以你方为受益人的跟单信用证，信用证到期地点和时间分别为开证行柜台和2019年4月26日”，信用证在进口国到期，有关单据必须寄送开证行，受益人无法掌握单据到达开证行所需的时间且容易延误或丢失，有一定的风险。

四、附加生效条款

如“This documentary credit will become effective provided that you received authorization.”(本信用证在你收到授权书后才生效)，谁授权、授权谁、什么时候授权，都是“未知数”，这样的条款会使受益人很被动，如果迟迟接不到授权，将影响贸易合同的履行。

资料来源：刘晶红. 国际结算操作[M]. 北京：中国金融出版社，2012：87-88.

二、受益人的审证要点

信用证的受益人要以贸易合同为依据，对信用证进行审核的要点如下所述。

(一) 审核信用证类型和付款保证条款

1. 信用证类型是否符合合同规定

MT700格式信用证的40A栏位表明信用证的种类。如果合同规定是跟单信用证(Documentary L/C)，而40A栏位的内容显示的是可转让信用证(Transferable L/C)或备用信用证(Standby L/C)，则与合同相悖。

2. 信用证是否存在附加生效条款

在审核信用证时，需特别注意有无“本信用证待获得进口许可证后才能生效”等类似的附加条款。

(二) 审核信用证有关时间

审核信用证有关时间是否与贸易合同规定一致且易于操作。

1. 信用证有效期和地点

信用证的有效期是开证行对受益人承担的有条件付款承诺期限的终止，审核时要注意：信用证的有效期应大于或等于最迟装运期限加上交单期之和。信用证的有效地应选择在出口地。

2. 装运期的有关规定

(1) 能否在信用证规定的装运期内备妥有关货物并按期出运。

(2) 实际装运期与交单期时间间隔是否太短。比如，是否有“双到期”，即信用证中的装运期和有效期是同一天。在实际业务操作中，应将装运期提前一定的时间(一般在信用证有效期前10天)，以便有合理的时间来制单结汇。

(3) 信用证中规定了分批出运的时间和数量，应注意能否办到。

(三) 审核交单期

主要核查能否在信用证规定的交单期内交单。比如，来证中规定向银行交单的日期不得迟于提单日期后若干天，这一交单时间不能太短，应综合考虑海关、商检、银行等各方面因素，留有余地，以便制作单据和办理其他手续。

(四) 审核信用证基本内容

审核信用证基本内容是否完整、准确，具体包括以下几项。

1. 审核信用证当事人名址

信用证当事人，特别是受益人和开证申请人的名称和地址应与贸易合同项下的出口商和进口商的名称和地址完全一致。

2. 审核信用证的通知方式

确保信用证的通知方式安全、可靠。

3. 审核信用证的金额、货币是否符合合同规定

如果合同中有溢短装条款，则信用证金额必须允许增减。

(五) 审核运输条款

审核是否允许分批装运、转运。如果在有效期内无直达船，也就是转船必须发生，是否允许转运；如果需要分批装运，是否允许。

(六) 审核货物条款

审核货物的名称、货号、规格、包装、合同号码、订单号码、数量、单价等内容的描述是否与合同相一致。

(七) 审核费用条款

为避免纠纷，进出口双方都要事先明确如何承担银行费用。一般而言，出口方银行费用由受益人承担，进口方银行费用由开证申请人承担。如果信用证中规定所有银行费用均由受益人承担，受益人不能接受。

(八) 审核信用证规定的文件

信用证中有时会规定提交一些比较特殊的文件，如需要使领馆认证的文件，由相关机构或部门出具的出口许可证、运费收据、检验证明、船龄证明、船籍证明等文件，审核时要特别注意能否提供或及时提供。

(九) 审核信用证中有无陷阱条款

详见前文中【知识链接】信用证中的软条款。

(十) 审核信用证中有无矛盾之处

比如：空运，却要求提供海运提单。

(十一) 审核特殊条款

审核信用证特殊条款时，需注意以下几点。

(1) 单据日期早于信用证日期是否接受。

(2) 简式/多式运输单据是否接受。

(3) 第三方单据是否接受。

(4) 运输行单据是否接受。

(5) 是否所有单据都引用信用证号码。

(6) 是否对出单使用的语言有限定。

受益人审证后，要把不符内容一次全部提出，告知开证申请人，由开证申请人向开证行申请修改信用证。

三、议付行审单议付的业务处理

信用证的受益人接受信用证后，履行合同义务，准备信用证项下的全套单据，在信用证规定的交单期内，向议付行/开证行/保兑行/付款行交单，后者审单相符后，即可取得货款。以下以议付行审单议付为例加以说明。

(一) 信用证项下的单据

信用证项下的单据包括汇票、发票、运输单据、保险单据和其他附属单据。

1. 汇票

信用证项下汇票(Draft)是由受益人开立的商业跟单汇票，必须严格按信用证汇票条款(MT700 42C 42a)缮制，并符合票据的填写规范。具体项目如图3-5所示。

BILL OF EXCHANGE

No.______(1)______

For______(2)______(amount in figure) ______(3)______

(place and date of issue)

At______(4)______sight of this FIRST Bill of exchange(SECOND being unpaid) pay to

______(5)______or order

The sum of______(2)______(amount in words).

Drawn under______(6)______S/C No.______date______

To ______(7)______

For and on behalf of______(8)______

______

(Authorized Signature)

图3-5　信用证项下汇票样式

(1) 号码。一般引用商业发票号码。

(2) 金额。汇票上大小写金额必须完全一致，金额一般与商业发票相等，且不能超过信用证规定的最高金额，币种要与信用证规定相符。

(3) 出票地点和出票日期。出票地是受益人所在地；出票日期不得超过信用证的有效期和最迟交单期，也不能早于发票日，一般是议付日期。

(4) 付款期限。注明即期或远期，要符合信用证规定。

(5) 收款人。一般是受益人所在地的交单银行，如议付行，也可以是受益人自己，如果是后者，须由受益人做背书，将汇票的收款权利转让给交单银行。

(6) 出票条款。“Draw under ××× bank L/C No. ××× Dated ×××”意思是这张汇票是根据×行于×年×月×日，第×号信用证而开立的。所填写的开证行名称、信用证号码和开证日期要与信用证相关内容一致。

(7) 付款人，也叫受票人。信用证项下的汇票的付款人通常是开证行或指定付款行，不能开成以开证申请人为付款人。对于SWIFT信用证，要按照42D栏位填写，比如“42D: Drawee : ABC BANK”，汇票的付款人应填ABC BANK。

(8) 出票人。出票人是信用证的受益人，必须与信用证所记载的受益人名称完全一致。

2. 商业发票

商业发票(Commercial Invoice)是出口商向进口商开出的发货价目清单，它基本反映合同的内容，是全套单据的中心，其具体内容如表3-11所示。

表3-11　商业发票样式

<table>
<tr><td colspan="6">××× CO. (×××公司)
COMMERCIAL INVOICE
(商业发票)</td></tr>
<tr><td colspan="4" rowspan="4">To (致：抬头人)</td><td>Invoice No. (发票号码)</td><td></td></tr>
<tr><td>Invoice Date (发票签发日期)</td><td></td></tr>
<tr><td>S/C No. (销售合同号码)</td><td></td></tr>
<tr><td>S/C Date (销售合同签订日期)</td><td></td></tr>
<tr><td>From</td><td></td><td>To</td><td colspan="3"></td></tr>
<tr><td>L/C No.</td><td></td><td rowspan="2">Issued by</td><td colspan="3" rowspan="2"></td></tr>
<tr><td>Date of Issue</td><td></td></tr>
<tr><td>Marks and Numbers
(唛头及件数编号)</td><td>Number and kind of package
Description of goods
(货物描述)</td><td>Quantity
(数量)</td><td>Unit Price
(单价)</td><td colspan="2">Amount (金额)</td></tr>
<tr><td colspan="4"></td><td>FOB ▼</td><td>Dalian ▼</td></tr>
<tr><td></td><td></td><td></td><td></td><td colspan="2"></td></tr>
<tr><td colspan="2">Total (总计)</td><td></td><td></td><td colspan="2"></td></tr>
<tr><td>Say Total (总金额)</td><td colspan="5"></td></tr>
<tr><td colspan="6">(Signature)</td></tr>
</table>

(1) 出票人(Issuer)。在发票的顶端有×××公司的名称和详细地址，即出票人，一般为信用证的受益人，信用证规定“第三方单据可接受”和特殊规定的除外。

(2) 抬头人。一般为开证申请人，有特殊规定的除外。

(3) 商业发票号码。一般由出口商自行编制，可以代表整套单据的号码。

(4) 商业发票签发日期。发票是全套单据中签发日最早的单据，不应早于合同签订日期，不应晚于最迟交单期和信用证有效期。

(5) 运输说明。这部分填写运输方式、起运地(From...)、目的地(To...)、装运日期等。

(6) 合同号码和签订日期。

(7) 信用证号码、开证日期、开证行名称和地址。

(8) 唛头及件数编号。唛头即运输标志，无唛头应注明“N/M”或“No Mark”。

(9) 货物描述。这是发票的主要内容，应详细填写各项商品的英文名称及规格。

(10) 数量。销售数量与计量单位连用，要注意单复数。

(11) 单价。单价包括计价货币、计量单位、单位数额、价格术语4部分。如果是电子表格形式，价格术语设置了选项。

(12) 总计(Total)。分别填写所有货物的总数量和总金额。

(13) 出单人签字。UCP600规定商业发票也可不签字，但如果信用证明确规定发票需要签字(Signed Commercial Invoice)，则必须签字。在不要求必须手签(Hand Signed/Manuliy Signed)的情况下，可以使用印鉴。

3. 提单

提单(Bill of Lading)是承运人签发给托运人的货物收据，是代表货物所有权的凭证，收货人或提单的合法持有人凭提单向承运人提取货物。提单内容包括正反两面，正面内容如表3-12所示。

(1) B/L No.，即提单的号码。

(2) 承运人(Carrier)。承运人即承揽远洋运输的公司，作为对外独立运营的实体，承运人会自制提单，把公司的标志、名称、地址及拟好的契约文句直接印在提单上。

(3) 托运人(Shipper)。托运人一般是卖方，如果是FOB价格条件，也可以是买方。在信用证方式下，托运人一般与信用证的受益人相一致，如果信用证要求做第三者提单(Third Party's B/L)，也可照办，但出口方容易失去货物所有权，一般不采用。

(4) 收货人(Consignee)。收货人又称提单的抬头，有三种形式：记名抬头，填写特定的收货人名称，这种抬头的提单不能转让，只能由特定的收货人提货；来人抬头，不写具体的收货人名称，只写“To bearer”；指示抬头，填写“To order(凭指示)”或“To the order of ××(凭××的指示)”，这种抬头的提单经背书可以转让。

(5) 被通知人(Notify Party)。被通知人是承运人在货物到港后通知的对象，一般是收货人的代理人。

(6) 收货地点(Place of Receipt)，即收货的港口名称或其他地点。如果货物不需转运，保持空白。

(7) 装货港(Port of Loading)。如果货物需要转运，填写中转港口名称。

(8) 船名(Name of Vessel)。如转运，填写第二航程的船名。

(9) 航次(Voyage Number)，填写航次。

(10) 卸货港(Port of Discharge)，一般是目的港，也是交货地点。

(11) 交货地(Place of Delivery)，也是最终目的地。如果目的地就是卸货港，保持空白。

(12) 唛头和集装箱号码(Marks & Nos/Container Seal No.)。唛头要与信用证、发票等单据内容保持一致。若无唛头，填“N/M”。

(13) 件数(No. of Packages)。填入小写件数。

(14) 包装和货物描述(Description of Packages and Goods)。此项内容包括商品名称和最大包装件数。商品名称按信用证要求填写，按照UCP600规定，提单关于货物的描述可以使用统称，只要与信用证中对货物的描述不矛盾即可。包装按具体情况填写，如塑料桶(Plastic Drums)、铁桶(Iron Drums)、木箱(Wooden Case)、纸箱(Carton)等，但不可以仅笼统地填写为“件”(Packages)，且不应有货物及/或包装状况有缺陷的批注。若是散装货物，则填写“In Bulk”。

(15) 毛重(Gross Weight)。货物的毛重总数，毛重以千克表示。

(16) 尺码(Measurement)。货物的体积总数，货物体积以立方米表示，小数点后保留三位。

(17) 件数合计(Total Number of Packages)。用大写表示集装箱或其他形式最大外包装的件数，与前面小写一致。

(18) 运费支付(Freight & Charges)。除非信用证另有规定，此栏一般不填运费的具体数额，只填写运费支付情况，且必须与价格条件相符，具体有以下几种：在CFR或CIF价格条件下出口，填写运费预付(Freight Prepaid)或已付(Freight Paid)；在FOB价格条件下出口，填写运费待收(Freight Collect)或运费到付(Freight Payable at Destination)。

(19) 运费预付地/支付地(Prepaid at/ Payable at)。

(20) 签发地点和日期(Place and Date of Issue)。提单的签发地点应为装货港，签发日期一般为实际装运货物的时间或接受船方监管的时间，它不能晚于信用证规定的最迟装运期。

(21) 装运日(On Board Date)。如果是预先印有“已装运于船”的提单，并且没有单独装船批注，提单的出具日即视为装运日。如带有加注日期的单独装船批注，该日期视为装运日，而不论在提单签发日之前还是之后。

(22) 正本提单份数[Number of Original B(s)/L]，用英文大写数字表示，如ONE，THREE。海运提单有正副本之分，正本提单可以是一份，也可以是两份、三份或四份，每份正本提单的效力相同，都可以用于提货、议付、背书转让；副本提单则没有这些功能。当使用一份正本提单提货后，其他各份正本均失效。

(23) 承运人签字。正本提单必须以UCP规定的方式签字，签署人必须标识名称和身份，如注明船长。如果是代理签署，代理人和被代理人的名称和身份都要标识。

提单内容如有修正和变更必须经过证实。

表3-12　提单样式(正面)

<table>
<tr><td colspan="2">Shipper(托运人)</td><td>B/L No.</td></tr>
<tr><td colspan="2">Consignee(收货人)</td><td rowspan="5">SHANGHAI RIJIN TOP LOGISTICS CO., LTD.
BILL OF LADING
RECEIVED in apparent good order and condition, except as otherwise noted. The total number of containers or other packages or units enumerated below for transportation from the place of receipt to the place of delivery subject to the terms hereof.
One of the signed Bills of Lading must be surrendered duly endorsed in exchange for the Goods or delivery order. On presentation of this document (duly) endorsed to the Delivery Agent by the Holder, the rights and liabilities arising in accordance with the terms hereof shall (without prejudice to any rule of common law or statute rendering them binding on the Merchant) become binding in all respects between the Carrier and the Holder as though the contract evidenced hereby had been made between them.
IN WITNESS Whereof this number of original Bill of Lading stated below, all of tenor and date, one of which being accomplished, the others to stand void.</td></tr>
<tr><td colspan="2">Notify Party(被通知人)</td></tr>
<tr><td>Place of Receipt
(收货地点)</td><td>Port of Loading
(装货港)</td></tr>
<tr><td>Name of Vessel
(船名)</td><td>Voyage Number
(航次)</td></tr>
<tr><td>Port of Discharge
(卸货港)</td><td>Place of Delivery
(交货地)</td></tr>
</table>

<table>
<tr><td colspan="5">Particulars Furnished by Shipper(由托收人提供的细节)</td></tr>
<tr><td>Marks & Nos/
Container Seal No.
(唛头和集装箱号码)</td><td>No. of
Packages
(件数)</td><td>Description of Packages
and Goods
(包装和货物描述)</td><td>Gross
Weight
(毛重)</td><td>Measurement
(尺码)</td></tr>
<tr><td></td><td></td><td></td><td></td><td></td></tr>
<tr><td colspan="5">Total Number of Packages
(件数合计)</td></tr>
</table>

<table>
<tr><td>Freight & Charges
(运费支付)</td><td>Prepaid
(预付)</td><td>Collect
(待收)</td><td>Prepaid at
(预付地)</td><td rowspan="3">Payable at
(支付地)</td></tr>
<tr><td>Total Prepaid</td><td></td><td>╳</td><td rowspan="2"></td></tr>
<tr><td>Total Collect</td><td>╳</td><td></td></tr>
<tr><td colspan="3">Place and Date of Issue(签发地点和日期)</td><td colspan="2" rowspan="2">Number of Original B(s)/L(正本提单份数)</td></tr>
<tr><td colspan="3">On Board Date(装运日)</td></tr>
<tr><td colspan="5">______________________As Carrier
(Signature)</td></tr>
</table>

海运提单背面印制了约束承运人和托运人的契约条款，内容包括定义、适用的法律、承运人责任、包装、唛头、免责、留置权、费用、赔偿、转运、换船、变更航线、舱面货、鲜活货、危险品、战争、检疫、冰冻、罢工、港口拥挤等条款。

4. 保险单

保险单是保险人与投保人之间订立保险合同的证明文件。在国际贸易中，货物要经过长途运输、装卸、存储等多个环节，遭受自然灾害和意外事故而导致损失的可能性较大，因此，要对货物投保。保险单样式如表3-13所示，具体内容如下所述。

(1) 保险人 (The Name of the Issuing Company)。保险单由保险公司印制，作为保险人，保险公司都会将公司全称印在保险单的顶端。

(2) 保单号次(Policy No.)。保单号次一般由三部分构成，即该保险公司下属出具保单的分支公司编号、出单年份、同险种保险业务连续号。

(3) 被保险人(Insured)。除非信用证上有明确规定，否则投保人便被作为被保险人。常见的缮制方法有以下几种。

① 若无明确规定，由卖方投保时，被保险人一栏应填具信用证上受益人的名称，并由该受益人在保单背面作空白背书。

② 信用证规定须转让给开证行或第三方时，则被保险人一栏内在信用证受益人名称之后再打上“Held to the Order of ××”，并由该受益人在保单背面作空白背书。

③ 信用证指定以“个人名义”或“来人”(To Bearer)为抬头人，则在被保险人一栏内直接打上“××”或直接打“To Bearer”，信用证上的受益人不用背书。

④ 信用证指定“Endorse to the Order of ××”，则在被保险人一栏内仍打上信用证受益人名称，同时保单背面打上“Held/Pay to the Order of ××”。然后，签署被保险人的名称。

(4) 货物标记(Marks of Goods)。按发票或提单上所标的唛头填写，且内容需要与其他相关单证相符；但如信用证无特殊规定，为简化起见，一般可打“As Per Invoice No. ××”(参照商业发票上的货物标记)。

(5) 包装(Packing)及数量(Quantity)。一般不打重量。应显示“袋”(Bag)、“木箱”(Case)、“纸板箱”(Carton)、“包”(Bale)等。保单上如果未表明“货物数量”，银行便无法确定信用证所规定的货物数量是否已全部投保，所以开证行可据此拒付。

(6) 保险货物描述(Description of Goods)。保险单内必须有对货物的描述，如果货物名称单一，可按发票上的名称填写；如果货物的项目很多，该描述可以用统称，但不得与信用证和其他单据中对货物的描述有矛盾。

(7) 保险金额(Amount Insured)。一般应以信用证规定的货币种类及金额表示。如L/C无规定，最低投保金额一般是发票金额的110%；如L/C规定了投保比例，则视为最低要求。发票金额中有时含有“佣金”与“折扣”，除非信用证另有规定，佣金不需扣除，保险金额一律按发票金额计算；而“明扣”需要扣除，保险金额按发票金额扣减折扣后计算，“暗扣”则不扣。

(8) 总保险金额(Total Amount Insured)。总保险金额的币种须与信用证或合约的规定一致，且应使用币种的全称(例：美元不能用“USD”，而应写“U.S.DOLLARS)。大小写金额须相符，因为保险金额精确到个位数，所以大写金额后应加“Only”，以防涂改。

(9) 保费(Premium)和费率(Rate)。通常打“As Arranged”(按照约定)。如果信用证要求注明“保费已付”(Premium Paid)，可将原印制的“As Arranged”删掉改成“Paid”或“Prepaid”。

(10) 装载运输工具(Per Conveyance S.S.)。海运：显示船名。除非信用证另有规定，保单只有船名没有注明航次，银行应予接受。

陆运：填写“by Train”。

空运：填写“by Air”。

邮包：填写“by Parcel”。

(11) 起讫地点(From...to...)。如海运直达船，则“From ××”即提单中的“Port of Loading”，“To ××”即提单中的“Port of Discharge”。如果信用证上的目的地(一般为内陆)非提单卸货港，则保单上的起讫地点应按信用证规定原样显示 。(例：信用证上要求“Port of loading：Shanghai”“Port of discharge：Hamburg”“Final destination：Austria”，则保单上应显示“From Shanghai to Hamburg in transit to Austria”)

如果是海上运输非直达船，则保单上的转运地点应注明。例如，从上海经香港转纽约，要把香港注明。

如选陆、空、邮运，则在“To ××”栏中直接填上目的地即可。

(12) 承保险别(Conditions)。进出口货运险适用的保险条款种类较多，国内一般采用中国保险条款，包括主险条款、一般附加险条款和特别附加险条款。国际上常用的货物运输保险条款包括英国协会条款和美国协会条款。投保的保险类别必须符合信用证的规定，要求“一切险”时，含有任何“一切险”批注或条款都将接受。

(13) 保险人在货运目的地的检验代理人(Named Survey Agent)。保险人选择的检验代理人应位于货运目的地，如当地没有符合条件的检验代理人，则应尽可能就近选择。保险代理人除需提供名称外，还需有详尽的地址及联系电话，以便被保险人在货物出险后与其联系。

(14) 赔款偿付地点(Claim Payable at)。如果信用证无特殊指定，一般显示信用证上规定的目的港或打上“Destination”。信用证要求以汇票货币为赔付货币时，则在赔付地点之后加注“in the Currency of the Draft”；若信用证明确指定以某种货币为赔付货币时，如美元，则在赔付地点后直接注明“in USD”。

(15) 出单地(At...)和日期(Issuing date)。信用证项下保险单承保的保险责任至少要覆盖信用证规定的货物装运、发运或接管地到卸货港或最终目的地之间的路程。除非信用证另有规定，将接受含有收取免赔率/额的保单。出单日期一般不得晚于装运日期。除非信用证另有规定，或除非在保险单上表明“保险责任最迟于货物装船或发运或接受监管之日起生效”(the cover is effective at the latest from the date of loading on board dispatch or taking charge of the goods)，银行将不接受出单日期迟于装船或发运或接受监管之日的保险单。

(16) 出单人(Issued by)。保险单据必须在表面上由保险公司或保险人或他们两者的代理人开立和签署。除非信用证另有规定，银行也将接受保险经纪人以保险公司代理人的身份开立和签署的保险证明，但保险经纪人出具的暂保单不予接受。

表3-13 保险单样式

中国人民财产保险股份有限公司

The People's Insurance (Property) Company of China, Ltd.

货物运输保险单

Cargo Transportation Insurance Policy

Invoice No. (发票号)

Contract No. (合同号) Policy No. (保单号次)

L/C No. (信用证号)

Insured (被保险人)

THIS POLICY OF INSURANCE WITNESSES THAT THE PEOPLE'S INSURANCE (PROPERTY) COMPANY OF CHINA, LTD. (HEREINAFTER CALLED THE "COMPANY"), AT THE REQUEST OF THE INSURED AND IN CONSIDERATION OF THE AGREED PREMIUMS PAID BY THE INSURER, UNDERTAKES TO INSURE THE UNDER MENTIONED GOODS IN TRANSPORTATION SUBJECT TO THE CONDITIONS OF THE POLICY AS PER THE CLAUSES PRINTED OVERLEAF AND OTHER SPECIAL CLAUSES ATTACHED HEREON.

中国人民财产保险股份有限公司(以下简称本公司)根据被保险人的要求及其所缴付约定的保险费，按照本保险单承保险别和背面所载条款与下列特别条款承保下列货物运输保险，特签发本保险单。

Description of Goods (保险货物描述)	Packing (包装)	Unit (单位)	Quantity (数量)	Amount Insured (保险金额)

Conditions(承保险别)	Marks of Goods(货物标记)

Total Amount Insured (总保险金额)	

Premium (保费)		Per Conveyance S.S. (装载运输工具)		Slg. on or abt. (开航日期)	
From (起运港)		To (目的港)			

(续表)

<table>
<tr><td colspan="4">IN THE EVENT OF LOSS OR DAMAGE WHICH MAY RESULT IN A CLAIM UNDER THIS POLICY, IMMEDIATE NOTICE MUST BE GIVEN TO THE COMPANY'S AGENT AS MENTIONED HEREUNDER. CLAIMS, IF ANY, ONE OF THE ORIGINAL POLICIES WHICH HAS BEEN ISSUED IN ORIGINAL(S) TOGETHER WITH THE RELEVANT DOCUMENTS SHALL BE SURRENDERED TO THE COMPANY. IF ONE OF THE ORIGINAL POLICIES HAS BEEN ACCOMPLISHED, THE OTHERS TO BE VOID.
所保货物，如发生本保险单项下可能引起索赔的损失或损坏，应立即通知本公司下述代理人查勘。如有索赔，应向本公司提交保险单正本(本保险单共有__________份正本)及有关文件。如一份正本已用于索赔，其余正本则自动失效。</td></tr>
<tr><td>Claim Payable at
(赔款偿付地点)</td><td colspan="3"></td></tr>
<tr><td>Issuing date
(出单日期)</td><td></td><td>At
(出单地)</td><td></td></tr>
<tr><td colspan="4">The People's Insurance (Property) Company of China, Ltd.
(Authorized Signature)</td></tr>
</table>

5. 其他单据

信用证中可能涉及的其他单据还有装箱单、重量单、原产地证、检疫证、受益人证明等。无论哪种单据，其内容和份数均须严格符合信用证条款要求，并且单单之间相关内容要一致。

(二) 议付行的审单要点

信用证是凭单付款业务，“单证一致、单单一致 ”是付款的前提条件，议付行议付的前提也是如此，议付行接收到单据后要进行严格审核。

首先，把握审核单据的准则。

(1) 遵照最新《跟单信用证统一惯例》和《关于审核跟单信用证项下单据的国际标准银行实务》的规定。

(2) 遵照银行的操作规程。

(3) 按照合情、合理、合法的原则审单。首先根据自己所掌握的国际贸易结算知识，对信用证本身和各种单据的完整性和准确性做出合乎情理的判断。例如，普惠制产地证是施惠国赋予受惠国出口货物关税减免的一种优惠凭证，其“收货人”一栏，应填写最终买主。如果信用证未做明确规定，应根据提单的收货人、通知人及货物目的地等内容对最终买主做出合理的判断和选择。其次，把握单据审核的基本方法和标准。

1. 基本方法——先横后纵

(1) 横向审核法。以信用证为基础对全套单据进行审核，要求有关单据的内容严格符合信用证的规定，做到“单证相符”。

(2) 纵向审核法。在横向审核的基础上，以商业发票为中心审核其他信用证要求提交的单据，使单据之间的相关内容一致，做到“单单相符”。

2.《跟单信用证统一惯例》规定的单据审核标准

(1) 银行仅以单据为基础，以确定单据表面上是否与信用证条款相符，不管货物如何。

(2) 开证行/指定银行/保兑行都要审单，自其收到单据的第二天起算，最多不超过5个银行工作日完成审单。

(3) 除商业发票外，其他单据中的货物、服务或行为描述可使用统称，但不得与信用证规定的描述相矛盾。

(4) 如果信用证没有规定交单期，则受益人交单必须在信用证的有效期内，且不得晚于装运日后21天。

(5) 如果信用证要求提交运输单据、保险单据和商业发票以外的单据，但没有规定该单据由何人出具或单据的内容，受益人只要提交内容看起来满足其功能需要的单据即可。

(6) 对于提交信用证没有要求的单据，银行将不予理会，可以退还单据提交人。

(7) 如果信用证中规定了某项要求，但没规定必须提交相应的单据，银行将不予理会该项要求。

(8) 除信用证有规定，发票的签发日可以早于信用证开立日期。

(9) 信用证中单据正副本的规定：①信用证中规定的各种单据必须提供至少一份正本；②如果信用证要求提交副本单据，则提交正本单据或副本单据均可；③如果信用证使用诸如“一式两份”“两张”“两份”等术语要求提交多份单据，则可以提交至少一份正本，其余份数以副本来满足，但单据本身另有相反指示者除外。

(三) 议付行审单后的业务处理

议付行的审单结果有两个：一是单证相符，单单一致；二是单证不符或单单不符。如果是前者，即可办理议付，支付给受益人的款项是从汇票的票面金额扣除议付手续费和自议付日至估计收到偿付款项的利息。议付后，议付行向开证行寄单索偿。如果是后者，议付行将依据不符点的不同程度，做如下相应处理。

1. 电提议付

议付行向开证行电提，即电告开证行不符点征询意见，单据保留在议付行。开证行接收到电文后会向开证申请人征求意见，如申请人同意放弃不符点，则议付行在收到开证行同意议付的电文后，可以正常进行议付。这种处理方式适用于单据不符点较为严重，但申请人与受益人具有良好的贸易关系的情况。

2. 表提议付

议付行审单发现或受益人自己主动说明非实质性不符点，经受益人向申请人事先通报并取得其同意后，议付行要求受益人出具保函，然后直接议付。议付行向开证行索偿时说明“凭保议付”(Documents negotiated against beneficiary's indemnity)，并表提不符点，即在面函上申明不符点，要求开证行联系申请人，并回复是否接受不符点并付款赎单。若申请人接受不符点，则开证行正常向议付行偿付或者回复给议付行按信用证规定索偿。一般来讲，表提议付适用于单据不符点并不严重，或是存在非实质性不符点的情况。

四、议付行寄单索汇的业务处理

银行间相互偿付是信用证业务流程中不可缺少的环节，国际商会制定了《跟单信用证项下银行间偿付统一规则》(URR525)，规定了这一环节的操作规范。议付行议付后向开证行索偿就属于这一环节的操作，在这一环节，议付行可称为寄单行或索偿行。

(一) 寄单行向开证行寄单索汇

寄单行向开证行寄单分一次性全部寄出和分两批寄出两种方法。索偿方式有凭单索偿和电讯索偿两种：凭单索偿是指索偿行采用航空邮寄或快邮速递方式寄单，开证行接收到单据后，根据单据表面情况决定是否偿付。电讯索偿是指寄单行以电讯方式通知开证行，同时，将单据以航空邮寄方式寄给开证行，开证行接收到电讯通知先予以偿付。待审单后发现单据相符，则偿付有效；如发现不符，则追回偿付款项。

(二) 寄单行向开证行寄单，向偿付行索偿

寄单行可以采用航空邮寄方式或快邮速递方式向开证行寄单，向偿付行索汇。向偿付行索偿的方式有三种：信索、电索、以电代邮。信函索偿是以信函方式向偿付行索偿；电索是以电讯方式向偿付行索偿；以电代邮是指在信用证不允许电索的情况下，索偿行通过发电给国外代理行提供索汇必要内容，由国外代理行代填汇票、打制面函，并将索汇函提交偿付行索汇的一种方式。

案例阅读　信用证条款不完整不明确引发的争议

欧洲某银行开立一张不可撤销议付信用证，该信用证要求受益人提供“标明产地为欧共体国家的原产地证明书”。通知行向受益人通知信用证后，受益人在信用证规定的时间内交来了全套单据。在受益人交来的单据中，商业发票上关于产地描述为“德国”，产地证则表明“产地为欧共体国家”。

议付行审核受益人提交的全套单据后认为，单证、单单一致，于是做了议付并向开证行索汇。

开证行在收到议付行寄来的全套单据后，认为单单、单证都不符，理由如下所述。

(1) 发票上产地一栏标明“德国”，而信用证要求为“欧共体国家”，因此单证不符。

(2) 产地证上产地一栏标明“欧共体国家”，而发票产地标明“德国”，因此单单不符。

开证行明确表明拒付，并且保留单据听候处理。

开证行拒付理由是否合理呢？答案是否定的。按照《跟单信用证统一惯例》的规定：开立信用证的指示、信用证本身、修改信用证的指示以及修改书本身必须完整、明确。该案的争议则源于信用证条款的不完整、不明确。在开证行开列的信用证中，开证行对产地的要求为“欧共体国家”，而并未具体要求哪个国家。在此情况下，受益人提供的单据中涉及“产地”一栏时既可笼统表示为欧共体国家，也可具体指明某一特定国家(只要该国是欧共体成员国即可)。倘若开证行认为不符合其规定，它应在开证时明确表示产地国。既然开证行开立的信用证指示不明确，开证行的拒付就是不成立的。

此案给我们的启示是：

(1) 开证行在信用证条款中列明的内容必须完整、明确。

(2) 议付行在收到不明确、不完整的指示时，应及时与对方联系，以免发生不必要的纠纷。

(3) 受益人必须严格按照信用证条款行事。对于非信用证所要求的内容不要画蛇添足。在本案中，既然商业发票中不必显示产地，即便商业发票中显示产地是许多国家的习惯做法，为避免麻烦也不必注明原产地。

【知识小结】

出口信用证任务以出口方银行和受益人为主体，内容主要包括通知行审证通知、受益人审证、议付行审单议付、议付行寄单索汇等业务。通过学习，要理解什么是软条款，在掌握信用证项下汇票的必要项目的基础上，能够准确熟练地开立英文汇票；在掌握议付行业务处理要点的基础上，能够正确处理审单议付和寄单索汇业务。

【考　核】

一、基础知识测试

(一) 单选题

1. 当信用证条款与买卖合同规定不一致时，受益人应向(　　)提出修改。

A. 开证行　　B. 开证申请人　　C. 通知行　　D. 保兑行

2. 在信用证业务中，议付行审核单据的标准是(　　)。

A. 只看单据，不看货物　　B. 既看单据，又看货物

C. 只管货物，不看单据　　D. 根据情况不同，单货处理的标准也不同

3. 信用证上如未明确付款人，则制作汇票时，受票人应为(　　)。

A. 开证申请人　　B. 开证行　　C. 议付行　　D. 任何当事人

4. 商业发票通常由(　　)出具。

A. 信用证的受益人　　B. 信用证的申请人

C. 船公司　　D. 指定银行

5. 信用证项下汇票的出票人是(　　)。

A. 开证行　　B. 通知行　　C. 受益人　　D. 开证申请人

6. 对信用证项下的善意持票人有追索权的是(　　)。

A. 付款行　　B. 议付行　　C. 开证行　　D. 偿付行

7. 受益人审证的要点是(　　)。

A. 开证行资信　　B. 信用证条款与贸易合同条款是否一致

C. 信用证真实性　　D. 索汇路线

8. 下列商业单据中，(　　)是物权凭证。

A. 商业发票　　B. 保险单　　C. 海运提单　　D. 海关发票

9. 除非信用证另有规定，否则以度量衡为单位来计量的货物，允许其发票上记载的数量比信用证有(　　)的增减。

A. 10%　　B. 5%　　C. 3%　　D. 6%

10. 以下不属于出口商审证内容的是(　　)。

A. 信用证与合同的一致性　　B. 信用证条款的可接受性

C. 受益人名称的完整性　　D. 开证申请人的资信

11. 如果信用证关于货物数量的记载有“about”字样，则允许发票上货物数量的记载比信用证有(　　)的增减。

A. 10%　　B. 5%　　C. 3%　　D. 6%

12. 审单工作中，银行将审查(　　)。

A. 单据的有效性　　B. 单据的真伪性

C. 单据表面的合格性　　D. 货物发运人的诚信

(二) 多选题

1. 信用证项下汇票的付款人可以是(　　)。

A. 开证行　　B. 保兑行　　C. 议付行

D. 指定付款行　　E. 通知行

2. (　　)有审单义务。

A. 偿付行　　B. 开证行　　C. 议付行

D. 付款行　　　　E. 通知行

3. 信用证项下汇票的出票条款包括(　　)。

A. 合同号码　　　B. 出票日期　　　C. 开证日期

D. 开证行名称　　E. 信用证号码

4. 信用证结算中议付行的业务包括(　　)。

A. 审单　　　　　B. 寄单索偿　　　C. 修改信用证

D. 通知信用证　　E. 开立信用证

5. 信用证结算中出口方银行的业务包括(　　)。

A. 通知信用证　　B. 审核信用证　　C. 审单议付

D. 修改信用证　　E. 寄单索偿

6. 信用证项下汇票的审核要点有(　　)。

A. 出票人与受益人相符

B. 出票日不能早于发票日，不能迟于交单期

C. 付款人是进口商

D. 金额不超过信用证最高限额

E. 期限与信用证相符

7. 审核信用证项下的商业发票的要点有(　　)。

A. 抬头人一般是进口商　　　　　　B. 签发人一般是受益人

C. 价格条款与信用证相符　　　　　D. 货物描述与信用证相符

E. 签发日期不得迟于汇票出票日

8. 信用证项下提单的审核要点有(　　)。

A. 正本提单必须以UCP规定的方式签字

B. 装运日期符合信用证规定

C. 货物描述可以是与信用证不矛盾的统称

D. 运费描述与价格条款相符

E. 签发日不得早于发票日

(三) 判断题

1. 偿付行只有亲自审核单据，确认单证一致，才能向议付行付款。(　　)

2. 某信用证项下提单签发日11月5日，商业发票的签发日不能在11月5日之后。(　　)

3. 信用证金额前有“about”，商业发票金额可以有5%的增减。(　　)

4. 在计算保险费或税金时，佣金和折扣不能从发票金额中扣除。(　　)

5. 提单关于货物品名的描述可以采用与信用证中货名描述并无矛盾的统称或简称。(　　)

6. 信用证项下汇票的出票日期不应迟于交单日期，不得早于提单日期，一般是议付日。（　）

7. 信用证的审单技巧之一是"先横后纵"，即先以信用证为基础审核所有单据，确定是否单证一致，再以商业发票为中心审核单单之间的一致性。（　）

8. 信用证金额列明"about USD 100 000. 00"，如果商业发票金额是"USD 109 000. 00"，视为单证不一致。（　）

9. 在FOB价格条件下，提单上运费支付情况应填写"Freight to Collect"(运费待收)或"Freight Payable at Destination "(运费到付)。（　）

10. 商业发票是中心单据。（　）

二、技能测试

根据"任务一"技能测试中缮制的MT700报文，完成【任务引例】的操作任务。

1. 模拟受益人，填写图3-6。

BILL OF EXCHANGE

No.____________________

For____________________(amount in figure)　　　____________________

(place and date of issue)

At____________________sight of this FIRST Bill of exchange (SECOND being unpaid) pay to

____or order

The sum of____(amount in words).

Drawn under________________Irrevocable L/C No.________________date________________

To____________________

For and on behalf of____________________

____

(Authorized Signature)

图3-6　信用证项下的汇票

2. 模拟通知行，填写表3-14。

表3-14　信用证通知书

Bank of China Limited , Tokyo Branch

NOTIFICATION OF DOCUMENTARY CREDIT

Address: BOC BADG.3-4-1 AKASAKA, MINATO-KU, TOKYO, 107-0052 JAPAN

Telex: 03-3505-8818

SWIFT: BKCHJPJT

Fax: 03-3505-8868

Date:

(续表)

To:		WHEN CORRESPONDING PLEASE QUOTE OUR REF NO.	AD 8101620765
ISSUING BANK		TRANSMITTED TO US THROUGH REF NO.	
L/C NO.	DATED	AMOUNT	EXPIRY PLACE
EXPIRY DATE	TENOR	CHARGE	CHARGE BY
RECEIVED VIA	AVAILABLE	TEST/SIGN	CONFIRM
DEAR SIRS: WE HAVE PLEASURE IN ADVISING YOU THAT WE HAVE RECEIVED FROM THE A/M BANK A(N) LETTER OF CREDIT, CONTENTS OF WHICH ARE AS PER ATTACHED SHEET(S). THIS ADVICE AND THE ATTACHED SHEET(S) MUST ACCOMPANY THE RELATIVE DOCUMENTS WHEN PRESENTED FOR NEGOTIATION. 兹通知贵公司，我行收自述银行信用证一份，现随附通知。贵公司交单时，请将本通知书及信用证一并提示。 REMARK: PLEASE NOTE THAT THIS ADVICE DOES NOT CONSTITUTE OUR CONFIRMATION OF THE ABOVE L/C NOR DOES IT CONVEY ANY ENGAGEMENT OR OBLIGATION ON OUR PART.			

THIS L/C CONSISTS OF______SHEENT(S), INCLUDING THE COVERING LETTER AND ATTACHMENT(S).
本信用证连同面函及附件共______纸。

IF YOU FIND ANY TERMS AND CONDITIONS IN THE L/C WHICH YOU ARE UNABLE TO COMPLY WITH AND OR ANY ERROR(S), IT IS SUGGESTED THAT YOU CONTACT APPLICANT DIRECTLY FOR NECESSARY AMENDMENT(S) SO AS TO AVOID AND DIFFICULTIES WHICH MAY ARISE WHEN DOCUMENTS ARE PRESENED.
如本信用证中有无法办到的条款及/或错误，请与开证申请人联系，进行必要的修改，以排除交单时可能发生的问题。
Advising Fee: USD 150.00

THIS L/C IS ADVISED SUBJECT TO ICC UCP PUBLICATION NO. 600.
本信用证之通知系遵循国际商会跟单信用证统一惯例第600号出版物办理。

此证如有任何问题，请与结算业务部审证科联络，电话：______________

YOURS FAITHFULLY
FOR Bank of China Limited, Tokyo Branch

【拓　　展】

SWIFT信用证报文名称如表3-15所示。

表3-15　SWIFT信用证报文名称

报文格式	名　　称
MT700/701	开立跟单信用证
MT705	跟单信用证的预先通知
MT707	跟单信用证的修改
MT720/721	跟单信用证的转让
MT732	单据已被接受的通知
MT734	拒付通知
MT750	通知不符点
MT752	授权付款、承兑或议付
MT756	承付通知

项目综合实训

业务操作

一、根据销售合同(见表3-16)模拟信用证业务

要求：画图说明此笔跟单信用证业务流程，详细解释每个环节的业务处理要点。

出口方银行：China Merchants Bank (No. 296 East Zhongshan Road, Shenyang China)

进口方银行：Citibank N.A. (398 Park Avenue, New York, USA)

表3-16　销售合同

DT TRADING COMPANY LTD.

Room 207 Xinghan Mansion No. 111 Guanghua Road Shenyang, P.R.C

TEL.: 86-24-65432518　　FAX: 86-24-65125768

No. 21SSG-019

Date: Apr. 20, 2019

SALES CONFIRMATION

货号 ART.NO.	品名及规格 COMMODITY AND SPECIFICATION	数量 QUANTITY	单价及价格条款 UNIT PRICE & TERMS	金额 AMOUNT
H32331SF	LADIES' KNITTED BLOUSE 52% ACRYLIC 48% COTTON	120 CARTONS	USD 48.5 PER DOZ CIF NEW YORK	USD 24 200.00
			总金额 TOTAL AMOUNT	USD 24 200.00

（续表）

SHIPMENT: Shipment on or before Jun. 20th, 2019 with partial shipments are not allowed and transshipment is allowed from shanghai to New York. PAYMENT: The buyer shall open through a bank acceptable to the seller an irrevocable L/C at sight to reach the seller 30 days before the month of shipment remained valid for negotiation in China until the 15th day after the date of shipment. INSURANCE: The seller shall cover insurance against all risks for 110% of the total invoice value as per the relevant ocean marine cargo clause of P.I.C.C. dated Jan.1st, 1981. IMPORTANT: Please establish L/C exactly according to the terms and conditions of this S/C and with this S/C number indicated. The Buyer: LANDO COMPANY LTD. No. 123 Wooden Avenue New York, U.S.A. Tel.:1-212-6532166　Fax: 1-212-6532195 Jack Brown The Seller:　DT TRADING COMPANY LTD. 于鑫

二、解读信用证

根据表3-17信用证样例的内容，填写表3-18。

表3-17　信用证样例

Documentary Letter of Credit

Sequence of total 27: 1/1 Form of L/C (Y/N/T) 40a: Irrevocable Document credit No. 20: 0190805 Date of issue 31c: 190918 Applicable rules 40e: UCP & URR latest version Date and place of expire 31d: 191220 China Applicant bank 51d: BANK OF TOKYO-MITSUBISHI UFJ, LTD. BOTKJPJT Applicant 50: MGD IMP. AND EXP. GROUP P.O.BOX AMMAN 11118 JORDAN TEL.: 00962-62222 Beneficiary 59: COG GROUP CO. LTD ADD: NO.619 HUBIN SOUTH RD XIAMEN CITY CHINA TEL.: 0086-592-22222 Currency code, Amount 32b: USD 35985, 00 Percentage credit Amount 39a: 05/05 Available with...by 41a: scblcnsxxxx by payment Partial shipment 43p: allowed Transshipment 43t: allowed Port of loading 44e: Tianjin/China

(续表)

Port of discharge 44f: Aqaba Port latest date of shipment 44c: 191130 Description of goods 45a: 2300 SQM of granite product (Mongolian black at total amount USD 35985 all other details as invoice No. xm2019082701, dated 25/8/2019 FOB Tianjin/China Documents required 46a: 1- Signed beneficiary's commercial invoices in one original and 3 copies. 2- Certificate of origin in one original and 3 copies. 3- Full set of clean (on board) marine Bills of lading in 3/3 originals showing freight payable at destination 4- Packing list in 3 copies. 5- Certificate of weight in 3 copies. 6- Certificate issued by the beneficiaries indicating that the goods are brand new and in conformity with the credit. Additional conditions 47a: 1- All documents should be dated and indicate this L/C number and bank of Tokyo-mitsubishi UFJ., Ltd. and issuance date. 2- Negotiation of documents under reserve/guarantee is not acceptable. 3- All documents should be issued in English language. 4- Shipment of required goods on deck acceptable. 5- Third party documents are not acceptable. 6- B/L must show the container(s) seal(s) number(s) always whenever shipment effected by container(s). 7- Freight forwarder transport document is acceptable. 8- Short form B/L is not acceptable. 9-A flat fees for USD 50,00 or equivalent will be deducted from each set of discrepant documents as discrepancy fees. 10- L/C amount to read: +/- 5 0/0 USD Thirty Five Thousand Nine Hundred Eighty Five. 11- Documents received by us after 12 o'clock will be stamp received on the second day date. 12- 05/05 more or less in quantity and amount is acceptable. Charges 71b: All banks charges outside JORDAN including reimb. and payment transfer charges are on benificiary's A/C. Confirmation instruction 49: confirm Reimbursment bank 53a: chasus33xxx Advise through bank 57d: Standard Chartered Bank Xiamen Br. Swift code: scblcnsximn A/C NO. USD 222222

表3-18　信用证内容审核

项　目	内　容
跟单信用证类别	
信用证编号	
开证日期	
信用证的有效期及有效地	
开证行	
开证申请人	

(续表)

项　目	内　容
受益人	
信用证的币种与金额	
信用证金额允许浮动的范围	
指定的银行及兑付方式	
汇票付款人	
分批装运	
转运	
装运港	
目的港	
装运期	
货物描述	
单据种类及要求	
附加条款	
交单期限	
有无保兑	
偿付行	
通知行	

三、审核信用证项下汇票(见图3-7)

信用证关于汇票的规定如下所述。

Beneficiary’s drafts drawn on The Chemical Bank, NEW YORK payable at sight.

Issuing Bank: Bank of American

L/C No. 20010512001 Dated: 2019.3.30

Latest Date of shipment: 2019.5.5

Beneficiary: Tourus Systems Inc. Shanghai

Negotiating Bank: THE SHANGHAI COMMERCIAL & SAVINGS BANK, LTD

Amount: about USD 60 000.00

Exchange for USD 50, 000.00 Shanghai, May 28th, 2019 **At** 30 days after sight of this first of exchange (second being unpaid) **Pay** to the order of BANK OF CHINA, SHENYANG **The sum of** UNITED STATES DOLLARS FIFTY THOUSAND ONLY. To **Bank of American** For **The Chemical Bank** *Liu Jin*

图3-7　信用证项下汇票

根据信用证规定填写表3-19，如有不符项目，说明原因并改正。

表3-19　信用证项下汇票审核

必要项目	是否相符
出票日期、地点	
金额	
期限	
收款人	
付款人	
出票人	
出票条款	

思考题

一、根据SWIFT信用证41a栏位所述语句，指出信用证的种类。

1. This credit is available with ×××× bank by payment at sight.

2. This credit is available with ×××× bank by deferred payment at...

3. This credit is available with ×××× bank by acceptance of draft(s) at...

4. This credit is available with any bank by negotiation.

5. This credit is available with Bank of China, Tianjin by negotiation.

二、解释说明各种特殊信用证的适用性。

三、什么是可转让信用证？可转让信用证的转让次数是如何规定的？转让后的信用证有哪些内容要减少或缩短？什么内容要增加？

四、什么是红条款信用证？红条款信用证的作用是什么？

案例分析

案例一：2019年5月，A公司与B公司签订销售合同，进口钢材500吨。合同规定B公司在7月装船。A公司7月5日开出信用证，信用证规定最迟装船期是7月28日。A公司于7月5日将L/C副本传真给B公司，但B公司在没有征得A公司同意又没有要求修改信用证的情况下，于7月31日装船，取得日期为7月31日的海运提单并缮制单据向开证行索偿。开证行认为单据不符，并告知A公司，A公司随即告知开证行拒付并退单给B公司。

请分析：简述开证行拒付的理由。

案例二：我国某出口公司与美国某客户达成买卖协议，采用信用证结算。在装运条款中规定"于或约于5月15日装船"。我公司本着早出口、早收汇的原则于5月8日装船，并向银行提交一份5月8日签发的提单，但议付行以单证不符为由拒付。

请分析：议付行为什么拒付？

案例三：我国某出口公司出口玉米5000吨，国外来证不允许分批装运，出口商分别在天津、大连两港各装2500吨于同一航线的同一船上，并提供了相应的提单。开证行认为，出口商违反了信用证关于不可分批装运的规定，提出拒付。

请分析：开证行拒付理由是否成立？为什么？

案例四：我国某公司按CFR旧金山出口一批货物，合同原定海运，后因美商急需，要求改为空运。经商定，运费差额由买方承担，国外来证注明"Additional charges between sea and air freight are to be borne by the buyers outside of this credit."。我方发货后按CFR旧金山价加空运运费减海运运费制作发票向银行议付，但单据寄到开证行时被拒付。

请分析：开证行为什么拒付？

项目四 国际银行保函和备用信用证业务操作

能力目标

- 能够准确填写保函申请书；
- 能够读懂各种英文保函；
- 能够以担保行的身份完成开立保函业务；
- 能够办理备用信用证业务；
- 能够读懂英文备用信用证。

知识目标

- 知道银行保函业务所涉及的基本当事人；
- 知道备用信用证所涉及的基本当事人；
- 了解银行保函的国际惯例；
- 了解备用信用证的国际惯例；
- 掌握银行保函的定义、基本内容和种类；
- 掌握保函申请书的内容；
- 掌握MT760报文的内容；
- 掌握备用信用证的定义、基本内容；
- 掌握备用信用证的业务流程。

素质目标

- 结合银行保函适用范围广的特点，向客户讲解保函的适用性，具有良好的金融服务意识和沟通能力；
- 依据保函申请书的填写规范，填写保函申请书，具有认真的工作作风；

✧ 根据保函申请书缮制MT760报文，具有严谨、稳健的工作作风；
✧ 向客户讲清备用信用证的实质，具有良好的金融服务意识；
✧ 认真办理备用信用证，具有严谨、稳健的工作作风。

项目导入

案例一：某年4月，甲公司向A银行借款500万美元。A银行为防范风险，要求甲公司出具借款保函。B银行受理了甲公司的申请开立借款保函，反担保方是C酒店。由于甲公司经营不善，在还款期满后未能依约归还A银行贷款。A银行在几次追讨未果的情况下，向当地人民法院起诉甲公司和B银行，要求归还贷款本金及利息。经法院调查发现，甲公司尚有200美元的资产，C酒店只是个空壳公司。

案例二：中国A造船公司与法国B公司签订了生产出口船舶合同，总额500万美元，规定结算方式为：B公司先支付250万美元的预付款给A公司，作为造船原材料购进之款项；余款250万美元，在A公司将船造好之后，通知买方来验货，合格后立即支付；A公司收到预付款后必须保证用于合同项下的船舶制造，不得挪作他用，以A公司开户银行向B公司开立250万美元的备用信用证进行保证。备用证中规定：B公司向A公司支付预付款，A公司必须保证用于船舶生产，并按照合同约定时间向B公司交付船舶，如不能按期交付船舶，B公司凭汇票和A公司未履约证明支取备用信用证项下款项。

合同签订后，A公司在收到250万美元预付款后，向自己的开户行申请开立备用信用证，并在备用信用证上注明“This standby L/C is subject to UCP600.”(本备用信用证受UCP600条款的约束)。

A公司于合同规定的交船期将船造好，并立即通知B公司派人来验收，但B公司并未理会。过了不久，交船期已过，B公司通过其银行将备用信用证规定的单据寄至开证行，要求支取备用信用证项下的款项。

A公司得知后立即与B公司联系，商讨解决办法，最后B公司同意将备用信用证展期，A公司向开证行申请修改备用信用证有效期，开证行审核后将备用信用证的有效期延展。

案例一和案例二分别涉及银行保函业务和备用信用证业务，这两种业务有哪些共性？其实质是什么？银行在办理这类业务时应如何防范风险？通过本项目的学习将解决这些问题。

关键词

银行保函　备用信用证　预付款保函　借款保函　付款保函　MT760

知识结构图

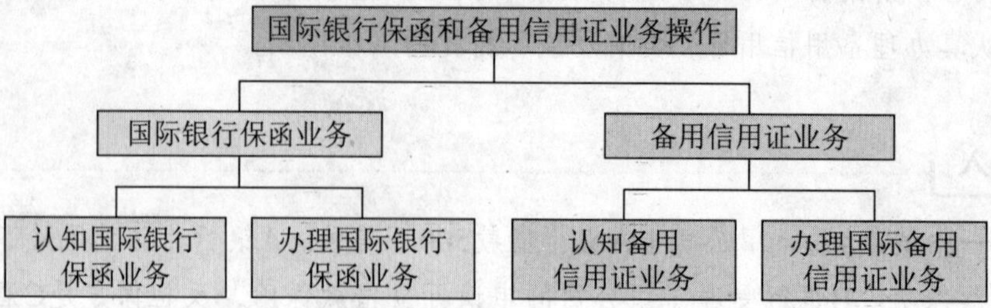

任务一 国际银行保函业务

任务引例

2019年10月5日，沈阳宏顺进出口公司(Shenyang Hongshun Imp. & Exp.Co.)与韩国美林仪器公司签订销售合同，进口精密仪器一套，价值150万美元。合同规定，支付条款是“后T/T+付款保函”，签约一个月后凭买方出具的银行保函发货。沈阳宏顺进出口公司职员孟宇到中国银行沈阳分行申请开立付款保函。10月9日，中国银行沈阳分行(Bank of China Shenyang Branch No.10 Shifu Road, Shenyang, China)国际结算经办员宋丽受理了此笔业务申请。

操作任务：

1. 模拟委托人填写保函申请书；

2. 模拟担保行通过SWIFT向韩国发展银行(Korea Development Bank Busan Branch No. 3231 Leequan Road, Busan, Korea)开立付款保函。

学习任务

一、认知国际银行保函业务

(一) 银行保函的定义

保函(L/G，Letter of Guarantee)，也就是担保函或保证书。银行保函(Banker's Letter

of Guarantee)，是银行开立的担保书，是银行(担保行)应委托人的申请向受益人开出的，担保委托人如未向受益人履行某项合同义务，由担保行履行保函所规定的赔偿责任。

担保银行承担的责任有第一性和第二性之分：第一性偿付责任是指只要保函规定的偿付条件已经具备，担保行就必须履行赔偿义务，而不必考虑委托人是否同意，也无须调查基础合同的履行情况，这类保函称为独立性保函；第二性偿付责任是指担保行的责任从属于委托人在基础合同项下的责任义务，申请人的索赔是否成立也要以基础合同条款为中心进行判断。如果基础合同失效，则担保行的担保责任解除。如果委托人依法或依合同对受益人享有抗辩权，担保行也同样可以以此来对抗受益人的索赔，这类保函称为从属性保函。

(二) 银行保函的基本当事人

银行保函有以下三个基本当事人。

1. 委托人

委托人(Principal)或称申请人(Applicant)，是向担保行申请开立保函的人，其责任主要有三个方面：一是在担保银行按照保函规定向受益人赔偿后，须立即偿还担保行垫付的款项；二是负担开立保函项下的费用及垫付款利息；三是当担保行认为需要时，预支部分或全部押金。

2. 担保行

担保行(Guarantor Bank)即开立保函的银行。担保行的责任包括以下两方面。

(1) 一经接受委托人的申请，就要按照申请书开出保函。

(2) 一经开出保函，当委托人违约时，就要按照保函承诺条件对受益人进行赔偿。

担保行的权利是：如果委托人不能立即偿还担保行已付款项，则担保行有权处置押金、抵押品、担保品。如果处置后仍不足以抵偿，则担保行有权向委托人追索不足部分。

3. 受益人

受益人(Beneficiary)是有权向担保行索赔的人。受益人为了实现权利，必须履行的义务是：按照保函规定，提交相符的索款声明和/或其他单据。

除上述三个基本当事人外，还可能出现其他当事人，即当委托人要求担保行委托其他银行转开保函时，被委托银行成为转开行，担保行成为反担保行。

知识链接

银行保函业务适用的国际惯例

国际上通行独立性保函，独立性保函适用《见索即付保函统一规则》，现行的版本是URDG758 (Uniform Rules for Demand Guarantees, ICC. No.758)，由国际商会(ICC)在URDG458(1992年版本)的基础上于2010年修订并出版。

URDG758包括适用范围、定义、开立与生效、修改、索赔、费用承担、免责、适用法律及司法管辖权等内容，共35条。

URDG758的适用范围如下所述。

(1) 任何明确表明适用本规则的见索即付保函或反担保函。除非见索即付保函或反担保函对本规则的内容做修改或排除，本规则对见索即付保函或反担保函的所有当事人均早有约束力。

(2) 如果应反担保人的请求，开立的见索即付保函适用URDG，除非该反担保函明确排除适用URDG。但是，见索即付保函并不仅因反担保函适用URDG而适用URDG。

(3) 如果应指示方的请求或经其同意，见索即付保函或反担保函根据URDG开立，则视为指示方已经接受了本规则明确规定的归属于指示方的权利和义务。

(4) 如果2010年7月1日或该日期以后开立的见索即付保函或反担保函，未声明适用URDG458还是URDG758，则该保函适用URDG758。

从属性保函适用国际商会制定的《合约保函统一规则》(Uniform Rules for Contract Guarantee，URCG)。

(三) 银行保函的种类

保函的用途十分广泛，可适用于各类经济交易。担保行既可以为商品贸易、劳务、技术贸易的当事人提供担保，也可以为工程项目承包、借贷、大型成套设备租赁等交易活动的当事人提供担保。概括地讲，银行保函可以分为 4 类。

1. 出口类保函

出口类保函是指银行接受出口方申请向进口方开出的保函，是为满足出口货物或出口劳务需要而开立的保函，具体有以下几种。

(1) 投标保函(Bid Bond/Tender Guarantee)。投标保函是指在以招标方式成交的货物买卖或工程建造等交易中，担保行应投标方的要求向招标方出具的书面承诺。担保行保证投标人在投标有效期内不撤标、不改标，中标后在规定的期限内签订招投标项下的合同或提交履约保函或履约保证金。如投标人不履行上述义务，则由担保银行按照保函约定向招标人赔付一定金额的款项作为补偿。

投标保函的担保金额通常为投标人报价总额的1%～5%，有效期至开标日为止，有时再加上3～15天的索偿期。如投标人中标，则有效期自动延长至投标人与招标人签订合同，并交来履约保函时为止。

(2) 履约保函(Performance Guarantee/Performance Bond)。履约保函是指担保行接受商品供货方或工程承包方的申请，向买方或发包方出具的、保证供货方或承包方严格履行合同义务的书面承诺。倘若这些履约责任者日后未能按合约的规定及时发运货物或完成所承建的工程，以及未能履行合约项下的其他义务，担保行将受理买方或发包方的索赔，按照保函约定向买方或发包方支付一笔不超过保函金额的款项，作为对买方或发包方的损害补偿。

履约保函的担保金额通常相当于合同总金额的5%～10%，有效期至合同执行完毕日期为止，有时再加上3～15天的索偿期。如合同有质量保证期或工程维修期，则有效期延长至质量保证期或工程维修期满为止，再加上3～15天的索偿期。

(3) 预付款(Advance Payment Guarantee)或退还预付金保函(Refundment Guarantee for the Advance Payment)或还款保函(Repayment Guarantee)。预付款保函是指担保行应供货方或承包方的要求，向买方或发包方出具的、保证供货方或承包方在收到预付款后履行合同义务的书面承诺。如供货方或承包方在收到预付款后，未能履约或未能全部履约，担保行将在收到买方或发包方的索赔后向其返还一笔与预付金额等值的款项，一般还要加上自买方或发包方支付预付金到担保银行退还预付款这一期间所发生的利息。

预付款保函的担保金额通常为预付款金额再加上相应的利息，有效期至合同执行完毕日期为止，再加上3～15天的索偿期，或者规定预付金全部扣完时失效。

(4) 留置金保函(Retention Money Guarantee)。留置金保函又称预留金保函、滞留金保函、尾款保函，是指担保行应卖方或承包方的要求，向买方或发包方出具的、保证卖方或承包方在提前支取了合同价款中的尾款后履行合同义务的书面承诺。如果卖方或承包方提供的货物或承包工程达不到合同规定的质量标准，卖方或承包方将把留置款项退回买方或发包方，否则担保行将按照保函约定给予赔偿。

留置金保函的担保金额就是保留金的金额，一般相当于合同价款的5%～10%，有效期是合同规定的索赔期满加上3～15天的索偿期。

(5) 质量保函(Quality Guarantee)。质量保函是指担保行应供货方的要求，向买方出具的、保证供货方履行其在保修期内合同义务的书面承诺。如日后发生货物质量不符合合同约定而卖方又不能更换，担保行将受理买方的索赔，按照保函约定进行赔付。

质量保函的担保金额一般为合同总价的5%～10%，有效期一般至合同规定的质量保证期满，再加上3～15天的索偿期。

(6) 维修保函(Maintenance Guarantee)。维修保函是指担保行应承包方的要求，向发包方出具的、保证承包方履行其在维修期内合同义务的书面承诺。如日后承包方在工程竣工后不履行合同约定的工程维修义务，或工程质量不符合合同约定而承包方又不能维修时，担保行将受理发包方的索赔，按照保函约定进行赔付。

维修保函的担保金额一般为工程承包合同的5%～10%，有效期一般至合同规定的工程维修期满，再加上3～15天的索偿期。

2. 进口类保函

进口类保函是指担保行应进口方申请向出口方开出的保函，具体有以下两种。

(1) 付款保函(Payment Guarantee)。付款保函是指担保行应买方或发包方的要求，向卖方或承包方出具的、保证买方履行商品、技术、专利或劳务合同项下的付款义务，或发包方按照承包工程进度支付工程款项的书面承诺。根据被担保的付款方式不同，付款保函可分为即期付款保函、延期付款保函、分期付款保函。

即期付款保函的担保金额是合同金额，有效期按合同规定的付清价款日期再加上半个月。延期付款保函和分期付款保函的担保金额是扣除预付部分的货款金额，有效期按保函规定最后一期货款及利息付清日期再加上半个月。

(2) 租赁保函(Leasing Guarantee)。租赁保函是指担保行应承租人的要求，向出租人出具的、保证承租人按期支付租金的书面承诺。

租赁保函的担保金额是租金总额，有效期按租赁合同规定的全部租金付清日期再加上半个月。

3. 对销贸易类保函

对销贸易是指将出口与进口结合在一起而达成的交易，为这类贸易提供的银行保函，称为对销贸易类保函，具体有以下两种。

(1) 补偿贸易保函(Guarantee for Compensation Trade)。补偿贸易保函是指在补偿贸易合同项下，担保行接受设备或技术引进方的申请，给设备或技术提供方出具的书面承诺。担保行保证前者在设备或技术引进后的一定时期内将以其生产的产成品或其他产品来抵偿所引进的设备或技术的价款，或以产成品外销所得款项来抵偿所引进的设备和技术的价款，如果届时引进方无法或无力做出抵偿，则由担保行受理设备或技术提供方的索赔，按照保函约定赔付相应款项及利息。

补偿贸易保函的担保金额是设备价款金额加利息，有效期一般为合同规定的进口方以产品偿付设备的日期再加上半个月。

(2) 来料加工或来件装配保函(Guarantee for Processing/Guarantee for Assembling)。来料加工或来件装配保函是指担保行应进口原料方或者进口零件方的要求，向供应原料方或供应零件方出具的书面承诺。担保行保证进口原料方或者进口零件方在收到与合同相符的原料或原件后，按合同约定将产成品交付给供料方或供件方，如届时进口原料方或者进口零件方无法或无力交付产成品且不能以现汇补偿，则由担保行受理供料方或供应零件方的索赔，按照保函约定赔付来料或来件的价款及利息。

此种保函的担保金额是来料或来件的价款金额加利息，有效期一般为合同规定的进口原料方或者进口零件方以成品偿付来料或来件价款的日期加上半个月。

4. 其他类保函

其他类保函是指担保行的担保内容不是国际贸易货款本身的支付，通常是为非贸易性质的国际经济交往中的当事人开具的书面承诺，具体有以下两种。

(1) 借款保函(Loan Guarantee/Security for a Credit Line)。借款保函是指担保行应借款方的要求，向贷款方出具的、保证借款方按期归还所借款项本息的书面承诺。在借款人因某种原因(如破产、倒闭、资金周转困难或财务状况恶化等)而无力或拒绝偿还贷款时，担保行将受理贷款人的索赔，按照保函约定来履行上述所借款项本息的偿还职责。担保金额通常为借款金额再加上相应的利息。

(2) 账户透支保函(Overdrawn Guarantee/Overdraft Facility Guarantee/Banking Facility Guarantee)。账户透支保函是指担保行应透支方的要求，向另一家银行或金融机构出具的书面承诺。担保行保证透支方将依照透支协议里规定的到期时间归还所透支的款项，如果届时透支方无力或拒绝归还所透支的本金和利息，则担保行负责予以偿还。担保金额通常为透支额度再加上相应的利息。

(3) 关税保付保函(Customs Guarantee/Duty-Free Guarantee/Temporary Importation Guarantee)。关税保付保函是指担保行应一国进口商(包含加工贸易企业)的要求，向该国海关出具的、保证该进口商履行关税缴纳义务的书面承诺，又称海关免税保函、海关保函、临时进口保函。如日后进口商不按期缴纳关税或未执行海关的其他具体规定，担保行将受理海关或海关指定金融机构的索赔，按照保函约定进行赔付，以代为履行关税缴纳义务。

(4) 保释金保函(Bail Bond/Bail Guarantee)。保释金保函是指担保行应船东、船公司、承担连带赔偿和支付责任的保险公司或保赔协会或船东互保协会等申请人的要求，向法院、原告或港务当局以及其他有关债权人或利益受损方出具的带有抵押性质的海事保函。担保行保证申请人将被扣留的属于申请人的船只或其他财产取回后，能够按照法院的判决书或仲裁裁决所列明的赔款金额进行赔付。

二、办理国际银行保函业务

(一) 银行保函的业务流程

银行保函的开立方式分为直开和转开两种。直开银行保函业务流程如图4-1和图4-2所示，图4-1是直接三方结构，图4-2是间接三方结构，它们都属于直开保函业务；转开银行保函业务流程如图4-3所示。

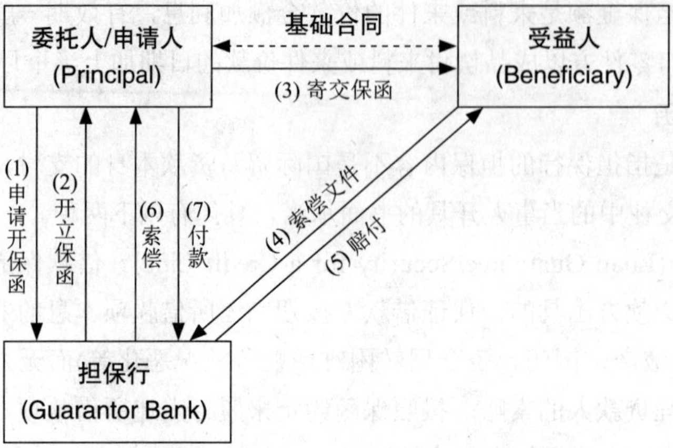

图4-1　直开银行保函业务流程(直接三方结构)

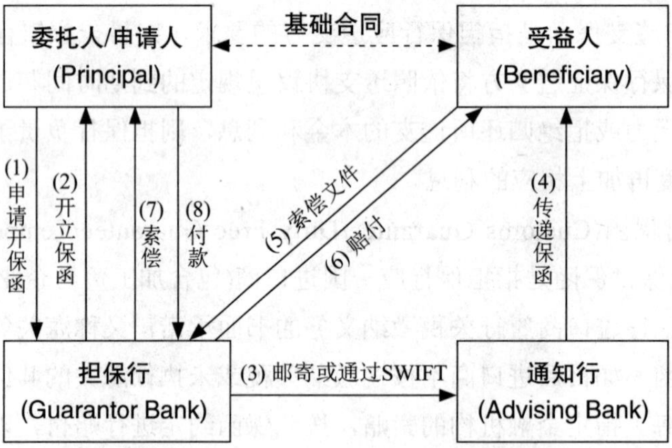

图4-2　直开银行保函业务流程(间接三方结构)

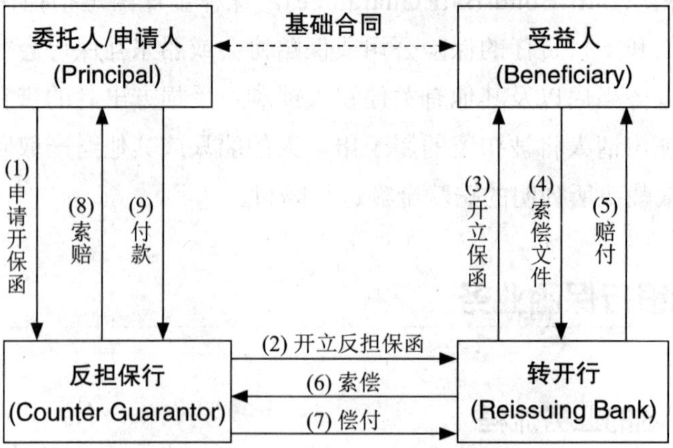

图4-3　转开银行保函业务流程

综合直开和转开两种方式，银行保函的业务流程可以概括为以下5个基本环节。

(1) 委托人向担保行提出开立保函的申请。

(2) 担保行受理委托人申请，开立保函。在此环节，担保行要对委托人提交的申请材料进行审查、审核，确认可以接受申请后，再开出保函或反担保函。

(3) 在委托人违约的情况下，受益人凭索赔文件向担保行索赔。

(4) 担保行将受益人提交的索赔文件与保函索偿条款进行核对，确认相符后向受益人赔付保函项下金额。

(5) 担保行向委托人索偿赔付给受益人的款项。委托人付款后，注销保函。如果转开行是担保行，转开行要向反担保行索偿；反担保行偿付后，担保行注销保函；反担保行偿付后再向委托人索偿，委托人付款后，反担保行注销反担保函。

知识链接

中国银行办理保函业务的一般流程

保函是中国银行的传统优势产品，中国银行能够为企业全球发展提供多语种、多币种的保函业务服务，其开立保函的一般流程如下所述。

1. 保函审核及开出

(1) 银行对客户资格、基础交易、相关材料进行审查。

(2) 银行对客户的保证金或授信额度等进行落实。

(3) 银行审核保函的书面申请及保函格式。

(4) 保函开出。

2. 保函收费

保函开出后，根据总行有关规定确定收费原则和费率，向被担保人收费。

3. 保函修改

根据被担保人和受益人的需要修改保函条款，如延长保函效期等，被担保人需填写保函修改申请书，如表4-1所示。

表4-1 保函修改申请书样式

APPLICATION FOR AMENDMENT OF LETTER OF GUARANTEE

To: Date:

Applicant	Beneficiary
L/G No.	No. of Amendment
Issuing Date:	Amount:

Please amend the above-mentioned guarantee as follows:

□Amount increased by to

□Amount decreased by to

□Expiry date extend to (MM) (DD) (YY)

All other terms and conditions remain unchanged.

Banking charge are for account of □beneficiary□applicant

Transacted by Tel.:

Fax: E-mail:

Applicant: name, signature of authorized person (with seal)

4. 保函付款/赔付

在保函效期内，一旦发生受益人索赔的情况，及时通知申请人，经担保行审核索赔单据并确认与保函索赔条款的要求相符后，即履行付款责任。

5. 保函后期管理

(1) 根据客户的重大情况变化，对客户档案进行动态维护。

(2) 对保函业务档案进行集中保管、及时清查，确保业务档案真实反映业务处理的全过程。

(3) 在确保我行担保责任全部解除后对保函进行撤销，并可恢复保函申请人相应的授信额度或退还相应保证金。

(二) 担保行的业务处理

1. 审查委托人资格

按目前通行的做法，担保行开出保函就要承担第一性偿付责任。为防范风险，担保行在受理委托人申请时，要将其提交的营业执照、经营许可证及其他资格文件进行审查，以确保委托人具有相应的经营范围及业务资格。担保行要留存有关资格文件复印件备查。担保银行还要严格审查委托人的资信情况，委托人应开立基本账户或一般结算账户。

2. 审查基础交易

委托人提供的合同、协议条款须符合国家的有关规定和批准程序，避免开立无交易背景的保函，严防卷入涉嫌不法活动的交易。担保行担保的履约义务应符合国家的经济和贸易政策。担保行要留存有关资料备查。

3. 落实付款保证

在确保保函金额在非融资类保函额度内的基础上，落实付款保证。付款保证包括保证金、工商客户授信额度等形式，不同的付款保证形式可以单独使用也可以混合使用。担保行在开立保函前，必须落实相应的付款保证。保函项下的保证金应严格管理，专款专用，不得挪用，各笔保函之间的保证金不得串用。

4. 审核保函申请书

担保行要对委托填写的保函申请书进行严格审核，确保内容完整、准确，指示明晰。银行保函申请书样式如表4-2所示，其审核要点如下所述。

(1) 保函申请书的印鉴与预留印鉴是否相符。

(2) 受益人的名称、详细地址是否完整。

(3) 委托人的基本情况是否完整、准确。

(4) 保函的有效期是否明确，原则上不开立效期“敞口”的保函。

(5) 开立保函的方式是否明确。

(6) 基础合同号、协议号、标书号码及/或项目名称是否相符。

(7) 保函格式是否明确。

表4-2　银行保函申请书样式

<table>
<tr><td colspan="2">APPLICATION FOR BANK L/G OR STANDBY L/C
____________________BANK</td></tr>
<tr><td>To:____________________
____________________BRANCH</td><td>Guarantee/Standby L/C No.:</td></tr>
<tr><td>Applicant (Full Name and Address):</td><td rowspan="2">Please Issue:
☐By SWIFT　　☐By mail
☐As per attachment
☐Demand Guarantee According to:
URDG758
☐Standby Letter of Credit According to: ☐UCP600
☐ISP98</td></tr>
<tr><td>Beneficiary (Full Name and Address):</td></tr>
</table>

(续表)

<table>
<tr><td>Type of Guarantee/Standby L/C:</td><td rowspan="2">Guarantee Party (Full Name and Address)</td></tr>
<tr><td>Currency and Amount (In Figures and Words)</td></tr>
<tr><td rowspan="2">Advising Band/Reissuing Bank</td><td>Expiry Date/Condition and Expiry Place:</td></tr>
<tr><td></td></tr>
<tr><td colspan="2">Documents Required for Drawings (Optional) (Marked with “×”)
□Demand in Writing □Sight Draft
Signed Beneficiary Certificate stating a default, reading as follows (please state below exact wording to appear on the statement):
□Copy of Transport Document (Specify)
□Copy of Invoice
□Other (Specify)</td></tr>
<tr><td colspan="2">Special Instructions (Optional):
□Automatically renew this Standby L/C or Guarantee: (Specify):
□Drawings not permitted prior to______.
□This Standby L/C or Guarantee shall be automatically reduced by____(Amount)____(Frequency) Commencing____(date).
□All banking charges outside the issuing bank are for account of beneficiary.
Drawings: (Select One) Beneficiary can make □One □Multiple demands for payment (drawing).
Other (Specify)

我公司申请开立对外保函/备用信用证由□______银行 □______银行委托______银行(简称“代开行”)开立</td></tr>
<tr><td colspan="2">本申请依据我公司______年______月______日与______签订的______合同/标书(编号：______)提出。
声明：贵行已依法向我方提示了本申请书及其背面承诺书的相关条款(特别是黑体字条款)，应我方要求对相关条款的概念、内容及法律效力做了说明。我公司已对本申请书及其背面承诺书各条款进行审慎阅研，对各条款含义与贵行理解一致。我公司在此签章表示对本申请书及背面承诺书条款的接受，愿依照执行。

申请人公章
法定代表人(签章)
(授权代理人)

年 月 日</td></tr>
</table>

5. 填写开立保函审核表

开立保函审核表的内容如表4-3所示。

表4-3 开立保函审核表

<table>
<tr><th colspan="4">经营单位填写保函基本情况</th></tr>
<tr><td>保函申请人</td><td></td><td>申请保函金额</td><td></td></tr>
<tr><td>保函保证种类及比例</td><td></td><td>授信币种及金额</td><td></td></tr>
<tr><td>保函有效期</td><td></td><td>保函开立方式</td><td></td></tr>
<tr><td>基础业务合同号码</td><td></td><td>货物/项目名称</td><td></td></tr>
<tr><td>授信额度</td><td></td><td>授信协议号</td><td></td></tr>
<tr><td colspan="4">开立保函意见

经办客户经理： 负责人：</td></tr>
<tr><th colspan="4">国际业务部门对政策和条款审核意见</th></tr>
<tr><td colspan="4">( )符合外汇管理政策，保函条款正常，同意开立保函。
( )其他：

经办人： 复核： 负责人：</td></tr>
</table>

6. 填写开立保函业务工作单

开立保函业务工作单的内容如表4-4所示。

表4-4 开立保函业务工作单

<table>
<tr><td colspan="2">保函编号</td><td></td><td>币种/金额</td><td></td><td>期限</td><td></td></tr>
<tr><td>受理申请</td><td colspan="2">( )开立保函申请书内容完整，无前后矛盾的条款
( )开立保函申请书加盖的印鉴与预留印鉴相符
( )已提交申请人营业执照及基本情况资料</td><td colspan="4">( )合同条款符合国家管理规定，内容清楚完整
( )已提交有关抵押或担保的承诺函
( )</td></tr>
<tr><td rowspan="3">业务处理</td><td>业务审查</td><td>( )已填写开立保函审批单
( )已落实付款保证
( )保函格式及内容符合国家管理规定和国际惯例</td><td colspan="4">( )在我行审批权限内或虽超权限但已报总行审批
( )
( )</td></tr>
<tr><td>开立保函</td><td>( )已按开立保函申请书条款起草保函样本
( )保函币种金额/期限、付款条件、索赔方式符合开立保函申请书要求
( )</td><td colspan="4">( )已出具收费凭证交会计记账
( )已建立保函档案
( )</td></tr>
<tr><td colspan="6">经办人： 复核人： 日期：</td></tr>
<tr><td>业务交涉记录</td><td colspan="6">

经办人： 复核人： 日期：</td></tr>
</table>

(续表)

结档处理	(　　)我行已拒付，已出具收费凭证交会计记账，保证金已通过会计退还保证申请人 (　　)保函已过期，已出具收费凭证交会计记账，保证金已通过会计退还保证申请人 保函已正常付汇并做如下处理： (　　)汇款已通知会计售汇/扣账 (　　)已出具收费凭证交会计记账 经办人：　　　复核人：　　　日期：
归档	(　　)档案已整理装订，符合档案管理要求，可以办理移交归档手续 移交人：　　　复核人：　　　批准人：　　　日期：
备注	

7. 开具保函

1) 银行保函内容

预付款银行保函如表4-5所示。银行保函通常包括以下几个方面内容。

(1) 保函的当事人。委托人、受益人、担保行、通知行(如有)的名称和地址。

(2) 交易内容。有关的交易合同、协议，标书的编号、日期，供应货物的名称、数量，工程项目的名称等。

(3) 担保金额。担保金额的大小写和货币名称。

(4) 保函有效期。

(5) 责任条款。表明担保行负责在何种条件下，凭受益人提交何种单据或证明文件向受益人付款。

(6) 索偿方式。受益人向担保行索偿的方式(信索或电索)和路线(是否通过通知行)等。

(7) 其他内容。如保函金额随申请人履约进度递减的规定等。

表4-5　预付款银行保函样式(信开本)

Bank Guarantee Form for Advance Payment **预付款银行保函** To: (Name of the Purchaser) 致：(买方名称) (Name of the Contract) (合同名称) Dear Sir: In accordance with the provision of clause 20 of the Terms and Conditions of Contract, (name and address of the Supplier) (hereinafter called "the Supplier") shall deposit with the Purchaser a bank guarantee to guarantee its proper and faithful performance under the said Clause of the Contract in an amount of (in figures and words).

根据合同条款第20条的规定，(卖方名称、地址)(以下简称“卖方”)，向买方提交总额为 (币种、以文字和数字表示的保函金额)的银行保函，以保证卖方将正确和忠实地履行所述的合同条款。
We,(name of bank), as instructed by the Supplier, agree unconditionally and irrevocably to guarantee as primary obligator and not as surety merely, the payment to the Purchaser on its first demand without whatsoever right of objection on our part and without its first claim to the Supplier, in the amount not exceeding (amount of guarantee in figures and words).
我行(银行名称)，根据卖方的要求，无条件地和不可撤销地同意作为第一责任人而不仅仅作为保证人，保证在收到买方的第一次要求就支付给买方不超过(币种、以文字和数字表示的保函金额)的金额，我行无权反对和不需要先向卖方索赔。
We further agree that no change or addition to or other modification of the terms of the Contract to be performed thereunder or of any of the Contract Documents which may be made between the Purchaser and the Supplier, shall in any way release us from any liability under this guarantee, and we hereby waive notice of any such change, addition, or modification.
我行进而同意，双方同意对将要履行的合同条款或合同文件的更改、增补或修改均不能免除我行在本保函下的任何责任。我行在此表示上述更改、增补或修改无须通知我行。
This guarantee expires 30 days after the last contractual delivery date.
本保函从卖方收到合同预付款起直至最后一批货物交货后30天内有效。

Name and Position of Guarantors:
保证人姓名和职务
Signature and seal of Guarantors:
保证人签字、盖章
Name of Bank:
银行名称

2) 开具保函注意事项

担保行在开具保函时，要注意把握以下要点。

(1) 保函条款应清晰准确，责任分明。索赔方式、索赔单据或文件必须明确，杜绝含糊其辞、前后矛盾的情况。对风险性较大的保函条款，银行应向委托人说明建议其争取予以修改；如不能修改，应由委托人明确同意承担相关风险。

(2) 保函应限定最高赔偿限额。在有效控制风险的前提下，可适当列明承担合理利息、费用等责任的条款。

(3) 银行开出的保函原则上不可转让，如业务需要可建议委托人采取款项让渡的方式。如委托人坚持开立可转让保函，在转让背景清晰合理的前提下，银行可考虑接受指名转让，但不得自由转让，并且应要求委托人书面确认承担因转让而产生的风险。

(4) 银行开具的保函原则上不加列适用他国法律的条款，如委托人坚持，应向其说明存在的风险，在落实其他风险防范措施并要求其书面确认承担由此引起的风险的前提下可考虑接受。

知识链接

MT760

MT760是使用SWIFT系统开立银行保函的电文格式，其内容如表4-6所示。

表4-6 MT760格式

MT760 ISSUE OF A TRANSFERABLE BANK GUARANTEE	
27	SEQUENCE OF TOTAL 报文页次
20	TRANSACTION REFERENCE NUMBER 发报行编号
23	FURTHER IDENTIFICATION 报文性质如果是直开保函，填写“ISSUE”；如果是转开，填写“REQUEST”
30	DATE 开立保函的日期
40C	APPLICABLE RULES 适用的规则 适用国际商会《见索即付保函统一规则》填“URDG” 适用国际商会《合约保函统一规则》填“URCG” 不适用任何规则，填“NONE” 适用其他规则，填“OTHER+规则详细说明”
77C	DETAILS OF GUARANTEE 保函详细内容
72	SENDER TO RECEIVER INFORMATION 附言 BENCON 要求收报行答复该保函是否被受益人接受 PHONBEN 请用电话通知受益人后附电话号码 TELEBEN 收报行用适当有效的手段通知受益人

资料来源：侯迎春，张文娟. 国际结算[M]. 北京：中国金融出版社，2019：268.

8. 赔付

在委托人违约的情况下，凭受益人提交的符合保函条款的单据和证明文件进行赔付。

审单是担保行处理赔付业务的核心工作，按照国际惯例，担保银行仅审核受益人交来的单据所记载的内容是否符合保函条款，而无须审查单据表面记载以外的事实如何，即所谓确认单据表面是否相符，一旦确定单据表面相符，就要对受益人进行赔付。如果单据表面不相符，可以拒绝赔付，但要一次性发出拒付通知并列明所有不符点。审单时限与跟单信用证审单时限相同，即收单翌日起5个营业日结束。

【知识小结】

本项目任务系统阐述国际银行保函业务，内容包括国际银行保函业务的认知和办理两部分。通过学习，要把握银行保函业务的实质，重点掌握担保行在办理银行保函业务时的操作要点，能够完整地模拟国际银行保函业务流程。

【考　　核】

一、基础知识测试

(一) 单选题

1. 投标保函是(　　)保函。

A. 进口类　　B. 出口类

C. 对销贸易类　　D. 其他类

2. 受益人的义务是(　　)。

A. 审核保函申请书　　B. 落实付款保证

C. 审查保函格式　　D. 提交与保函相符的索款声明

3. 下列说法不正确的是(　　)。

A. 担保行要审核保函申请书

B. 保函条款应规定明确的索赔方式及单据或文件

C. 担保行一般不限定最高赔偿限额

D. 担保行原则上不开立效期“敞口”的保函

4.《URDG》指的是(　　)。

A. 见索即付保函统一规则　　B. 合同担保统一规则

C. 跟单信用证统一惯例　　D. 联合国销售合同公约

5. 在转开保函业务中，委托人当地的银行是(　　)。

A. 保兑行　　B. 反担保行

C. 担保行　　D. 通知行

(二) 多选题

1. 根据保函与基础合同的关系以及担保银行承担的责任不同，保函可划分为(　　)。

A. 独立性保函　　B. 履约保函

C. 从属性保函　　D. 借款保函

E. 付款保函

2. 下列属于出口类保函的有(　　)。

A. 履约保函　　B. 租赁保函

C. 质量保函　　D. 预付款保函

E. 借款保函

3. 在银行保函业务中，委托人的责任是(　　)。

A. 在担保行向受益人赔偿后，须偿付担保行垫付的款项

B. 审核开立保函申请书

C. 承担开立保函的费用

D. 需要时交纳部分或全部押金

E. 填写保函申请书

4. 受益人可以通过(　　)收到保函。

A. 委托人　　B. 通知行

C. 担保行　　D. 反担保行

E. 开证行

5. (　　)不是开立银行保函的电文格式。

A. MT736　　B. MT754

C. MT760　　D. MT707

E. MT705

(三) 判断题

1. 当委托人不能立即偿还担保行已付款项时，担保行有权处置押金、抵押品、担保品。(　　)

2. 银行保函的应用范围比跟单信用证更广泛，可适用于各类国际经济交易。(　　)

3. 留滞金保函是进口类保函。(　　)

4. 担保行在确保担保责任全部解除后要对保函注销。(　　)

5. 担保银行在保函中的责任可依申请人履约的进展而相应递减。(　　)

6. 银行保函业务中的基本当事人有申请人、受益人和担保人。(　　)

7. 银行保函是银行应委托人的申请向受益人开出的书面承诺，属于银行信用。(　　)

8. 独立性保函不依附于基础合同，因此，担保银行没必要审查基础交易的合法性。(　　)

二、技能测试

根据补充信息和销售合同，完成【任务引例】的操作。

【补充信息】

发报行编号：LG20191010

日期：2019年10月12日

保函内容提示(见表4-7)：①受益人名称、地址；②合同内容：号码、签订日期、货物；③担保行保证在收到受益人第一次提交的索赔文件5日内支付给受益人不超过150万美元的货物；④证明委托人在收到货物30天后仍不付款索款书；⑤受益人出具书面声明并附提单副本，显示委托人为收货人，承运人名称，由承运人或其代理人签署，货物已装船。⑥保函有效期和有效地，自保函开立之日起两个月内在中国有效。

表4-7　保函内容

SALES　CONTRACT

No. QA20190290

DATE: Oct. 5，2019

THE SELLER: KOREA MERRILL LYNCH INSTRUMENTS CO. LTD.
NO. 983 JINDING STREET BUSAN, KOREA

THE BUYER: SHENYANG HONGSHUN IMPORT & EXPORT CO., LTD.
NO. 1666 XUYANG ROAD, SHENYANG, CHINA

This Contract is made by and between the Buyer and the Seller, whereby the Buyer agrees to buy and the seller agrees to sell the under mentioned commodity according to the terms and conditions stipulated below:

Commodity & Specification	Quantity	Unit price	Amount
Precision Instrument	1 pcs	USD 1 500 000.00/pc CIF DALIAN	CIF DALIAN USD 1 500 000.00

Total Amount: SAY U.S. DOLLARS ONE MILLION FIVE HUNDRED THOUSAND ONLY.

Shipment: shipment on or before Oct. 10, 2019 with partial shipments are not allowed, transshipment is allowed.

Payment: the Buyer shall open through a bank acceptable to the Seller a Banker's letter of guarantee to reach the Seller signing up for a month.

Insurance: the Seller shall cover insurance against all risks for 110% of the total invoice value as per the relevant ocean marine cargo clause of P.I.C.C. dated JAN. 1ST, 1981.

THE SELLER: KOREA MERRILL LYNCH INSTRUMENTS CO. LTD.
Kim Joong

THE BUYER:
SHENYANG HONGSHUN IMPORT & EXPORT CO., LTD.

金然

1. 填写保函申请书，见表4-8。

表4-8 保函申请书

<table>
<tr><td colspan="2">APPLICATION FOR BANK L/G OR STANDBY L/C
__________BANK</td></tr>
<tr><td>To:__________
__________BRANCH</td><td>Guarantee/Standby L/C NO.:</td></tr>
<tr><td>Applicant (Full Name and Address)</td><td rowspan="2">Please Issue:
☐By SWIFT ☐By Mail
☐As per Attachment
☐Demand Guarantee According to:
URDG758
☐Standby Letter of Credit According to: ☐UCP600
☐ISP98</td></tr>
<tr><td>Beneficiary (Full Name and Address)</td></tr>
<tr><td>Type of Guarantee/Standby L/C:</td><td rowspan="2">Guarantee Party (Full Name and Address)</td></tr>
<tr><td rowspan="2">Currency and Amount (In Figures and Words)</td></tr>
<tr><td rowspan="2">Expiry Date/Condition and Expiry Place:</td></tr>
<tr><td>Advising Band/Reissuing Bank</td></tr>
<tr><td colspan="2">Documents Required for Drawings (Optional) (Marked with “×”)
☐Demand in Writing ☐Sight Draft
☐Signed Beneficiary Certificate stating a default，reading as follows (please state below exact wording to appear on the statement):
☐Copy of Transport Document (Specify)
☐Copy of Invoice
☐Other (Specify)</td></tr>
<tr><td colspan="2">Special Instructions (Optional):
☐Automatically renew this Standby L/C or Guarantee: (Specify):
☐Drawings not permitted prior to______.
☐This Standby L/C or Guarantee shall be automatically reduced by____(Amount)____(Frequency) Commencing____(date).
☐All banking charges outside the issuing bank are for account of beneficiary.
Drawings: (Select One) Beneficiary can make ☐One ☐Multiple demands for payment (drawing).
Other (Specify)

我公司申请开立对外保函/备用信用证由☐ ______银行 ☐ ______银行委托 ______银行(简称“代开行”)开立。
本申请依据我公司____年____月____日与____签订的____合同/标书(编号：____)提出</td></tr>
</table>

(续表)

声明：贵行已依法向我方提示了本申请书及其背面承诺书的相关条款(特别是黑体字条款)，应我方要求对相关条款的概念、内容及法律效果做了说明。我公司已对本申请书及其背面承诺书各条款进行审慎阅研，对各条款含义与贵行理解一致。我公司在此签章表示对本申请书及背面承诺书条款的接受，愿依照执行。 申请人公章 法定代表人(签章) (授权代理人) 年　　月　　日

2. 通过SWIFT开立付款保函，如表4-9所示。

表4-9　付款保函

MT760	
27	
20	
23	
30	
40C	
77C	

知识拓展

银行保函与跟单信用证的异同

1. 银行保函与跟单信用证的相同点

(1) 两者都属于银行信用。

(2) 独立性保函与跟单信用证一样都是独立的文件，不依附基础交易合同。

2. 银行保函与跟单信用证的不同点

(1) 应用范围不同。跟单信用证一般只用于商品贸易，银行保函的应用范围比跟单信用证更广泛，可适用于各类国际经济交易。

(2) 银行付款责任性质不同。跟单信用证的开证银行承担第一性付款责任，银行保函的担保银行承担的责任有第一性，也有第二性，而且是一种或有负债。

(3) 支付款项性质不同。跟单信用证项下支付的主要是货款，银行保函项下支付的是合同价款、退款或赔偿金。

任务二　备用信用证业务

任务引例

2019年11月6日，沈阳宏顺进出口公司(Shenyang Hongshun Imp. & Exp. Co.)向韩国Lando Company Ltd. 购买X-ray Machine，买卖合同中的付款条款规定：20%预付，80%凭买方开立备用信用证作保，装船后60天内电汇支付。根据此合同的规定，吴晶代表沈阳宏顺进出口公司向中国银行沈阳分行申请开立备用信用证，中国银行沈阳分行国际结算经办员聂伟受理了此笔业务申请。

回答问题：

1. 本案包括哪些结算方式？
2. 本案应开立哪种备用信用证？
3. 本案中备用信用证的基本当事人是谁？
4. 此笔备用信用证如何办理？

学习任务

一、认知备用信用证业务

(一) 备用信用证的定义

备用信用证(Standby Letter of Credit)，是指开证行根据开证申请人的请求对受益人开立的、不可撤销的承诺，开证行保证在开证申请人未能履行其应履行的义务时，凭受益人提交的、符合信用证规定的单据履行支付义务。

备用信用证属于银行信用，是在开证申请人违约时，受益人从开证行取得补偿的一种方式。如果开证申请人按期履行了义务，受益人就不会向开证行索赔，开证行也就无须赔付，这也正是“备用”(Standby)一词的含义。

备用信用证只是形式上的信用证，而实质上是银行保函。

知识链接

备用信用证的由来及适用的国际惯例

早在1879年，美国联邦法律及各洲法律均已禁止银行为其客户的商业行为提供担保，即明令禁止银行为客户开立保函。因为银行的自有资产在银行资产总额中占比不高，其余的均是吸收存款而产生的。如果以广大储户的资金为依托去开立见索即付的银行保函，将产生极大的操作风险和流动性风险，并极易引发银行资金链断裂甚至倒闭的严重后果。美国法律对商业银行禁止开立保函的目的正在于此。但商业银行毕竟是以盈利为目的的企业，为留住客户，美国的银行家绕开法规的限制，发明了一种新型的金融工具——备用信用证，即以客户自筹保证金作抵押，为客户提供银行担保，其作用类似于银行保函。

备用信用证从银行保函的替代工具逐渐发展成为用途十分广泛的信用工具，例如国际贸易、国际承包工程、国际租赁、国际融资等国际经济交易的当事人为了保障自身利益，都可能要求对方开立备用信用证。国际商会在《跟单信用证统一惯例》1993年文本中，明确规定该惯例的条文适用于备用信用证，即将备用信用证列入了信用证的范畴。1995年12月，联合国大会通过了由联合国国际贸易法委员会起草的《独立担保和备用信用证公约》；国际商会于1998年4月6日正式颁布了《国际备用信用证惯例》(International Standby Practices，简称ISP98，是国际商会第590号出版物，即ICC No.590)，并于1999年1月1日起正式实施，从此有了专门适用于备用信用证的权威国际惯例。有了专门规范备用信用证操作的ISP98，《跟单信用证统一惯例》是否仍有必要涉及备用信用证呢？经过商讨，最终多数意见认为，备用信用证仍然可以继续适用《跟单信用证统一惯例》，因此，备用信用证有两个可以适用的国际惯例，对于一笔业务究竟适用哪个惯例，取决于当事人的选择。

(二) 备用信用证的性质

1. 独立性

备用信用证一经开立，即作为一种自足文件而独立存在。它既独立于赖以开立的申请人与受益人之间签订的基础合约，又独立于申请人和开证行之间的开证契约(开证申请书)。开证行的义务完全取决于受益人提交的单据是否表面上符合备用信用证条款的规定。

2. 不可撤销性

除非在备用信用证中另有规定，或经受益人同意，开证行不得修改或撤销其在备用信用证下的义务。

3. 强制性

备用信用证在生效后即对开证行具有约束力，无论申请人是否授权开立，开证行是否收取了费用，受益人是否收到并相信该备用信用证，开证行均应承担备用信用证项下的义务。

4. 单据性

开证行是否履行付款义务取决于受益人提交的单据表面上是否与备用信用证条款相符。无论是纸质还是电子形式的单据，开证行都要进行严格的审核，相符单据是开证行赖以支付的凭证。

(三) 备用信用证的种类

1. 履约备用信用证

履约备用信用证(Performance Standby L/C)用于担保开证申请人履行基础合同项下的某项义务，而不是担保合同价款本身的支付，即保证对受益人因申请人违约而造成的损失进行赔偿。在履约备用信用证有效期内，如果申请人违约，开证行将根据受益人提交的符合备用信用证的单据(如索款要求书、违约声明等)代替申请人赔偿备用信用证规定的金额。

2. 预付款备用信用证

预付款备用信用证(Advance Payment Standby L/C)用于担保申请人履行收到受益人的预付款后所应承担的义务。这种备用信用证通常用于国际工程承包项目中业主向承包人支付工程预付款，以及进出口贸易中进口商向出口商支付预付款，由收款人申请开立备用信用证给付款人，保证履行交工或交货义务。

3. 融资备用信用证

融资备用信用证(Financial Standby L/C)用于担保申请人履行借款偿还义务。此种备用信用证被广泛用于国际融资。比如，跨国企业通过本国银行或东道国银行开立一张以融资银行为受益人的融资备用信用证，并凭以作为不可撤销的、独立的偿还借款的承诺，以取得融资便利。

4. 投标备用信用证

投标备用信用证(Tender Bond Standby L/C)用于担保投标方中标后履行合同义务，若投标方未能履行合同，开证行必须按备用信用证的规定向受益人履行赔款义务。投标备用信用证的金额视招标文件规定而定，一般为投标报价的1%～5%。

5. 直接付款备用信用证

直接付款备用信用证(Direct Payment Standby L/C)用于担保申请人到期付款，尤指到期没有任何违约时支付本金和利息。此种备用信用证主要用于担保企业发行债券或订立债务契约时的到期支付本息义务，其已经突破了备用信用证备而不用的传统担保性质，即企业债务到期时，开证行直接对证下资金进行支付。

6. 保险备用信用证

保险备用信用证(Insurance Standby L/C)用于担保申请人的保险或再保险义务。申请人一般为保险公司或再保险公司，如果申请人不能履行其保险或再保险合同项下的赔付义务，则开证行需向受益人履行支付义务。

7. 商业备用信用证

商业备用信用证(Commercial Standby L/C)用于担保申请人对货物或服务履行付款义务。商业备用信用证的使用，通常把赊销、承兑交单和银行信用担保有机地结合在一起，使进口方能够争取到有利的结算方式。出口方为降低风险，则要求进口方开立以出口方为受益人的商业备用信用证作为付款保证。

(四) 备用信用证与银行保函的异同

1. 备用信用证与银行保函的相同点

(1) 定义和法律当事人基本相同。两者都是由银行或非银行金融机构应某项交易合同项下的当事人(申请人)的请求或指示，向交易的另一方(受益人)开立的担保文件，承诺对提交的在表面上符合其条款规定的书面索赔声明或其他单据予以赔付。其法律当事人基本相同，一般包括申请人、担保行或开证行(两者处于相同地位)、受益人。

(2) 担保作用相同。银行保函和备用信用证都是国际担保的重要形式，在各种国际经济交往中发挥着保证申请人履行某项义务的作用，都具有应用范围广的特点。

(3) 性质相同。对于担保行和开证行来说，担保责任都是一种或有负债，如果申请人履行了应尽义务，则不需要承担担保责任。

2. 备用信用证与银行保函的不同点

(1) 与基础合同的关系不同。银行保函与所凭以开立的基础合同之间的关系既可以是从属性的，也可以是独立性的。备用信用证并无从属性与独立性之分，只有独立性，开证行付款的依据是受益人是否提交与信用证条款相符的单据，而不考虑基础合同的执行情况。

(2) 适用不同的国际惯例。独立性保函适用国际商会制定的《见索即付保函统一规则》(URDG)，从属性保函适用《合同保函统一规则》。

备用信用证适用国际商会制定的《国际备用信用证惯例》(ISP98)和《跟单信用证统一惯例》。

(3) 开立方式不同。备用信用证的开证行开立信用证后，通过受益人所在地的代理行(即通知行)通知或转递给受益人。

银行保函有两种开立方式：直开和转开。如果采取直开方式，保函由委托人直接寄交或带交给受益人，也可以通过受益人所在地的银行通知或转递；如果采取转开方式，则委托人所委托的银行作为反担保行向受益人所在地的银行开出反担保函，受益人所在地银行再凭反担保函向受益人开具保函。

(4) 兑付方式不同。备用信用证可指定议付行、付款行等，受益人可在当地交单议付或取得付款；银行保函的受益人只能向担保行提交单据或违约声明。

(5) 融资作用不同。备用信用证的受益人可以做议付融资；而银行保函没有融资作用，所谓借款保函是以银行信用担保还本付息，以帮助借款者取得借款，保函本身并不具有融资功能。

(6) 单据要求不同。备用信用证一般要求受益人在索赔时提交即期汇票和证明申请人违约的书面文件；银行保函则不要求受益人提交汇票，但对于证明文件的要求比备用信用证要严格一些，一般受益人除了要提交证明申请人违约的文件外，还需提交证明自己履约的文件。

知识链接

《国际备用信用证惯例》

《国际备用信用证惯例》(International Standby Practices)是国际商会的第590号出版物，于1999年1月1日起正式实施，因1998年4月6日正式颁布，故简称ISP98。

《国际备用信用证惯例》对备用信用证各方当事人的权利义务做了具体规定。

一、开证人的免责条款

总则中规定：

(1) 开证人对备用信用证的申请人或受益人的执行或不执行基础交易不负责任。

(2) 开证人对备用信用证项下所提交单据的精确性、真实性或有效性不负责任。

(3) 开证人对其他当事人执行或不执行备用信用证不负责任，即使该当事人是由开证人选定的。其他当事人是指除开证人、申请人和受益人之外的人，这些人可能是由开证人或被指定的人选定的人，如通知人、保兑人、代为付款人、代为交单人、代为收单人、代为开证人等。

二、开证人和保兑人对受益人的担保责任条款

备用信用证的开证人与保兑人承担相同的责任，当备用信用证没有其他规定时，开证人和保兑人应在7个营业日内完成对受益人或其所指定的人所提交的单据进行审核，在确认其与备用信用证条款相符后，应立即付款或承兑汇票或确认延期付款。

当备用信用证有一个以上的开证人，而且备用信用证未规定向哪一个开证人交单时，受益人可以选择向其中任何一个开证人交单(包括备用信用证的开证人之外的保兑人)。

三、指定和被指定人的责任条款

“指定”是指开证人在备用信用证中指定一方从事各种行为。“被指定”人必须是开证人在备用信用证正文或相关的有效电文、信函中明确指定的某一方当事人，而由其他各方当事人指定并代其行事的被指定人均不在本条款的规定之列，也不受ISP98条款的约束。

开证人的指定仅构成被指定人的权利并不构成义务，即“被指定人”可以行为也可以不行为；同时，由开证人所指定的“被指定人”也无权约束开证人。

四、备用信用证的生效条款

除非备用信用证明确表示尚未开立或尚未生效，备用信用证自其离开开证人的控制之时起视为“开立”，即尚未离开开证人控制之时，不能视为开立。

五、备用信用证的修改条款

当备用信用证明确表示其全部金额可以自动增加或减少，有效期可以自动延长时，该证的修改可以在其满足上述条件时自动生效并对各方当事人自动产生约束力，无须另行出具通知或表示同意。

当备用信用证没有自动修改的规定时，修改自其离开开证人控制时起即对开证人有约束力；或者自其离开保兑人控制时起对保兑人产生约束力，保兑人声明不对该修改加具保兑时除外。

当备用信用证没有自动修改的规定时，受益人必须通知其接受该修改后方受其约束，并且接受修改的通知必须以快捷的方式向通知该修改的人发出，除非受益人所提交的单据与修改后的备用信用证相符，且与修改前的备用信用证条款不符。对于申请人而言，一份修改无须申请人的同意即可约束开证人、保兑人或受益人。

部分接受修改视为不接受整个修改。

若开证人使用另一人通知备用信用证，必须向该人通知所有修改；备用信用证的修改或撤销，或者自动展期(更新)的备用信用证因故未展期，均不影响开证人对指定人承担的义务。

六、交单条款

1. 提示

提示是指交付备用信用证项下的单据以备审核的行为。交单人提交该备用信用证项下要求的单据即构成了提示，或称为构成了交单。

2. 交单要求

交单人在交单时，可通过注明备用信用证完整号码和开证人名称、地址或附上正本或副本备用信用证。为防止出错，交单人在交单面函上最好声明系某地某开证人开立备用信用证项下的单据，在说明开证人的地址时，不能只注明城市，必须是完整详细的地址。

3. 交单地点

(1) 单据必须在备用信用证标明的或ISP98规定的地点提交，以确保相符。

(2) 如果备用信用证未规定向开证人交单的地点，单据必须在备用信用证开出的营业地向开证人提交。

(3) 如果备用信用证已经被保兑，但保兑时未规定交单地点，单据须在保兑人进行保兑的营业地提交或向开证人提交。

(4) 如果未规定交单地点的具体地址(如单元、楼层、房间驻地、邮站、邮政信箱或其他地址)，可以把单据提交至备用信用证上显示的邮政地址或接收邮件的具体地址，或者在交单地点被授权接受提示的人。

4. 交单时间

备用信用证应该规定交单的到期日。在开立备用信用证后、到期日之前做出的交单，均为准时交单。ISP98规定的到期日是指营业日。

如果备用信用证规定的最后交单日，是交单地开证人或被指定人的非营业日，则最后交单日顺延到其后的第一个营业日。如果在交单的最后营业日，备用信用证规定的交单地点休业，造成无法及时交单的，除非备用信用证另有规定，否则，最后的交单日可自动延展到交单地开门营业后30个日历日。如果因规定的交单地点营业日休业或开证人预知其将休业而授权另一合理交单地点，那么，受益人包括其指定交单人必须在该合理的交单地点交单；如果受益人在最后交单之前不到30个日历日之内收到这一授权通知，且由于该原因无法准时交单时，最后交单日也可自动延展到原最后交单日之后的30个日历日。

5. 每次交单的独立性及部分支款和多次交单规定

(1) 同笔备用信用证业务项下的不同次的交单相互间没有联系，是完全独立的，某一次交单不符并不影响下一次的正点交单，也不剥夺交单人下一次的及时重新交单的权利；反之，开证人或其指定人放弃了本次交单中的不符点并付了款，并不意味着对下一次也应放弃不符点并付款。

(2) 当备用信用证不禁止部分支款和多次交单，则交单金额可以少于可用的全部金额并提交一次以上的单据。当备用信用证规定“禁止部分支款”或做类似表示时，备用信用证只允许一次性提交单据索偿，并且所提交的单据金额必须是备用信用证的金额，即“全额交单”。

资料来源：刘晶红. 国际结算操作[M]. 北京：中国金融出版社，2012：138-140.

二、办理国际备用信用证业务

(一) 国际备用信用证的业务流程

如图4-4所示，国际备用信用证的业务流程包括以下环节。

(1) 开证申请人依据基础经济交易合同的规定，准备交易背景资料、开证申请人资信证明等申请开证材料，向开证行申请开证，并根据基础合同填写《开立备用信用证申请书》，交开证行审核。

(2) 开证行对申请人的资格、资信审查通过，并对开证申请书审核无误后，在落实付款保证的基础上，根据开证申请书内容开出备用信用证。

(3) 通知行核验备用信用证真伪后向受益人发出通知。

(4) 如果开证申请人违约，受益人按备用信用证要求向开证行提交单据，要求偿付，或向议付行交单议付。

(5) 开证行审单相符后向受益人偿付或议付行审单相符后议付。

(6) 开证行向开证申请人索偿或议付行向开证行寄单索偿。

(7) 开证申请人向开证行付款或开证行审单相符后向议付行偿付。

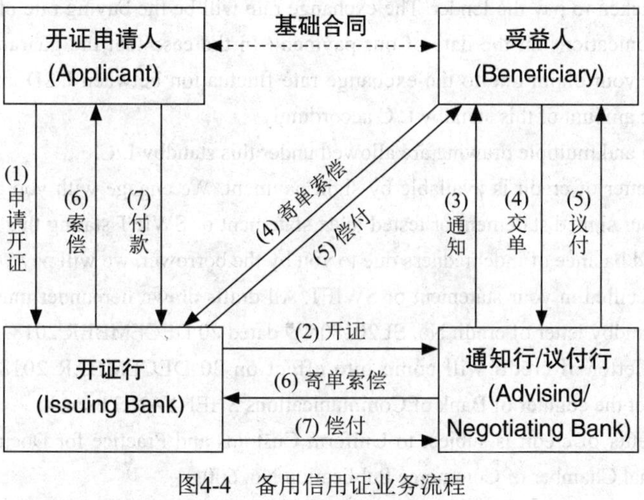

图4-4 备用信用证业务流程

(二) 开证行的业务处理

1. 受理开证申请

开证行在受理开证申请时，要对开证申请人的资格、资信和基础交易进行审查，对开证申请书进行审核，还要落实付款保证，这些业务的操作要点与受理申请开立银行保函基本相同。

2. 开立备用信用证

通过SWIFT开立备用信用证也使用MT760报文格式，无论是电开还是信开，如表4-10所示为融资备用信用证样例。备用信用证的内容主要包括：开证行、受益人、申请人等当事人的名址，开证日期，信用证金额，信用证的有效期，受益人需提交的单据，保证文句，适用的国际惯例，等等。

表4-10 融资备用信用证样例

FINANCIAL STANDBY L/C
To: Bank of Communications, SHENYANG Branch From: XYZ BANK Date: 20 DEC. 2018 Standby L/C No. SL20180579
With reference to the loan agreement No. 2019HN028 (hereinafter referred to as “the agreement”) signed between Bank of Communications, SHENYANG Branch (hereinafter referred to as “the lender”) and LIAONING ABC CO., LTD (hereinafter referred to as “the borrower”) for a principal amount of RMB SIXTEEN MILLION ONLY (RMB 16 000,000), we hereby issue our irrevocable standby letter of credit No. SL20180579 in the lender’s favor for account of the HONG KONG ABC CORPORATION which has its registered office at AS 8 FL. 2SEC. CHARACTER RD. HONG KONG for an amount up to UNITED STATES DOLLARS THREE MILLION ONLY.(USD 3 000 000,00) which covers the principal amount of the agreement plus interest accrued from aforesaid principal amount and other charges all of which the borrower has undertaken to pay the lender. The exchange rate will be the buying rate of USD/RMB quoted by Bank of Communications on the date of our payment. In the case that the guaranteed amount is not sufficient to satisfy your claim due to the exchange rate fluctuation between USD and RMB we hereby agree to increase the amount of this standby L/C accordingly.
Partial drawing and multiple drawing are allowed under this standby L/C.
This standby letter of credit is available by sight payment. We engage with you that upon receipt of your draft(s) and your signed statement or tested telex statement or SWIFT stating that the amount in USD represents the unpaid balance of indebtedness due to you by the borrower, we will pay you within 7 banking days the amount specified in your statement or SWIFT. All drafts drawn hereunder must be marked drawn under XYZ Bank standby letter of credit No. SL20180579 dated 20 DECEMBER 2018.
This standby letter of credit will come into effect on 20 DECEMBER 2018 and expire on 20 DECEMBER 2019 at the counter of Bank of Communications SHENYANG branch.
This standby letter of credit is subject to Uniform Customs and Practice for Document Credits (2007 revision) International Chamber of Commerce Publication No. 600.

3. 开证行赔付

开证申请人违约时，凭受益人提交的与备用信用证规定相符的单据进行赔付，然后向开证申请人索偿。开证行赔付的前提仍然是“单证一致、单单一致”，对单据的审核同样坚持表面相符的原则。

【知识小结】

本项目任务包括国际备用信用证业务的认知和办理两部分，系统阐述了国际备用信用证的定义、性质、种类、业务流程等内容。通过学习，要准确把握国际备用信用证业务的性质，能够完整地模拟国际备用信用证业务流程。

【考　核】

一、基础知识测试

(一) 单选题

1. 关于备用信用证与商业合同关系的正确表述是(　　)。

A. 备用信用证与商业合同没有关系

B. 备用信用证的开立以商业合同为依据

C. 备用信用证的履行要参照商业合同规定

D. 开证行在决定偿付时要兼顾备用信用证和商业合同

2. 单独适用备用信用证的国际惯例是(　　)。

A. URDG　　B. URCG

C. UCP　　D. ISP98

3. 备用信用证一般要求受益人在索赔时提交(　　)。

A. 合同　　B. 发票

C. 提单　　D. 汇票和证明申请人违约的书面文件

4. (　　)不是备用信用证的性质。

A. 单据性　　B. 强制性

C. 从属性　　D. 独立性

5. 关于银行保函和备用信用证，说法正确的是(　　)。

A. 融资作用相同　　B. 都有直开和转开

C. 都有应用广泛的特点　　D. 都有独立性和从属性

(二) 多选题

1. 备用信用证可以用于(　　)。

A. 担保付款　　B. 融资担保

C. 投标保证　　D. 支取现金

E. 履约担保

2. 备用信用证可能涉及的当事人有(　　)。

A. 开证行　　B. 开证申请人

C. 受益人　　D. 通知行

E. 代收行

3. 备用信用证的特点包括(　　)。

A. 独立性　　B. 强制性

C. 不可撤销性　　D. 单据性

E. 应用广泛性

4. 备用信用证适用的国际惯例有(　　)。

A. UCP　　B. URC

C. URDG　　D. ISP98

E. URCG

5. 开立备用信用证之前，开证行要审查(　　)。

A. 申请人的资信状况　　B. 申请人的经营范围

C. 基础交易　　D. 申请人的政治背景

E. 提交单据的有效性

(三) 判断题

1. 备用信用证应是不可撤销的信用证。(　　)

2. 备用信用证与跟单信用证都适用UCP。(　　)

3. 备用信用证是形式上的信用证、实质上的银行保函。(　　)

4. 备用信用证的开证行也遵循单证一致的原则。(　　)

5. 备用信用证起源于英国，因法律不许可银行开立保函，故银行采用备用信用证代替保函。(　　)

二、技能测试

(一) 完成【任务引例】提出的问题

1. 本案的结算方式是什么？

2. 备用信用证的种类有哪些？

3. 备用信用证的基本当事人有哪些？

4. 画图解释说明此笔备用信用证如何办理。

(二) 解读表4-11备用信用证样例，完成两个任务

表4-11　备用信用证样例

IRREVOCABLE STANDBY LETTER OF CREDIT

To: Laurance Co. , 75, Elisabeth Street, Hong Kong
From: Standard Bank, London
Advising Bank: Bank of China, Hong Kong Branch
Date of issue: 10th March, 2019
We hereby issue our irrevocable standby letter of credit No. 17623 by order of Robinson Ltd., London for an amount of GBP 200000.00 which expires at our counters on 10th Oct., 2019.
This credit is available by payment against presentation to us of the following documents:
i. Your draft drawn on us at sight for the amount of your claim.
ii. Your certificate stating that you have made shipment of the required goods and have supplied the required documents to Robinson Ltd. and have not been paid within 30 days of the invoice date.
iii.Copy of commercial invoice.
Partial drawings are allowed.
All charges under this standby letter of credit are for account of the beneficiary.
This standby letter of credit is subject to the International Standby Practices, ICC. No. 590

1. 填写备用信用证解读表(见表4-12)

表4-12　备用信用证解读表

项　　目	内　　容
备用信用证种类	
备用信用证号码	
开立日期	
备用信用证的有效期及有效地	
开证行	
开证申请人	
受益人	
保证金额	
单据条款	
适用的国际惯例	

2. 开立备用信用证项下的汇票

知识拓展

备用信用证与跟单信用证的异同

1. 备用信用证与跟单信用证的相同点
(1) 都属于银行信用。

(2) 都独立于基础合同。

(3) 都以提交规定的单据作为付款条件。

2. 备用信用证与跟单信用证的不同点

(1) 应用范围不同。跟单信用证多用于贸易货款的结算，范围相对狭窄；备用信用证则可应用于各类国际经济交易，除了国际贸易，还可应用于国际融资、国际租赁、国际工程承包、技术转让等。

(2) 作用不同。跟单信用证作为一种结算方式，开证行的付款是业务基本环节，它将由开证申请人履行的付款责任转为由开证行来履行，即以银行信用代替商业信用；备用信用证属于担保范畴，以银行信用保证开证申请人履行基础合同项下的义务，开证行的付款只在申请人违约时才履行，申请人履约则无须付款。

(3) 单据要求不同。跟单信用证要求受益人提交与信用证规定相符的全套单据，以之证明自己已履约；备用信用证一般要求提交汇票和证明开证申请违约的书面文件。

(4) 开证申请人不同。跟单信用证的开证申请人一般为进口方；而备用信用证的开证申请人可以是签订基础合同的任何一方，只要一方对另一方的履约有疑虑，就可以让对方出具备用信用证，以保证履约。

项目综合实训

业务操作

一、填写保函

2019年7月25日，一家美国公司向我国大连造船厂订购液化天然气船(Liquified Natural Gas Carrier，LNG)。由于船舶建造合同金额大，我船厂很难以自有资金完成船舶建造，需要美国公司按照船舶建造节点向船厂支付预付款。然而，美国公司担心船厂在收到预付款后挪作他用或不能按照合同要求交付船只，要求我船厂提供其认可的担保。于是船厂找到当地建设银行，为其向美国公司出具了预付款保函，中国建设银行大连分行接受船厂申请，为其开立了号码为B64824的预付款保函，有效期至2020年1月20日。请根据以下信息，填写表4-13预付款保函。

1. 卖方信息

名称：大连造船厂(Dalian Shipbuilding Industry Co. Ltd.)

地址：大连兴华路102号(102 XingHua Road, Dalian)

开户银行：中国建设银行大连分行

账号：36799337789

2. 买方信息

名称：The DEF Group, Inc.

地址：432 Kennedy Street, New York

3. 交易信息

合同号码：654321

预付款金额：USD350 000.00

表4-13　预付款保函

ADVANCE PAYMENT GUARANTEE

GUARANTEE NO.

DATE OF ISSUE:

PRINCIPAL:

BENEFICIARY:

GUARANTOR:

GUARANTOR ADDRESS:

We (the guarantor) have been informed that__________, (hereinafter called "the principal"),has entered into contract No.__________dated on__________with you for the supply of____________________.
(请填写货物或服务描述)

Furthermore, we understand that, according to the conditions of the contract, an advance payment in the sum of____________________is to be made against an advance payment guarantee.

At the request of the principal, we hereby irrevocably undertake to pay you an amount not exceeding in total of__________(say:__________) after receipt by us of your first demand in writing stating:

(1) the number and date of our guarantee under which your claim is made and__________.

(2) the amount you claim and__________.

(3) that the principal is in breach of his obligation(s) under the contract conditions; and__________.

(4) the respect in which the principal is in breach; and____________________.

(5) that you have fulfilled your obligation(s) in accordance with the contract and thus the principal can neither ascribe the breach of his own obligations to the beneficiary nor exempt himself from the obligations thereof.

For the purpose of identification your written statement must be duly signed and presented through your local bank and your signature(s) on the demand in writing must be verified and authenticated by the presenting bank which must confirm to this effect through authenticated SWIFT (or tested telex) message to us.

(续表)

This letter of guarantee shall become effective as from the date when the principal is in receipt from the beneficiary of the advance payment referred to above on his account No.___________with us. The guarantee amount shall be automatically reduced by___________percent of the invoice value of each shipment upon each shipment of the goods. The shipment of the goods is evidenced by presentation to us by the principal of copy (copies) of the corresponding invoice and the bill of lading which shall be accepted as conclusive evidence that our liability under this guarantee has been reduced. (贸易项下分批出货的预付款保函担保总金额通常根据出运发票金额乘以预付款比例递减。预付款比例等于预付款金额除以合同总金额。如为一次性出货，则应删除本款) This guarantee shall expire on______________________or upon shipment of the goods whichever is earlier. The shipment of the goods is evidenced by presentation by the principal to us of copy (copies) of the corresponding invoice and the bill of lading which shall be accepted as conclusive evidence that our guarantee has expired. Any demand for payment and documents required under this guarantee must be received by us before its expiry at our address stated above, upon expiry, please return the original guarantee to us. But this guarantee will become null and void upon expiry whether the original guarantee is returned to us or not. This guarantee is not negotiable or transferable or assignable nor can it be used as collateral without the written permission of the guarantor.

二、根据保函样例解读保函

保函样例如表4-14所示。

表4-14 保函样例

TENDER GUARANTEE GUARANTEE NO. DEF- 654321 DATE OF ISSUE: 15 May, 2019 PRINCIPAL: Ace Technical Import Co. Shenyang，China BENEFICIARY: TDE Co., New York GUARANTOR: CHINA CONSTRUCTION BANK CORPORATION SHENYANG BRANCH GUARANTOR ADDRESS: No.190 Xing Guan Street , Shenyang We (guarantor) have been informed that Ace Technical Import Co., (hereinafter referred to as “the principal”)，responding to your invitation to tender No. Itt 96695 Dated on 10 Mar., 2019 for the supply of Microscopes, Photographic Equipment. (请填写货物或服务描述)has submitted to you his offer No. OFE 556966 DATED 6 Apr., 2019 .

(续表)

Furthermore, we understand that, according to your conditions, offers must be supported by a tender guarantee. At the request of the principal, we hereby irrevocably undertake to pay you an amount not exceeding in total of USD 625,000.00 (Say: Six Hundred and Twenty-Five Thousand United States Dollars Only.)after receipt by us of your first demand in writing stating: (1) the number and date of our guarantee under which your claim is made; and______________. (2) the amount you claim; and________. (3) that the principal is in breach of his obligation(s) under the tender conditions; and____________. (4) the respect in which the principal is in breach; and________. (5) that you have fulfilled your obligation(s) in accordance with the contract and thus the principal can neither ascribe the breach of his own obligations to the beneficiary nor exempt himself from the obligations thereof. For the purpose of identification your written statement must be duly signed and presented through your local bank and your signature(s) on the demand in writing must be verified and authenticated by the presenting bank which must confirm to this effect through authenticated SWIFT (or tested telex) message to us. This guarantee shall expire on 31 Jan., 2020, IN CHINA At the latest, any demand for payment and documents required under this guarantee must be received by us on or before that date at our address stated above. Upon expiry, please return the original guarantee to us. But this guarantee will become null and void upon expiry whether the original guarantee is returned to us or not. This guarantee is not negotiable or transferable or assignable nor can it be used as collateral without the written permission of the guarantor. Multiple drawings are not allowed. CHINA CONSTRUCTION BANK CORPORATION SHENYANG BRANCH Signature

填写保函解读表，如表4-15所示。

表4-15　保函解读表

项　目	内　容
保函种类	
保函号码	
开立日期	
保函的有效期及有效地	
担保行	
委托人	

(续表)

项　目	内　容
受益人	
保函金额	
基础合同内容	
担保条款	

三、填写MT760报文

江苏金鑫贸易有限公司(JX Trading Company Ltd.)与印尼PT. Kondo International(HGE Building, JI AM No.15, Jakarta, Indonesia TEL.： 62-24-6500251；FAX：62-24-6500718)签订进口煤炭合同(No. 21DSG-019)，总金额为200万美元，支付条款规定：买方银行开立以卖方银行为受益人的200万美元的付款保证备用信用证，其格式由卖方提供。合同签订后，中方公司收到PT. Kondo International发来的备用信用证格式，如表4-16所示。

表4-16　备用信用证格式

IRREVOCABLE STANDBY LETTER OF CREDIT

To: DBS Bank

Address: 6 Shenton Way, DBS Building Tower One, Singapore 068809

Bank Tel. No. : +65 6327 2265, Bank Fax No. : +65 6327 2264

Swift Code: DBSSSGSG

IRREVOCABLE STANDBY LETTER OF CREDIT NO.6523447

1. At the request of JX TRADING COMPANY LTD. ("the Borrower") and in consideration of you, DBS Bank granting banking facilities to the Borrower, we, China Construction Bank Nanjing Branch hereby issue an Irrevocable Standby Letter of Credit No. 6523447 in your favor, up to the amount of USD2,000,000.00

2. Funds under this Letter of Credit are available against presentation of the following documents:

- Your sight draft(s) drawn on us marked "Drawn under China Construction Bank Nanjing Branch Letter of Credit No. 6523447 dated Oct. 12, 2018.
- Your signed statement certifying that the Borrower has failed to pay you their indebtedness, and that the amount drawn hereunder covers only the amount due and owing to you by the Borrower, and this shall be conclusive evidence as between us of the same.

3. All payments which fall to be made by us hereunder shall be made by us free of any set-off or counterclaim and free and clear of and without deduction or withholding for or on account of any present or future taxes of whatsoever nature.

4. This Letter of Credit is valid from Oct. 12, 2018 to Oct. 13, 2019 ("the Expiry Date") and claims, if any, must be received by us on or before the Expiry Date after which this Letter of Credit will expire automatically and be rendered null and void.

5. We hereby agree with you that drawing under and in compliance with the terms of this Letter of Credit will be honored if presented to us on or before the Expiry Date.

6. Our obligation under this Letter of Credit is our individual obligation and is no way contingent upon reimbursement with respect thereto, or upon our ability to perfect lien or security interest.

7. This Letter of Credit is non-transferable.

8. This Letter of Credit is issued subject to the Uniform Customs and Practice for Documentary Credits (2007 Revision) ICC Publication No. 600.

请按表4-13的内容填写如表4-17所示的MT760报文。

表4-17　MT760报文

FM: Date: Send to:	
27:	
20:	
23:	
30:	
40C:	
77C:	

思考题

1. 担保行在开具保函前应做好哪些审查和审核工作？
2. 担保行在开具保函时要注意什么？
3. 银行保函与跟单信用证有哪些异同？
4. 银行保函与备用信用证有哪些异同？
5. 备用信用证与跟单信用证有哪些异同？

案例分析

案例一：甲银行于2017年4月为乙公司2000万港币借款出具保函，受益人为丙银行，期限为9个月，利率12%。由于乙公司投资房地产失误，导致公司负债累累，在还款期满后未能依约归还丙银行贷款。

2018年3月，丙银行向当地人民法院起诉乙公司和甲银行，要求归还贷款本金及利息。当地人民法院裁定如下：

1. 乙公司在4月30日之前将其债权1100万港币收回用于偿还丙银行，余款在12月底还清；

2. 如乙公司不能履行，由甲银行承担代偿责任。

2018年5月底，乙公司只归还了600万港币，仍欠本金1400万港币及相应利息未归还。鉴于此，当地人民法院执行庭多次上门要求甲银行履行担保责任，否则将采取强制措施，查封甲银行资产。而该笔担保的反担保单位丁酒店，只剩下一个空壳公司存在，难以履行反担保责任。

为维护银行声誉，经上级行批准后甲银行付丙银行本金1400万港币及相应利息。

请分析：什么是借款保函？在办理借款保函时应如何防范风险？

案例二：某银行开出不可撤销的备用信用证，经A银行加保兑并通知受益人。该证要求：

1. 提供一份违约证书，声明"根据我公司与Y公司2019年2月1日签订的第18号合同，我公司在3月2日装运1000桶原油。按照上述合同条款要求，我们从装船日起已等待Y方付款达120天，Y方未付应付款。因此Y方已违约，应在备用信用证项下向我方支付65万美元"。

2. 商业发票副本一份，注明装运商品的细目。

3. 运输单据副本一份，证明货物已装运及注明装运日期。

受益人按合约发了货，在发货后的120天，由于未收到Y方支付的款项，受益人缮制了备用信用证所要求的文件和单据，提交给保兑行A。

保兑行A审核了违约证书、商业发票副本和运输单据副本，认为单证相符，即向受益人付了款，并以快邮方式向开证行寄单索偿。

开证行以单证不符为由拒绝付款，不符点为：晚提示。根据UCP600第14条c款，单据不得迟于装船后21天提示，而货物早已于3月2日装运，单据迟至7月6日才提示。

A行对此拒付不同意，复电如下："来电拒付无理。UCP600第14条c款适用于商业跟单信用证，而非备用信用证。后者是为担保你客户履约而立的。只要已证明你客户违反与受益人之间的商业合同条款，即为有效。此外，为了履行商业合同，受益人必须在发货后等待120天，以便你客户付款。如后者违约不付，则受益人将使用备用信用证取得该证项下的付款。"

请分析：

1. 本案涉及哪种备用信用证？

2. 保兑行的解释是否正确？如果保兑行不能得到开证行的偿付，保兑行能否向受益人行使追索权？

3. 本案例带来的启示是什么？

项目五 国际保理业务操作

能力目标

✧ 能够以出口商的身份填写出口保理申请书；
✧ 能够以出口保理商的身份向出口商提供各种保理服务；
✧ 能够运用国际保理知识分析典型案例。

知识目标

✧ 知道FCI；
✧ 了解EDI系统；
✧ 理解国际保理的利弊；
✧ 掌握国际保理的定义和服务项目；
✧ 掌握国际保理业务的操作流程。

素质目标

✧ 向客户讲清国际保理业务的利弊，具有良好的沟通能力和金融服务意识；
✧ 认真填写和审核出口保理业务申请书，具有严谨、稳健的工作作风。

项目导入

2019年6月8日，我国苏州真帛服装公司欲向英国King Fashion Ltd. 出口真丝服装，英国公司提出采用O/A付款方式，我方希望达成此笔交易，但是既面临资金压力，又担心未来的收汇风险，怎么办呢？

我国厨具行业的龙头企业——浙江苏泊尔厨具有限公司在拓展其海外市场时也遇到过同样的问题。他们的解决办法是大胆地向进口商提供赊销便利，同时向银行申请办理出口保理业务。苏泊尔企业的代表曾坦言：国际保理业务为企业打开海外市场扫除了障碍。

什么是国际保理？国际保理业务究竟包括哪些金融服务？通过本项目的学习，将理解国际保理业务的利弊，掌握国际保理业务的服务项目，把握办理国际保理业务的操作流程。

关键词

国际保理　FCI　EDI　出口保理业务申请书

知识结构图

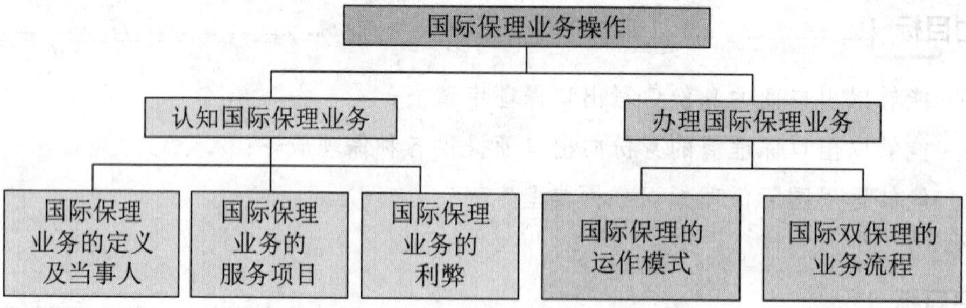

任务一　认知国际保理业务

任务引例

引例一： 浙江某进出口公司欲向韩国出口女士睡衣，买方提出采用后T/T方式结算，因为对进口商知之甚少，出口商向中国银行浙江分行申请办理国际保理业务，不久收到韩国Industrial Bank of Korea的答复，称此进口商资信不佳，不能批准信用额度。中国银行浙江分行于是劝告出口商取消交易。但是，由于货物库存量较大，加之听信韩商的花言巧语，出口公司并没有听取劝告，而是发了20万美元的货物。结果货到目的港就被提走，进口商却杳无音信。

引例二： 山东A公司向马来西亚B公司出口机械设备，以前双方曾有过贸易往来，债务人有拖延付款的习惯。为转嫁风险，山东公司向当地中国银行申请办理国际保理业务，中国银行通过马来西亚银行对进口商进行信用额度的核定。马来西亚银行答复此公司规模很小，无法批出额度。由于山东公司此前在类似业务中受过损失，对银行的反馈信息十分重视，取消了发货。半年后，B公司破产倒闭。

操作任务： 总结经验教训，运用国际保理知识对案例进行全面分析。

学习任务

一、国际保理业务的定义及当事人

1. 国际保理业务的定义

国际保理(International Factoring)是指在国际贸易中出口商以赊销、承兑交单等信用方式向进口商销售非资本性货物时，由保理商买进出口商的应收账款债权，并提供一项集出口贸易融资、销售账务处理、收取应收账款、信用控制、坏账担保等内容于一体的综合性金融服务。在我国，也将这一业务称为保付代理、承购应收账款等。出口商可以根据本公司的实际情况，要求保理商提供该项业务的全部服务项目或部分服务项目。

国际保理业务的发展基于国际贸易已成为买方市场，出口商为了争得买主，必须在产品价格和付款条件等方面做出让步。就付款条件而言，由于赊销(O/A)和承兑交单(D/A)方式无须占用进口商资金，倍受进口商欢迎，但这两种方式给出口商带来了较大的收汇风险和资金压力，国际保理业务可以为出口商规避风险，缓解资金压力，也因此得以发展。

在我国，国际保理业务的发展虽然还存在法律体系不完善、专业人才缺乏等障碍，但仍有较大的市场发展空间。因为我国的出口商品以纺织品、鞋类、电子产品为主，出口商分期分批交货，收款期一般在90～120天，在国际保理业务的常规融资期限以内，因此，国际保理业务比较适用于我国外贸业务特点。而且，我国存在大量的成长型中小加工企业，它们面临融资难、融资贵和风险高的问题，发展国际保理业务将有助于开拓中小企业的融资新渠道，推动我国对外贸易的发展。

2. 国际保理业务的当事人

国际保理业务主要有以下4个当事人。

(1) 出口商/销售商(Exporter/Seller)，即国际贸易中的出口商，提供货物或劳务的当事人，该当事人出具发票，其应收账款由出口保理商负责保付。

(2) 进口商/买方(Importer/Buyer)，即交易中的债务人，该当事人对提供货物或劳务所产生的应收账款负有付款责任。

(3) 出口保理商(Export Factor)，即根据保理协议对销售商的应收账款办理保理业务的当事人，其通常在出口商所在地。在国际单保理业务中，无此当事人。

(4) 进口保理商(Import Factor)，即同意按照保理协议为出口保理商代收应收账款，并承担信用风险，负责支付应收账款的当事人。

知识链接

FCI

FCI是国际保理商联合会(Factors Chain International)的英文简称，成立于1968年，总部设在荷兰的阿姆斯特丹，是一个由各国保理公司参与的开放性的跨国民间会员组织。国际保理商联合会允许一国的多家保理公司加入该组织。中国银行在我国率先推出国际保理业务，并于1993年加入了FCI。目前，中国银行与FCI会员间的业务往来完全通过FCI开发的保理电子数据交换系统(EDI Factoring)进行，实现了无纸化，提高了业务效率，降低了业务风险。根据FCI发布的《2019全球保理年鉴》显示，2018年，全球保理业务总量达到27 670.67亿欧元，较2017年增长约6.5%；中国保理业务量继续保持世界第一，达4115.37亿欧元，同比增长1.4%。

国际保理商联合会的宗旨是促进保理业务在全球范围内的竞争与发展，为会员提供国际保理业务的统一标准、规章制度以及人员的业务培训，并负责会员间的组织协调，以提高保理业务的服务水准，其运行机制如下所述。

1. 提供开展国际保理业务的法则和标准

(1) 国际保理业务通用规则(General Rules for International Factoring)是当前国际保理业务普遍遵循的法律规则，尤其是在国际保理商联合会的会员之间，必须严格遵循这一规则。

(2) 仲裁规则(Rules of Arbitration)。当会员在保理业务运作中出现矛盾、争端时，FCI提供解决依据。

(3) 保理业务电脑和电讯往来系统(Factoring Aided by Computers and Telecommunication System，FACT)。该系统完全实现了保理商之间的快速通信；为保理商处理账务，并自动生成账务报表；为保理商提供保理业务往来手册(简称IFAC)。

2. 统一为FCI会员公司提供业务资信服务

3. 扩大国际保理商的业务代理网络

FCI会员公司大多是资金雄厚、营业规模很大的大型金融机构。这些公司加盟国际保理商联合会后，在联合会的协调下，相互委托业务，相互提供信息资料，为保理业务的扩张开辟了新的空间。随着国际贸易规模的进一步发展，国际保理商联合会业务代理网络也将随之不断扩大，使跨国贸易业务更加便利、快捷，从而有力地推动了世界经济的快速发展。

资料来源：根据搜狗百科和搜狐2019年6月14日发布的信息加以整理。

二、国际保理业务的服务项目

国际保理业务包括以下服务项目。

(一) 信用控制与坏账担保

由于保理商代出口商对进口商的资信进行调查和监督，克服了信息障碍，为出口商决定是否向进口商提供商业信用以扩大商品销售，提供了准确的依据和信息数据。出口商与保理商签订保理协议后，进口保理商要对进口商进行资信调查和评估，并根据出口商的要求定期核准进口商的信用额度，出口商在信用额度内的销售债权称为已核准应收账款，超过信用额度的销售债权称为未核准应收账款。保理商对因买方无力支付而导致的坏账，在已核准应收账款的范围内承担100%的赔偿责任，即所谓买方信用担保，或称坏账担保。这种赔偿在付款到期后的第90天无条件进行。总之，出口商只要保证出售给保理商的是正当的、无争议的应收债权，就把可能发生的坏账风险转嫁给了保理商。

(二) 出口贸易融资

出口商发货后，如果有融资需求，可将发票副本提交给保理商，保理商无追索权地买入一定比例的应收账款，形成对出口商的贸易融资。融资比例根据进口商的资信而定，一般不超过发票金额的80%，最高可达90%。保理项下的融资既不像信用贷款那样需经过复杂的审批手续，也不像抵押贷款那样需办理抵押品的移交和过户手续，因此具有简便易行的特点，不过这种融资的期限较短，一般不超过180天。

(三) 销售账务处理

国际保理商一般均为大商业银行或其附属机构，具有在账务处理方面的各种有利条件，因而能为客户提供较好的账务处理服务。当保理商收到出口商的发票后，即在电脑中设立有关分户账，输入有关债务人、金额、支付方式、付款期限等信息，以后通过电脑进行记账、清算、计息、打印报表、账单等业务的处理。销售账务处理服务为出口商节省了经营成本。

(四) 催收应收账款

债款回收是一门技术性、法律性很强的工作，出口商由于不具备这方面的能力，往往因应收账款不能及时收回而造成资金周转不灵。国际保理商一般都设有专门的法律事务部门负责债款清收，专业的收债技术和丰富的收债经验，使他们可以为出口商提供良好的收债服务。国际保理业务实现了销售与收债的分离，使销售商从收债的困难中解脱出来，集中精力拓展销售市场。

案例阅读 “保理=无忧”？

2017年9月初，四川信通贸易公司与中国香港利成有限公司达成电视机出口意向，利成公司提出以O/A方式结算。为防范收汇风险，信通公司向当地A银行申请办理保理业务，A银行委托香港B银行对进口商利成公司进行资信调查，B银行将核准的20万美元的信用额度通知A银行，并以此额度提供坏账担保。为清理库存，2017年9月20日，信通公司与中国香港利成有限公司签订了23万美元的出口合同。12月20日，付款到期时利成公司以电视机质量有问题为由拒付。信通公司随即通过A银行向香港B银行提出索赔。香港B银行依据《国际保理业务通用规则》第二十七条C款之规定拒绝承担担保付款责任，该条款相关内容如下：……在收到争议通知后，已核准账款将被暂时视为未受核准，进口保理商不应被要求对债务人由于这种争议而拒付的款项进行付款。

香港B银行拒付是合理的。由此可见，虽然保理商在已核准的信用额度内承担100%的赔偿责任，但是出口商要保证所有出售的应收账款源自正当交易且无争议，从这个意义上讲，保理并不等于无忧。

2018年2月10日，经权威机构检测，信通公司出口的电视机并无质量问题，信通公司再次向B银行提出索赔，B银行重新接受已校准的应收账款，向信通公司赔付20万美元，而超过信用额度的3万美元则不予赔付。

三、国际保理业务的利弊

国际保理业务无论对出口商还是进口商，都简化了结算手续，对于保理商而言，虽然提供的是综合性金融服务，但手续比跟单信用证相对简单。

(一) 国际保理业务的优势

1. 给予出口商较充分的收款保障

典型的国际保理业务所采用的无追索权的应收账款转让，出口商在核准的信用额度内可以获得100%的收汇保障，同时将大部分与出口相关的信用、汇率、利率等风险都转移给保理商。如果进口商拒付货款或破产，保理商将于付款到期90天后按出口发票金额向出口商付款。

2. 较好地满足了出口商的融资需求

国际保理的核心内容就是通过收购债权的方式提供融资。在信用额度内，出口商只要按要求发货，就可以获得发票金额80%的贸易融资。这种融资一般是无追索权的，出口商等于提前实现了销售收入。

3. 保理商提供的是综合性金融服务

保理业务发展到现在，已从最初的以提供出口融资为主，扩展为与出口相关的一揽子服务，包括资信调查、催收并管理应收账款、提供顾问服务、承担坏账担保等。企业将这些复杂的事务外包给保理商，便可更加集中于核心业务，从而提高自身竞争力。

4. 提高进口商经营效率

对进口商来说，接受保理业务，以赊销方式进口货物，无须垫付资金，也不必交保证金或办理担保、抵押手续，有利于加速资金周转，提高经营效率。

(二) 国际保理业务的弊端

1. 担保的有限性

担保的有限性主要表现在两个方面：一是保理商只承担信用额度内的风险，对超过的部分不予担保；二是当贸易双方在货物质量、数量、交货期不符等方面发生纠纷时，保理商将暂时免予担保，直至纠纷得到解决。

2. 成本较高

保理业务的成本主要由两部分组成：一是手续费，包括对进口商进行资信评估的费用及账务处理费用等。费率取决于产品种类、进口国别、金额、信誉、汇价风险大小等，一般不超过发票金额的2.5%。二是利息，即从保理商提供融资到回收货款这段时间的利息。由于保理业务的费用较高，出口商会将部分或全部费用转嫁到货物价格上，进口商要考虑承受较高的货物价格。如果一笔国际贸易的利润率较低，买卖双方有可能放弃办理保理业务。

知识链接

国际保理的种类

按照不同的划分标准，国际保理的种类如表5-1所示。

表5-1　国际保理的种类

划分标准	种　类	含　义
保理商是否保留对出口商的追索权	无追索权保理，又叫非回购性保理	保理商要对债务人进行资信调查，核定信用额度，在额度内买断出口商的应收账款。但如果债务人拒付是因为存在贸易纠纷，则保理商仍可行使追索权
	有追索权保理，又叫回购性保理	保理商不对债务人核定额度，无论债务人因何拒付，保理商都有权追回对出口商的融资
是否将转让应收账款的事情告知债务人	公开型保理，又叫明保理	出口商以书面形式通知给进口商，已将应收账款债权转让给保理商，日后进口商可将货款直接付给保理商
	隐蔽型保理，又叫暗保理	出口商不通知进口商已将应收账款债权转让给保理商。日后进口商仍然付款给出口商，但如果发生拒付，保理商也有权向进口商索偿

(续表)

划分标准	种　类	含　义
保理商向出口商支付受让应收账款对价的时间	到期保理	保理商在应收账款到期时，才向出口商支付发票金额，实质上是保理商向出口商提供坏账担保和账务管理服务
	融资保理，又称为预付保理	保理商在收到出口商提交的发票及其他单据即支付给出口商一定额度的预付款，一般不会超过总额的80%
是否逐笔向出口商提供服务	逐笔保理	保理商批准的信用担保额度只能使用一次，发货后不能再次使用，如需再次发货，必须重新申请办理保理业务
	批量保理	保理商批准给出口商一个最高信用额度，在此额度内，出口商可循环使用，不必再次申请，直到保理商通知撤销此批准额度时为止

【知识小结】

本项目任务系统阐述了国际保理的定义、当事人、发展基础、服务项目、利弊等内容，掌握这些内容有助于全面认知国际保理，为办理国际保理业务奠定基础。

【考　　核】

一、基础知识测试

(一) 单选题

1. 以下各项中，除了(　　)以外，都属于保理服务的内容。

A. 贸易融资　　B. 代办账务处理

C. 资信调查　　D. 货币兑换

2. 以下各项中，(　　)不是保理融资的特点。

A. 融资比例较高　　B. 绝对没有追索权的融资

C. 融资条件低　　D. 融资手续简便

3. 为防范风险，保理商对(　　)额度提供坏账担保。

A. 未核准的信用　　B. 已核准的信用

C. 合同价款的全部　　D. 合同价款的50%

4. (　　)不是国际保理服务产生的背景。

A. 存在收汇风险　　B. 资金周转压力大

C. 卖方市场的形成　　D. 买方市场的形成

5. 对于出口商在已核准的信用额度内发货所产生的应收账款，保理商提供(　　)坏账担保。

A. 50%　　B. 75%　　C. 80%　　D. 100%

6. 如果出口商出现资金周转问题，可以向保理商申请(　　)服务。

A. 坏账担保　　B. 账务管理　　C. 贸易融资　　D. 资信调查

7. 国际保理业务中的贸易融资是出口保理商提供给(　　)的服务。

A. 出口商　　B. 托收行　　C. 进口商　　D. 进口保理商

8. 国际保理商联合会的英文缩写是(　　)。

A. FCI　　B. ICC　　C. CIF　　D. IMF

9. 出口保理商一般可向出口商提供不超过发票金额(　　)的无追索权融资。

A. 70%　　B. 80%　　C. 90%　　D. 100%

10. 国际保理业务的手续费，一般不超过发票金额的(　　)。

A. 5%　　B. 3%　　C. 2.5%　　D. 4%

(二) 多选题

1. 保理业务提供的服务包括(　　)。

A. 买方信用担保　　B. 销售分户账管理

C. 应收账款催收　　D. 出口贸易融资

E. 代办保险

2. (　　)付款条件适合申请办理国际保理业务。

A. O/A　　B. D/P　　C. D/A

D. L/G　　E. L/C

3. 关于国际保理业务，正确的说法有(　　)。

A. 适用于大型机器设备贸易　　B. 出口商可一定程度免除外汇风险

C. 适用于一般商品贸易　　D. 可加速出口商资金周转

E. 出口贸易融资的期限较短

4. 同信用证方式相比，国际保理业务的优越性在于(　　)。

A. 能够提供综合性金融服务　　B. 出口商无费用负担

C. 提高出口商竞争力　　D. 银行信用

E. 提高进口商经营效率

5. 国际保理业务对出口商有(　　)的好处。

A. 降低出口商品的成本　　B. 减少外汇风险

C. 加速资金周转　　D. 降低管理费用

E. 免除坏账之忧

(三) 判断题

1. 保理融资属于长期融资，主要适用于资本性货物贸易的融资需求。 ( )

2. 无追索权的保理融资，有助于出口商提前确认和实现销售收入，改善企业的财务状况。 ( )

3. 由于贸易纠纷而导致进口商拒付时，保理商对已经提供给出口商的融资没有追索权。 ( )

4. 保理业务是集多种功能于一体的综合性金融服务，其中通过收购出口商的债权方式为出口商提供出口贸易融资是重要的服务之一。 ( )

5. 国际保理涉及多项服务，它与信用证业务一样烦琐。 ( )

6. 国际保理服务是为出口商提供的综合性金融服务，所以对进口商没什么作用。 ( )

7. 保理业务中，出口商应保证所有出售的应收账款都源自正当交易，并且保证履行合同规定的各项义务。 ( )

8. 在国际保理业务中，如果进口商以货物质量有问题为由拒付，则担保行可以不承担担保付款的责任。 ( )

二、能力测试

1. 对【任务引例】的两个案例进行全面分析，重点阐述出口商办理国际保理业务的注意事项。

2. 全面阐述国际保理业务的利弊。

知识拓展

出口信用保险

出口信用保险(Export Credit Insurance)可保障因国外进口商的商业风险和进口国的政治风险而给本国出口商所造成的收不到货款的损失。2001年，中国出口信用保险公司成立，从此我国有了专业出口信用保险机构，出口信用保险步入快速发展的轨道。

1. 出口信用保险的保障范围

(1) 进口商商业风险：破产、拒付、拖欠等。

(2) 进口国政治风险：新法规禁止货款汇出、撤销原来的进口许可证、战争、动乱等。

2. 出口信用保险与保理的区别

(1) 保理是综合性服务，保险是单纯的保障。

(2) 保险费用较高，最高达出口金额的4%，比保理高一倍。

(3) 保险实行全部投保的原则，即要求出口商将全部销售(无论采用哪种付款方式)都投保，保理可以有选择性地进行。

(4) 保险公司承担一定比例的损失而不是全部损失，保理在信用额度内承担100%的担保。

任务二　办理国际保理业务

任务引例

2018年9月初，沈阳宏顺进出口公司(Shenyang Hongshun Imp. & Exp. Co.)欲向美国BK Trading Co. 出口圣诞节庆物品，价值50万美元。美国公司提出采用O/A付款方式，付款时间为发货后90天。沈阳宏顺进出口公司为达成此笔交易，决定接受此条件。为了缓解资金紧张的压力和防范收汇风险，9月26日，高强代表沈阳宏顺进出口公司向中国银行沈阳分行申请出口保理业务，中国银行沈阳分行职员唐华受理了此笔业务申请。

操作任务：

1. 代表高强填写出口保理业务申请书；
2. 画图解释说明此笔业务的操作流程。

学习任务

一、国际保理的运作模式

国际保理业务的运作模式有单保理和双保理两种。仅涉及进口商一方保理商的称为单保理模式；涉及买卖双方保理商的称为双保理模式。

(一) 单保理

单保理(Single Factor System)方式适用于出口商所在国没有保理商的国家和地区。在这种模式下，出口商与进口保理商签署保理分协议，再由出口商所在地的某一家银行与进口保理商签署保理总协议。在整个保理业务中，出口商所在地的这家银行对出口商不承担保理项下的任何责任，而只是起到为出口商和进口保理商传递函电以及将调拨款项转收出口商账户的作用。由此可见，在单保理业务中，出口地银行与出口商之间没有订立保理合同，所以它不是基本当事人，也就是说，这种保理模式只有出口商、进口商和进口保理商这三个基本当事人。

虽然单保理可以减轻出口商支付双重保理费用的负担，但是，由于出口商和进口保理商是分处两个国家(或地区)的不同性质的经济主体，不可避免地存在业务联系、法律和语言理解等方面的障碍，运作起来有很多不便，因此，实务中应用比例较小。

(二) 双保理

双保理(Two Factors System)是有两个保理商、两个保理协议的运作模式，即出口商与出口保理商签署保理协议，出口保理商与进口保理商也签署协议，相互委托代理业务。在这种模式下，有出口商、出口保理商、进口保理商和进口商4个基本当事人。

与单保理相比，双保理虽然增加了出口商的保理费用，但由于出口保理商和进口保理商同时具备金融机构信息覆盖广、专业性强的特点，可以有效地消除在单保理模式下存在的业务沟通、法律、语言等方面的障碍，因此，双保理更便于促进国际贸易的开展，成为被广泛运用的一种保理业务模式。本任务重点介绍双保理。

二、国际双保理的业务流程

如图5-1所示，国际双保理的业务流程如下所述。

(1) 出口保理商和进口保理商签订国际保理代理协议，明确双方的委托代理关系。

(2) 出口商和出口保理商签订如表5-2所示的出口保理业务协议，明确双方的权利义务。

(3) 出口商向出口保理商申请办理国际保理业务，填写如表5-3所示的出口保理业务申请书，并按要求提交相关资料。

(4) 出口保理商做好卖方信息登记后，通过EDI-Factoring系统向进口保理商发送信息，委托进口保理商进行买方信用额度评估。

(5) 进口保理商依据出口保理商发来的买方信用额度申请，着手对进口商的资信进行调查，并最迟在14个工作日内将核准的买方信用额度回复给出口保理商。进口保理商的调查包括进口商的财务情况，是否经常拖欠付款，是否有被诉讼的记录，进口产品的市场预测，等等。

(6) 进口保理商通过EDI-Factoring系统将核准的买方信用额度通知给出口保理商。如果进口商资信较差，进口保理商将通知出口保理商，拒绝或减少买方信用额度申请，并详细说明原因。

(7) 出口保理商将核准的买方信用额度和出口保理业务报价(手续费用和其他费用)通知给出口商。

(8) 出口商与进口商签订贸易合同，约定支付方式为O/A或D/A。

(9) 出口商发货后将正本提单和发票寄给进口商。

(10) 出口商向出口保理商提交发票等商业单据，转让应收账款债权，如需融资，则填写融资申请书。

(11) 出口保理商通过EDI-Factoring系统向进口保理商发送信息，进行应收账款的再转让。

(12) 进口保理商对应收账款进行管理，并在付款到期日向进口商索取应收账款。

(13) 进口商于到期日付款。若进口商没有及时付款，进口保理商应进行催收。在没有发生争议的情况下，如果进口商在到期日第90天仍未付款，进口保理商将代其向出口保理商付款。

(14) 进口保理商将扣除保理佣金后的余额划给出口保理商。在收妥进口商的付款后，如果进口保理商没有及时将款项付给出口保理商，则进口保理商要赔偿迟付利息，利率按伦敦同业拆放利率的两倍计算，除利息外还要支付可能发生的汇兑损失。

(15) 出口保理商扣除手续费和融资款本息后(如申请融资)，将净额支付给出口商。

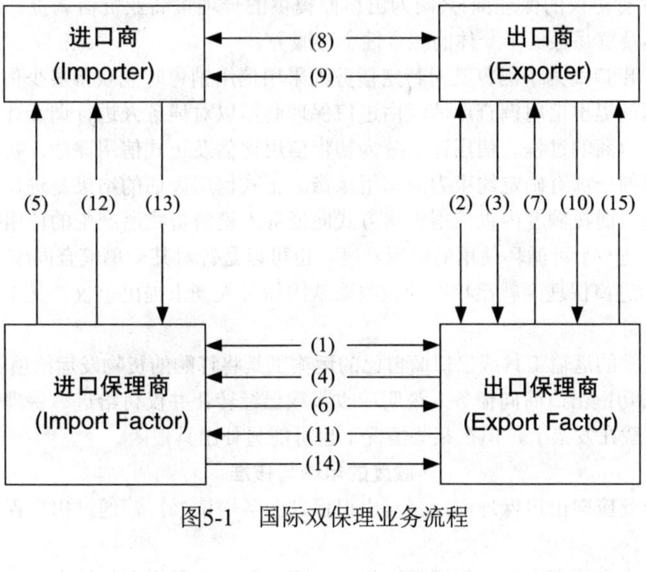

图5-1　国际双保理业务流程

表5-2 出口保理业务协议样式

出口保理业务协议

编号：

出口商：××进出口贸易公司
法定代表人：李×
注册地址：×省×市××大街××号
负责人：王××

出口保理商：××银行
注册地址：×省×市××大街××号

鉴于××进出口贸易公司(以下简称出口商)向××银行××分行(以下简称出口保理商)申请出口保理服务，为保证此项业务能按照国际保理业务的标准程序继续进行，卖方与出口保理商于××年××月××日特签署本协议。

总 则

第一条 本协议适用于出口保理商为出口商提供的出口双保理服务。

第二条 在出口双保理业务项下，出口商同意出口保理商自签署本协议之日起遵循与进口保理商签订的《国际保理业务协议》(Inter-factor Agreement)及国际保理商联合会(FCI)制定的《国际保理业务通用规则》(General Rules International Factoring，以下简称《规则》)办理相关业务。

第三条 如国际保理商联合会对《规则》进行修订，或者出口保理商与进口保理商对《国际保理业务协议》进行修改，出口保理商应将变更内容以快捷方式通知出口商，自通知发出之日起，本协议所涉及内容也相应变更。如无特殊需要，协议双方无须另行签订补充协议。

第四条 出口商保证其在此过程中尽最大努力协助出口保理商在本协议和《规则》下履行义务、享有权利。

第五条 本协议引用了某些重要的术语，这些术语的定义如下所述。

1. 出口双保理业务：出口商在采用赊销(O/A)、承兑交单(D/A)等信用方式向债务人(进口商)销售货物时，由出口保理商(在出口商所在国与出口商签有协议的保理商)和进口保理商(在债务人所在国与出口保理商签有协议的保理商)共同为出口商提供的一项集商业资信调查、应收账款催收与管理、信用风险控制及贸易融资于一体的综合性金融服务。

2. 信用评估：出口商为了测算其对特定债务人采用信用销售时能获得多少信用担保而通过出口保理商向进口保理商提出信用调查申请，由进口保理商据以对债务人进行调查评估后，将结果通过出口保理商通知出口商的过程。信用评估分为初步信用评估及正式信用评估。初步信用评估结果不构成对进口保理商的一项有确定约束力的信用承诺。正式信用评估的结果是进口保理商为债务人核定了信用额度。出口商在额度内以信用销售方式向债务人销售货物所产生的信用风险由进口保理商承担。该额度可以是一个可循环使用的信用额度，也可以是针对某一单笔合同/订单的额度。

4. 担保付款：进口保理商就已核准的应收账款因债务人既未提出争议，又未能于规定的期限内付款而自行垫款支付。

5. 发货：用通常的运输工具或出口商自己的运输工具将订购的货物发运给债务人或其指定人。

6. 转让通知文句：出口商向债务人说明应收账载已经转让并仅付给进口保理商的书面通知。转让通知文句通常记载在发票上，但在某些情况下也可能另外出具信函。

额度的申请与核准

第六条 出口商应向出口保理商提交《出口保理业务申请书》，通过出口保理商向进口保理商提出信用评估申请。

第七条 无论为出口商申请的信用额度将来是否获得进口保理商的核准，出口保理商保证在收到进口保理商有关通知后的一个工作日内通知出口商。

第八条 若申请的信用额度获得进口保理商的核准，出口商保证在基础交易合同规定的期限内按约定向进口商发运货物。

(续表)

若出口商在额度的有效期内或从额度核准之日起半年之内(以短者为限)未向进口商发货并办理保理业务，出口保理商有权按自定的收费标准向出口商收取资信调查费。

第九条 额度规定的有效期内，出口商向进口商发货所产生的应收账款超过信用额度的部分将不受进口保理商的核准，但超出额度的应收账款将补足限额内已被债务人或进口保理商偿还或贷记的金额。这些应收账款的替代将按它们付款到期日的顺序进行并始终仅限于当时已被偿还或贷记的金额。

出口商对应收账款及其转让的保证与陈述

第十条 出口商保证自收到“出口保理信用额度核准通知书”之日起将把随后产生的对债务人的所有应收账款全部转让出口保理商，再由出口保理商转让进口保理商，即使在这些应收账款仅获部分核准或根本未获核准的情况下也是如此。

第十一条 出口商保证向出口保理商提交的每笔应收账款均代表一笔在正常业务过程中产生的真实善意的货物销售，该应收账款可转让，据以向进口保理商转让的应收账款所涉及的货物销售符合凭以核准应收账款的相关信息中所述及的出口商的经营范围和付款条件。

第十二条 出口商保证无条件地享有向进口保理商转让的每笔应收账款的全部所有权，包括与该应收账款有关并可向债务人收取的利息和其他费用的权利。该笔应收账款不能用来抵销、反诉、赔偿损失、对销账目、留置或做其他扣减等，但发票上列明的出口商给予债务人的一定百分比的佣金或折扣除外。

第十三条 出口商保证对每笔发货出具的发票均附有说明，表明该发票涉及的应收账款已经转让并仅付给作为该应收账款所有人的进口保理商。

第十四条 出口商保证对已经转让给进口保理商的应收账款未经进口保理商允许，不再进行处理、转让、赠送等，也不再向债务人追索。

第十五条 出口商同意向进口保理商转让应收账款适用进口保理商所在地的法律，任何转让将采取进口保理商规定的转让通知文句和转让程序。

第十六条 出口商同意作为应收账款受让人的进口保理商对每笔应收账款均享有与出口商同等的一切权利，包括强制收款权、起诉权、留置权、停运权、对流通票据的背书权和对该应收账款的再转让权以及未收货款的出口商对可能拒收或退回的货物所拥有的所有其他权利。

第十七条 出口商同意进口保理商有权在自认为适当的时候要求出口商与自己联名采取诉讼和其他强行收款措施，并有权以出口商名义对债务人的汇票背书托收。

信用额度的变更及取消

第十八条 出口商可要求出口保理商向进口保理商申请对现行信用额度予以变更(包括增额、减额、展期)及取消。

第十九条 出口保理商保证在收到进口保理商变更信用额度的通知后1个工作日内通知出口商。对于收到的进口保理商取消信用额度的通知，则应立即以最快捷的方式通知出口商。

第二十条 出口商在收到进口保理商变更信用额度的通知前所有发货产生的应收账款是否受核准取决于变更前的信用额度；收到通知后发货所产生的应收账款，其受核准与否要受变更后的信用额度的约束。出口商在收到取消信用额度通知后发货所产生的应收账款均属不受核准之列。

单据的提交与寄送

第二十一条 出口商在发运货物后应将事先已同债务人在商务合同/订单中订明的凭以向债务人收款的全套单据(包括货运单据)按出口保理商的指示提交和寄送。

第二十二条 出口保理商可以随时要求出口商向其提交任何涉及所转让应收账款的单据和文件。

账务设立及核对

第二十三条 出口保理商有权根据自己的需要，采用自己认为适合的记账方式及时记录每笔业务的发生情况，并定期同出口商核对有关账目。

(续表)

第二十四条　出口商应建立相应账目，以便同出口保理商做好对账工作。出口商在收到出口保理商的对账单后的7天之内未提出任何异议，即可认为该对账单是准确无误的。

融资

第二十五条　出口商可凭已转让给进口保理商的受核准的应收账款向出口保理商申请融资。

第二十六条　出口保理商有权根据自己的判断确定是否批准出口商的融资申请，并确定融资的前提条件、融资数额、融资利率及融资期限。

第二十七条　出口保理商向出口商提供的融资本息原则上应在收到国外付款时扣收。

第二十八条　出现下列情况之一时，出口保理商可提前收回融资本息：

1. 在相关发票到期日后30天内收到进口保理商发来的争议通知；

2. 已超过相关发票到期日30天，但仍未收到进口保理商付款，也未收到进口保理商的争议通知。

第二十九条　对相关发票到期日后30天仍未归还的融资，出口保理商将收取逾期利息。出口保理商有权从出口商账户中主动扣款或采取其他办法强行收款，直至收回融资本息。

付款

第三十条　出口保理商应于收到进口保理商付款后的1个工作日内区分下述情况将款项做相应处理：

1. 对于已向出口商提供了融资的应收账款的付款，出口保理商有权优先用来偿付已提供给出口商的融资本息及相关保理费用，然后将余额贷记出口商的账户；

2. 对于事先未向出口商提供融资的应收账款的付款，出口保理商在扣除相关保理费用后，将余额贷记出口商的账户。

第三十一条　出口保理商在出现下列情形之一时，应有义务向进口保理商索要担保付款：

1. 在发票到期日后90天内未收到进口保理商的付款通知，亦未收到争议通知；

2. 在发票到期日后180天内收到进口保理商发来的争议通知，出口商与债务人已同意以协商方式解决争议，并在出口保理商收到争议通知后180天内出口商的权益得到了确认或部分确认；

3. 在发票到期日后180天内收到进口保理商发来的争议通知，出口商与债务人采取“诉诸法律”方式解决争议，并在出口保理商收到争议通知后3年内出口商的权益得到了确认或部分确认。

第三十二条　出口商如收到用于清偿已转让给进口保理商任何应收账款的任何现金，或支票、汇票、本票等支付工具，必须立即通知出口保理商，并将款项或支付工具转交出口保理商处理。

第三十三条　出口商在向债务人出具任何贷项清单时须事先征得出口保理商同意，并应在贷项清单上载明进口保理商提供的转让通知文句，交由出口保理商处理。

争议

第三十四条　如果债务人提出抗辩、反索或抵销(争议)，并且出口保理商于发生争议的应收账款所涉及的发票的到期日后180天内收到该争议通知，则该应收账款立即变为不受核准的应收账款，无论先前是否为已受核准的应收账款。

第三十五条　出口保理商收到进口保理商转来的争议通知时，应将已涉及有关应收账款的细节和争议的性质通知出口商。

第三十六条　如争议的提出在进口保理商担保付款之后但在发票到期日后180天内，则出口保理商有权从出口商账户中主动扣款或采用其他办法强行收回出口商已收到的担保付款款项及相关利息、费用，并将收回的款项退还进口保理商。

保理费用

第三十七条　出口保理商有权按照自行确定的收费标准向出口商收取保理费用，并可以接受进口保理商的委托代其收取保理费。

第三十八条　出口保理商收取自身保理费用和/或代进口保理商收取保理费用，原则上应在收到国外付款时逐笔扣收。

(续表)

第三十九条　出口商对已转给进口保理商但却发生争议的应收账款仍应负有支付相关保理费用的义务，即出口保理商有权从出口商账户中主动扣款或采用其他办法强行收款，以收取进出口保理商费用。

协议的生效及终止

第四十条　本协议自签署之日起生效，有效期两年。如协议双方无异议，本协议期满后将自动延展两年。

第四十一条　本协议的任何一方如要提前终止协议，必须提前15天书面通知另一方，在征得另一方同意后，本协议方可提前终止。

第四十二条　本协议的终止并不影响出口商与出口保理商对协议终止前已转让应收账款的权利和义务，双方应继续执行本协议，直至所有已转让应收账款全部被收回或被贷记为止。

协议条款的更改

第四十三条　本协议的任何一方未经另一方同意，无权单方面更改本协议的任何条款。协议的一方若要求对本协议之条款进行任何修改，应书面通知协议的另一方，在取得另一方的书面同意后，修改才被视为有效。

仲裁

第四十四条　出口商与出口保理商若在本协议的执行过程中发生纠纷，应本着友好协商的原则解决。若经双方协商仍不能解决纠纷，应提交中国国际贸易促进委员会仲裁委员会某分会仲裁。此仲裁结果为终局性的，对双方具有约束力，法律另有规定者除外。

其他事项

第四十五条　本协议的签署人必须是出口商及出口保理商双方的法定代表人，或是经法定代表人书面授权的有权签字人员。

第四十六条　出口商及出口保理商的人事组织变动不影响本协议的效力及双方在本协议下各自的权利和义务。

第四十七条　本协议一式两份，出口商与出口保理商各执一份，两份具有同等的法律效力。

××银行××分行　　　　　　××进出口贸易公司
签字盖章　　　　　　　　　签字盖章
年　月　日　　　　　　　　年　月　日

表5-3　出口保理业务申请书样式

出口保理业务申请书
FACTORING APPLICATION

致：×××银行　　　　　　　保理业务编号Reference
To: ××× Bank　　　　　　　No. REF

我司兹申请以下出口保理服务
(We hereby apply for export factoring service as below, with the choice marked with ×)

双保理服务要求(Two-factor Service Required)			
□ 无追索权 Non-recourse	□ 仅需保理商催收 Collection Only	□ 有追索权 Recourse	□ 需要融资 Financing
单保理 Single-Factor Service	□ 有追索权单保理(发票贴现) Invoice Discounting		

(续表)

现提供以下真实资料，以便贵行通过进口保理商评定买方的信用额度。
The true information is provided for assessing the buyer's credit through your import factor.
(一) 出口商资料(Seller's Information)

保理商给卖方编号Seller Number：

1. 公司名称(中文)： 负责人(Chairman)：
英文(Business Name)：
2. 地址(中文)：
英文地址(Address)：
邮政编码(ZIP)：
3. 开户银行(Bank)： 账号(A/C)：
4. 行业分类(Industry)：
出口产品或服务的中英文名(Products or Services)：
5. 付款期限(Net Payment Terms)：O/A____days from☐shipment date ☐invoice date
others：____.
如已约定宽限期，请填写(Grace Period，if any)：____
若提前若干天支付，允许买方折扣率Discount days____and discount PCT____%
6. 发票币种(Invoice Currency)：
7. 预计出口年销售额(Expected Total Seller Turnover)：
8. 预计进口国购货买家数(Expected No. of Buyers in the Import Country)：
9. 预计对进口国发票总张数(Estimated Number of Invoices)：
10. 预计对进口国的年赊销额(Expected Open Account Turnover)：
11. 预计其他方式出口年销售额(Expected Other Turnover)：
12. 与申请额度的买方的年交易额(Expected Annual Turnover)：
13. 其他出口保理商(Other Factors)：
14. 通常价格条款(General Terms of Delivery)：☐ FOB ☐ CFR ☐ CIF

(二) 买方信用额度评估申请(Credit Assessment Request)

保理商给买方编号Buyer Number：

1. Buyer Company Registration No. or VAT NUMBER：
2. 名称(Name)：
地址(Street and Number PO Box)：
城市(City)： 省/州(Province/State)： 邮编(Postcode)：
国家(Country)：
3. [×]允许进口保理商与进口商直接联系(Buyer Contact Allowed)
联络人(Contact Name)： 电话(Tel. No.)：
传真(Fax No.)： E-mail：
4. 往来银行账号(A/C No.)：
银行名称(Name of Bank)：
分行(Name of Branch)：
往来保理商(Factors)：
5. 申请额度(Amount of Credit Assessment Request)：
6. 额度启用时间(Valid From Date)：

(续表)

7. 合同/订单号码(Sales Contract/Order Number)： 8. 最迟发货日期(Latest Shipment Date)： 9. □本公司在进口国没有代理商(We have no any agent in buyer's country) □本公司在进口国有以下代理商(We have the agent in buyer's country as below)： 名称(Name)： 地址(Address)： 联络人(Contact Name)：　　　　电话(Tel. No.)
公司联系人Contact：　　电话Tel.：　　传真Fax：　　E-mail：
银行要求：填妥后请交正本，并将电子版发送至:________@　　.COM
公司签章(Signature & Stamp) 日期(Date)：

【知识小结】

本项目任务重点学习了国际双保理的业务流程。在国际双保理运作模式下，出口保理商受理出口商办理出口保理业务申请，然后通过进口保理商对买方进行信用额度评估，在核准的额度内提供国际保理服务。国际双保理运作模式克服了单保理运作模式下沟通、法律、语言等方面的障碍，成为被广泛运用的一种保理业务模式。

【考　　核】

一、基础知识测试

(一) 单选题

1. 在国际保理业务中，出口保理商和进口保理商之间一般通过(　　)系统来传递信息。

A. SWIFT　　B. CHIPS　　C. EDI-Factoring　　D. CHAPS

2. 在国际保理业务中，(　　)进行买方信用额度评估。

A. 出口商　　B. 出口保理商

C. 国际保理商联合会　　D. 进口保理商

3. 出口保理商向进口保理商申请进行买方信用额度评估，进口保理商最迟在(　　)个工作日内回复出口保理商。

A. 5　　B. 14　　C. 1. 5　　D. 7

4. 在国际单保理业务中，没有(　　)。

A. 出口商　　B. 出口保理商　　C. 进口商　　D. 进口保理商

(二) 多选题

1. 按照运作模式不同，国际保理业务可划分为(　　)。

A. 非融资保理　　B. 双保理　　C. 单保理

D. 融资保理　　E. 到期保理

2. 国际双保理的基本当事人有(　　)。

A. 出口商　　B. 进口商　　C. 出口保理商

D. 进口保理商　　E. 承运人

3. 进口保理商为了核定买方信用额度，要对(　　)进行调查。

A. 进口商的财务状况　　B. 进口产品的市场行情

C. 进口商的付款记录　　D. 进口商的诉讼记录

E. 出口商的资信

(三) 判断题

1. 出口商在买方信用额度内发货后，须将发票和运输单据正本直接交给保理商。(　　)

2. 单保理可以减轻出口商支付双重保理费用的负担，因此应用比较广泛。(　　)

3. 在买卖双方对贸易合同的履行没有争议的情况下，进口商如果拒付，进口保理商应于付款到期日后的第30天做担保付款。(　　)

4. FCI是国际保理商联合会。(　　)

二、技能测试

完成【任务引例】的操作任务。

1. 根据销售合同(见表5-4)和补充信息填写出口保理业务申请书(见表5-5)。

表5-4　销售合同

SALES CONTRACT

NO. GB20181015

DATE: Oct. 5，2018

THE SELLER: SHENYANG HONGSHUN IMPORT & EXPORT CO., LTD.
NO. 1666 XUYANG ROAD, SHENYANG, CHINA

THE BUYER: BK TRADING CO., 844 AVENUE OF AMERICA, RM #307 (6TH AVENUE), NEW YORK, N.Y.

This Contract is made by and between the Buyer and the Seller, whereby the Buyer agrees to buy and the Seller agrees to sell the under mentioned commodity according to the terms and conditions stipulated below:

Commodity & Specification	Quantity	Unit Price	Amount
Holiday gifts and decoration	5000 pcs	USD 20.00/pc CIF NEW YORK	CIF NEW YORK USD 100,000.00

(续表)

Total Amount: SAY U.S. DOLLARS ONE HUNDRED THOUSAND ONLY.
Packing: Packed in 50 pairs/carton Port of loading and destination: From Dalian, China to New York, U.S.A. Terms of Payment: O/A 90 days from shipment date. THE SELLER: SHENYANG HONGSHUN IMPORT & EXPORT CO., LTD. 金然 THE BUYER: BK TRADING CO. John

【补充信息】

(1) 沈阳宏顺进出口公司。邮编：110000；开户行，账号：中国银行沈阳分行，236785511236969；负责人：李利。

(2) 美国BK公司。邮编：10081；联络人：DOV FRIDMAN；电话：001 212 2521047；传真：001 212 2521017；E-mail：XTREMEIG@AOL.COM。

(3) 往来银行名称：CITIBANK N.Y.

分行：CITI PRIVATE EQUITY

(4) 保理服务：无追索权；融资。

表5-5　出口保理业务申请书

出口保理业务申请书
FACTORING APPLICATION

致：__________银行　　　　保理业务编号Reference

To:__________Bank　　　　No. REF

我司兹申请以下出口保理服务

(We hereby apply for export factoring service as below，with the choice marked with ×)

双保理服务要求(Two-Factor Service Required)			
□ 无追索权 Non-recourse	□ 仅需保理商催收 Collection Only	□ 有追索权 Recourse	□ 需要融资 Financing
单保理 Single-Factor Service	□ 有追索权单保理(发票贴现)Invoice Discounting		

现提供以下真实资料，以便贵行通过进口保理商评定买方的信用额度。

The true information is provided for assessing the buyer's credit through your import factor.

(一) 出口商资料(Seller's Information)

保理商给卖方编号Seller Number:
1. 公司名称(中文):　　　　负责人(Chairman): 英文(Business Name):

(续表)

2. 地址(中文)：
英文地址(Address)：
邮政编码(ZIP)：
3. 开户银行(Bank)：　　　　　　　　　　　账号(A/C)：
4. 行业分类(Industry)：
出口产品或服务的中英文名(Products or Services)：
5. 付款期限(Net Payment Terms)：O/A____days from□shipment date □invoice date
   others：____.
   如已约定宽限期，请填写(Grace Period，if any)：____
若提前若干天支付，允许买方折扣率Discount days____and discount PCT____%
6. 发票币种(Invoice Currency)：
7. 预计出口年销售额(Expected Total Seller Turnover)：
8. 预计进口国购货买家数(Expected No. of Buyers in the Import Country)：
9. 预计对进口国发票总张数(Estimated Number of Invoices)：
10. 预计对进口国的年赊销额(Expected Open Account Turnover)：
11. 预计其他方式出口年销售额(Expected Other Turnover)：
12. 与申请额度的买方的年交易额(Expected Annual Turnover)：
13. 其他出口保理商(Other Factors)：
14. 通常价格条款(General Terms of Delivery)：□FOB　□CFR　□CIF

(二) 买方信用额度评估申请(Credit Assessment Request)

保理商给买方编号Buyer Number：
1. Buyer Company Registration No. ____or VAT NUMBER：
2. 名称(Name)：
地址(Street and Number PO Box)：
城市(City)：　　　　省/州(Province/State)：　　　　邮编(Postcode)：
国家(Country)：
3. [×]允许进口保理商与进口商直接联系(Buyer Contact Allowed)
联络人(Contact Name)：　　　　　　　　电话(Tel. No.)：
传真(Fax No.)：　　　　　　　　　　　E-mail：
4. 往来银行账号(A/C No.)：
银行名称(Name of Bank)：
分行(Name of Branch)：
往来保理商(Factors)：
5. 申请额度(Amount of Credit Assessment Request)：
6. 额度启用时间(Valid From Date)：
7. 合同/订单号码(Sales Contract/Order Number)：
8. 最迟发货日期(Latest Shipment Date)：
9. □本公司在进口国没有代理商(We have no any agent in buyer's country)
   □本公司在进口国有以下代理商(We have the agent in buyer's country as below)：

(续表)

名称(Name)： 地址(Address)： 联络人(Contact Name)：		电话(Tel. No.)	
公司联系人Contact：	电话Tel.：	传真Fax：	E-mail：
银行要求：填妥后请交正本，并将电子版发送至:________@____.COM			
公司签章(Signature & Stamp) 日期(Date)：			

2. 画图解释说明此笔业务的操作流程。

小贴士　EDI系统报文

EDI系统报文格式及内容如表5-6所示。

表5-6　EDI系统报文

电文格式	内　容
MSG #01	Seller's information
MSG #02	Preliminary Credit Assessment Request
MSG #03	Preliminary Credit Assessment Response
MSG #04	Pricing Information
MSG #05	Request for Credit Cover
MSG #06	Credit Cover
MSG #09	Invoice & Credit Notes
MSG #18	Remittance

项目综合实训

业务操作

根据所给信息模拟国际双保理业务流程。

2018年5月20日，杭州东盛玩具进出口公司拟向美国李氏贸易公司出口儿童玩具，价值40万美元，买方要求赊销方式结算。2018年5月26日，杭州东盛玩具进出口公司准备好相关资料向中国银行杭州市滨江支行申请无追索权的国际双保理业务。

卖方信息：杭州东盛玩具进出口公司(Hangzhou Dongsheng Toy Imp. & Exp.Co.)

地址：杭州市滨江区江南大道3805号

电话：0571-87088589

传真：057187088590

负责人：李宏博

联系人：刘义

电子邮件：liuyi9987dstoy@sohu.com

买方信息：美国李氏贸易公司(LEE Trading Co. U.S.A.)

地址：1311 E.BELTLINE RD, #1, CARROLLTON, TX 75006

电话： 001 972 4462990

传真：001 972 4468334

电子邮件：DIMENSIONSWIRELESS@YAHOO.COM

联系人：Mr. TONY MA

开户银行：摩根大通(Morganchase Bank)

账号：45698236789

交易信息

付款方式：赊销(O/A)

付款时间：发票日后60天

申请额度：40万美元

卖方年出口额：400万美元

与买方年销售额：200万美元

是否需要融资：是

思考题

1. 在无追索权的保理业务中，若进口商未付清货款就宣布破产，保理商能否向出口商追索已付款项？

2. 国际保理业务的服务项目有哪些？

3. 出口保理业务对出口商有什么不利之处？又有哪些积极作用？

案例分析

2018年3月，我国某外贸进出口公司(以下简称A公司)向中国银行某分行(以下简称中行)申请办理出口保理业务，出口西药原料到意大利。中行随即联系一家意大利银行作为进口保理商，并于2018年6月1日得到正式额度核准通知，金额为15万美元，额度可循环使用。中行与A公司签订了出口保理协议之后，A公司在该协议项下共出单12次，货物总额为120万美元，基本上能及时收妥出口货款，只是其中一笔出现了异议，其具体情况是：

2018年7月27日，A公司向中行转让上述出口保理协议项下第10次出口商业发票，发票金额为11.06万美元，付款到期日为2018年9月17日，中行应A公司要求为其提供了融资。2018年11月19日，进口商通过进口保理商向中行发出商品质量有问题的争议通知。中行通知A公司后，A公司表示不能接受并说明该笔货物在出货之前已经过质量检验，无任何质量问题，还表示可以提供质检证明等文件。随后，中行据此与进口保理商联系，要求进口保理商敦促进口商付款，经过中行多次催收与交涉，进口商分别于2019年3月25日和2019年5月6日付清了该发票项下的全部货款。

请分析：结合案例谈谈办理国际保理业务要注意防范哪些风险？

项目六 福费廷业务操作

能力目标

- ✧ 能够运用福费廷知识进行案例解析；
- ✧ 能够分别以出口商、包买商的身份合作完成福费廷业务操作。

知识目标

- ✧ 了解福费廷的特点；
- ✧ 了解福费廷融资申请书和福费廷协议的基本内容；
- ✧ 理解福费廷对各方当事人的利弊；
- ✧ 掌握福费廷的定义、成本；
- ✧ 掌握福费廷业务贴现利息的计算方法；
- ✧ 掌握福费廷业务的操作流程。

素质目标

- ✧ 向客户讲清福费廷的特点、利弊，具有良好的沟通能力和金融服务意识。
- ✧ 认真计算福费廷业务下的贴现利息，具有严谨、稳健的工作作风。

项目导入

某年9月，荷兰甲银行与其本国的船舶出口公司A签订了福费廷协议。同年10月，甲银行收到英国乙银行开来的一份远期信用证，期限是180天，受益人是A公司，金额为12万英镑，装运期为当年11月15日。11月4日，A公司发货后，通过甲银行将货运单据寄交开证行，以换取开证行担保的远期承兑汇票。同年12月，A公司将办理福费廷业务所需的商业单据和乙银行承兑的汇票提交给甲银行，甲银行做了无追索权的贴现。次年

2月，乙银行突然倒闭，全部资金被冻结，甲银行垫款无法收回，损失严重。

什么是福费廷？福费廷的业务流程包括哪些环节？银行在办理福费廷业务时如何防范风险？

通过本项目的学习，将全面认识福费廷，掌握福费廷业务的操作流程。

关键词

福费廷 包买商 无追索权 贴现

知识结构图

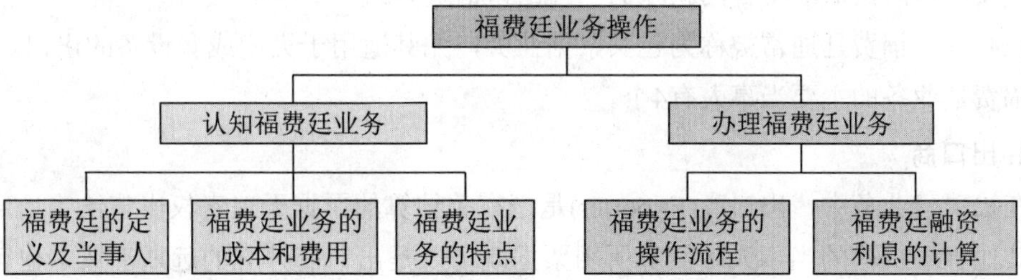

任务一 认知福费廷业务

任务引例

2017年4月10日，沈阳第一机械制造有限公司与印尼EYP能源公司签署合同，向印尼出售汽轮机，价值200万美元。由于买方坚持延期付款，我方为缓解资金压力，向其往来银行A银行寻求福费廷融资。A银行表示，只要EYP公司能提供印尼B银行出具的付款保函即可。在获悉B银行同意出具保函之后，A银行与沈阳第一机械制造有限公司签署了福费廷协议，贴现条件是：4张50万美元的汇票，每隔6个月到期一张，第一张汇票在装货后的6个月到期，贴现率为8.55%，宽限期为25天。

沈阳第一机械制造有限公司于2017年12月20日装货，签发全套4张汇票寄往印尼EYP公司。该公司于2018年1月4日承兑汇票，并连同B银行出具的付款保函一并寄给A银行。A银行于1月10日贴现全套汇票。

事后，第一张汇票到期时，EYP公司就拒绝支付，A银行随即向印尼B银行索偿，而B银行却称保函无效，原因是保函签发人越权签发保函，并且出具保函前未得到央行用汇许可。经调查了解到，EYP公司已资不抵债。A银行受损已成定局。

操作任务：运用福费廷知识对案例进行全面分析。

学习任务

一、福费廷的定义及当事人

福费廷是英文“Forfaiting”一词的音译，该词源自法语“A Forfait”，意指“放弃或让出某种权利”，福费廷业务放弃的是“追索权”。它是指出口商所在地银行或大金融公司以无追索权形式对出口商手中已由进口商承兑并附有银行担保的远期票据进行贴现，以使出口商提前取得合同款项的一种出口信贷方式。

在我国，福费廷通常被称为包买票据业务，尤其适用于大型成套设备的出口。

福费廷业务的主要当事人有4个。

1. 出口商

在福费廷业务中，出口商(Exporter)是把有关结算的票据无追索权出售给当地商业银行或其他金融机构的当事人。结算所用票据既可以是出口商开立的远期汇票，也可以是进口商开立的远期本票，前者需经进口商承兑并由进口地银行担保付款，后者只需进口地银行做保证或出具保函。

2. 进口商

在福费廷业务中，进口商(Importer)是以出具远期本票或承兑出口商出具的远期汇票而承担票据到期付款责任的当事人。福费廷业务使进口商获得了延期付款的便利，但也承担了较高的货物或服务价格，因为出口商会把办理福费廷业务而产生的利息和费用转嫁到货物或服务的价格中。

3. 包买商

包买商(Forfaiter)又被称为福费廷融资商，即为出口商提供福费廷融资的商业银行或其他金融机构。包买商在向出口商进行无追索权的融资后，即获得届时向进口商追讨票款的权利，同时也承担了届时无法从进口商得到偿付的风险。若某一项福费廷业务金额很大，单一包买商无力承担，或者顾虑风险太大，则可能联系多个包买商组成福费廷辛迪加，联合承担该项福费廷的融资业务，按商定的比例，各自出资、获得收益和承担风险。

当包买商需要加速资金周转，或者减少自己所承担的风险时，也可能转让原先购入的票据，即成为初级融资商，而受让票据的包买商就成为二级融资商。

4. 担保人

担保人(Guarantor)又称保付人，即为进口商能按时付款做出担保的当事人，通常是进口商所在地的大商业银行。担保人的介入是因为仅凭进口商本身的承诺支持一项福费廷业务的顺利进行显然不足，因此需要资金更为雄厚的银行提供担保。担保形式可以是出具银行保函或开立备用信用证，也可以由担保人在福费廷业务所使用的票据上加具保证，成为保证人，也就是成为票据的主债务人。担保人的介入提高了福费廷业务项下票据兑现的可靠性，降低了包买商的风险。

知识链接

保证

保证(Guarantee)是指银行或其他非票据债务人对汇票或本票的付款提供担保的票据行为。

保证人与被保证人的责任相同，被保证人可以是出票人、承兑人、背书人、制票人，通常是承兑人，因为承兑人是主债务人，所以为承兑人保证，保证人也就成为主债务人。

保证的做法是在票据的背面或正面写上“保证”字样并签字，其主要形式有以下几种。

形式一：

GUARANTEED
for A/C of ___________
guarantor signature

形式二：

PER AVAL
Given for ___________
Signed by ___________
Dated on ___________

形式三：

PAYMENT GUARANTED
Signed by ___________
Dated on ___________

对于支票，保付并不是第三方提供担保付款，而是支票的付款行在支票上加盖“保付”戳记，使自己成为支票的主债务人，出票人则成为次债务人。

文化渗透　福费廷业务的产生和发展

福费廷业务起源于第二次世界大战后的瑞士，当时欧洲各国为重建家园，需要进口大量建设物资和日用品，但是缺乏外汇资金。为满足融资需求，瑞士苏黎世银行协会首先开创了福费廷融资业务。

20世纪50年代后期，随着资本性货物贸易的蓬勃发展，福费廷业务进一步活跃起来。20世纪70年代，福费廷业务在全欧洲得到普遍推广，美国、加拿大等发达国家的银行也开始办理此项业务。20世纪80年代，福费廷业务由欧洲向亚洲及全世界发展，形成了伦敦、苏黎世和法兰克福三大福费廷业务中心，二级市场也逐渐形成。

福费廷业务得以发展还有其深层次原因：20世纪70年代初，布雷顿森林体系崩溃，固定汇率制度被浮动汇率制度所取代，导致从事国际贸易的汇率风险加大，加之美、日等发达国家相继陷入滞胀，拉美一些发展中国家爆发外债危机，这一切都极大地增加了进行国际贸易的风险，同时也促使了福费廷业务的发展。

目前，福费廷业务已扩展到亚洲、非洲、中南美洲、中东等发展中国家，成为一种重要的贸易融资工具。

福费廷业务在我国起步较晚，最早开始办理福费廷业务的是政策性银行——中国进出口银行，该行于1996年开始办理福费廷业务。中国银行于2001年开办福费廷业务，是最早开办此业务的商业银行。

二、福费廷业务的成本和费用

在福费廷业务中，进出口商一般需要承担以下成本和费用。

(一) 贴现利息

贴现利息由出口商支付，但出口商通常将贴现利息转嫁到货物或服务的价格中。福费廷融资的贴现利息按照事先确定的固定利率收取。包买商的报价一般是通过贴现率来表现的。贴现率的高低由进口国的综合风险指数、融资期限、融资金额、担保银行信用评级和融资货币的筹资成本等决定。贴现率由两部分组成：一是基本利率，一般为签约时融资货币的伦敦同业拆借利率，反映包买商的筹资成本；另一个是利差，反映包买商承担的风险及期望的收益，一般为0.5%～1%。

(二) 宽限期贴息

宽限期贴息是指包买商对宽限期要收取的利息。宽限期也称多收期，是包买商预估的到期日到实际收款日的天数，即在实务中债权到期日与实际收款日期并不一致。例如某银行在福费廷业务暂行管理办法中明确规定：对中国、日本、欧洲、北美洲以及大洋洲，多收期为0～3天；对韩国以及东南亚，多收期为3～5天；对西亚、中南美洲、非洲以及其他国家和地区，多收期为5～7天。

(三) 选择费

选择费是指对选择期收取的费用。选择期是指从包买商提出报价到与出口商签订包买协议之间的天数。这段时间包买商承担了利率和汇率变动的风险，因此要收取一定费用。选择期最长不超过1个月，一般只有几天，若选择期在两天内，则免收这项费用。当利率、汇率波动较大时，一般不提供选择期。包买商一般按包买业务交易金额的0.1%～0.5%收取选择费。

(四) 承担费

承担费又称为承诺费，是包买商针对承诺期收取的费用。承诺期是指包买协议签订日到实际贴现日的这段时间，通常为1～6个月，最长可达18个月。在承诺期内要收取承担费是因为从包买协议达成之日起，包买商必须准备好这项资金，即使有较高利润的其他资产业务，也不能挪用此项资金。在包买协议中，包买商通常会确定一个最后贴现日，过期则不再承担贴现义务。承诺费率通常为贴现金额的0.5%～2%，每月收取一次。

计算承诺费的公式为

$$承诺费 = 票面金额 \times 承诺费率 \times 承诺期天数/360$$

(五) 罚金

如果出口商未能按期向包买商交出汇票，按规定需要支付给包买商一定金额的罚金，以弥补包买商为准备包买而发生的各项费用。

(六) 保证费

保证费是福费廷业务中的担保人向进口商收取的费用。

知识链接

伦敦同业拆借利率

伦敦同业拆借利率(London Interbank Offered Rate，LIBOR)是指在伦敦的第一流银行之间进行期限在1年以下的资金借贷时使用的利率。它通常是几家指定的参考银行，在规定的时间(一般是伦敦时间上午11:00)报出的平均利率。3个月和6个月LIBOR被广泛应用，LIBOR已成为全球金融市场的参考利率。

三、福费廷业务的特点

福费廷业务的特点包括以下几个方面。

(一) 无追索权

福费廷业务的包买商在以贴现方式向出口商提供贸易融资时，放弃追索权，即包买商在票据到期时不能从进口商或担保银行收回票款，也不能要求出口商退还融资款项，换言之，包买商承担了票据无法兑现的风险。

(二) 融资规模大

福费廷业务主要是对成套设备、船舶、基建物资等资本性货物交易及大宗产品交易进行融资，因此融资金额较大，由10万美元至2亿美元不等，一般都在50万美元以上。如果金额过小，不仅会增加客户的融资成本，而且会抵消福费廷业务的优势，使之失去竞争力和吸引力。

(三) 以中期为主

福费廷业务的融资期限以中期为主，一般是1～5年，随着业务的发展，也出现了短期和长期业务，最短的是6个月，长期的可达10年。

(四) 利率固定

福费廷业务的融资利率即贴现率，一旦确定后就不再变动，这有利于进出口商在交易开始就能控制融资成本。

(五) 与其他结算业务相结合

福费廷业务一般与跟单信用证或跟单托收结算方式结合在一起。

知识链接

追索

追索(Recourse)是指汇票遭到拒付，持票人对其前手背书人或出票人请求偿还汇票金额及费用的行为。

行使追索权的对象：背书人、出票人、承兑人以及其他债务人。持票人是唯一债权人，可向上述任何当事人追索。

行使追索权的条件：

(1) 必须在法定期限内提示，英国《票据法》规定为合理时间内向付款人提示。未经提示，持票人不能对其前手追索。

(2) 必须在法定期限内发出退票通知，英国《票据法》规定为退票日后的次日。

(3) 必须在法定期限内作成拒绝证书。英国《票据法》规定，当外国汇票遭到退票时，持票人须在退票后1个营业日内作成拒绝证书。

(4) 必须在法定期限内行使追索权。英国《票据法》规定，保留追索权的期限为6年。《日内瓦统一票据法》规定，持票人对前手背书人或出票人行使追索权的期限为1年，背书人对其前手背书人行使追索权的期限则为6个月。

追索的票款包括汇票金额、利息、作成退票通知、拒绝证书和其他必要的费用。

【知识小结】

本项目任务系统阐述了福费廷的定义、当事人、成本和费用、特点等内容。掌握这些内容有助于全面认知福费廷业务，为办理福费廷业务奠定基础。

【考　　核】

一、基础知识测试

(一) 单选题

1. 关于福费廷，正确的说法是(　　)。

A. 向出口商提供的无追索权的贸易融资

B. 一般的短期贴现业务

C. 向进口商提供的贸易融资

D. 向出口商提供的有追索权的贸易融资

2. 福费廷业务所使用的票据要由(　　)提供担保。

A. 进口商　　B. 进口国银行　　C. 出口商　　D. 出口国银行

3. 在福费廷业务中，出口商提交的票据上加注“Without Recourse”，表明(　　)。

A. 进口商已承兑　　B. 进口国银行已担保

C. 出口商已承兑　　D. 出口商拒绝追索

4. 在福费廷业务中，包买协议签订日到实际贴现日的这段时间，被称为(　　)。

A. 承担期　　B. 选择期　　C. 宽限期　　D. 协商期

5. 银行或其他金融机构从本国出口商那里无追索权地买断经过进口商承兑和进口国银行担保的远期汇票的业务是指(　　)。

A. 银行保函　　B. 国际保理　　C. 备用信用证　　D. 福费廷

6. 在福费廷中，进口国担保银行面临的主要风险是(　　)

A. 利率风险　　B. 国家风险

C. 进口商违约风险　　D. 汇率风险

(二) 多选题

1. 如果选用福费廷业务，则(　　)。

A. 出口商品价格高于现汇结算的交易价格

B. 由进口商承兑出口商出具的远期汇票

C. 所使用的票据需进口方银行担保

D. 所使用的票据无须进口方银行担保

E. 出口商出具成套汇票

2. 福费廷业务主要适用于(　　)贸易。

A. 资本性货物　　B. 一般消费品　　C. 零售　　D. 大宗　　E. 易货

3. 福费廷业务的特点包括(　　)。

A. 固定利率　　B. 融资规模小　　C. 短期融资

D. 无追索权　　E. 与保理相结合

4. 福费廷业务中，进口商间接负担的成本和费用包括(　　)

A. 贴现息　　B. 选择费　　C. 银行保证费

D. 宽限期贴息　　E. 承担费

5. 在福费廷业务中，使用的债权工具可以是(　　)。

A. 进口商出具的远期本票　　B. 出口商出具的远期汇票

C. 进口商出具的即期本票　　D. 出口商出具的即期汇票

E. 银行即期汇票

6. 在福费廷业务中，包买商面临的风险包括(　　)。

A. 利率风险　　B. 担保行的信用风险

C. 国家风险　　D. 汇率风险

E. 进口商的信用风险

(三) 判断题

1. 办理一般贴现业务的商业银行或其他金融机构对远期票据的债权人有追索权，而福费廷业务的包买商对远期票据的债权人无追索权。(　　)

2. 福费廷融资金额较大，但期限较短。(　　)

3. 福费廷包买商所买断的票据不需要进口国银行提供担保。(　　)

4. 福费廷业务中，包买商买进票据后，如果进口商倒闭，包买商可以向出口商追索

融资款项。（　　）

5. 福费廷业务能够向出口商提供无追索权的中长期融资。（　　）

二、能力测试

对【任务引例】的案例进行全面分析，重点阐述包买商办理福费廷业务面临的主要风险及防范措施。

知识拓展

福费廷与国际保理的区别

1. 适用的基础交易不同

一般而言，国际保理适用于小批量、多批次的消费品交易；福费廷适用于资本性货物和大宗商品交易。

2. 融资金额和期限不同

国际保理的融资金额较小，期限短；福费廷融资金额大，期限多为中期。

3. 业务本质不同

国际保理融资是出售应收账款债权，遵循民法中的债权转让的做法，依据国际保理的公约和惯例办理；福费廷通过贴现进行融资，遵循票据业务的程序，适用票据法的相关规定。

4. 追索权不同

国际保理融资分有追索权和无追索权两种；福费廷融资绝对无追索权。

任务二　办理福费廷业务

任务引例

2019年8月，沈阳宏顺进出口公司(Shenyang Hongshun Imp. & Exp.Co.)欲向泰国SMAL公司出售汽轮机，价值200万美元。SMAL公司坚持延期付款，我方据理力争，最终双方同意采用远期信用证结算。沈阳宏顺进出口公司考虑到这样做付款期限较长，会给企业资金周转带来一定压力，于是派财务经理李平与中国银行沈阳分行联系，寻求福费廷融资，中国银行沈阳分行何彬受理了业务申请。

操作任务：模拟中国银行沈阳分行作为福费廷业务包买商受理申请和进行贴现的操作。

学习任务

一、福费廷业务的操作流程

福费廷的特点之一是与其他结算方式相结合，以下是福费廷分别与跟单托收和跟单信用证相结合的具体操作流程。

(一) 福费廷与跟单托收相结合的业务流程

如图6-1所示，福费廷与跟单托收相结合的业务流程可以概括为以下几步。

(1) 出口商向包买商询价。所谓询价是指出口商向包买商了解办理福费廷业务的贴现率及费用，以便核算成本，作为与进口商进行贸易谈判的依据。在询价时，出口商需填写福费廷融资申请书。福费廷融资申请书样式如表6-1所示，内容主要包括：出口商情况；进口商情况；商务合同的有关情况(待定)；国内供货情况；商务合同的有关情况；其他需要说明的情况，如进口许可实行备案制不属于限制进口、由某银行开立承兑信用证等。

(2) 包买商报价。包买商根据对基础交易、进出口商的资信等情况的了解，对该项福费廷业务的风险进行评估，做出初步报价，价格包括贴现率、选择费率、承担费率等。这时的报价仅作为出口商核算成本的参考，并不具有约束力。

(3) 进出口商签订贸易合同。在进行贸易谈判时，出口商要向进口商明确将申请福费廷融资，并要求进口商提供担保银行，由此必然增加进口商的进口成本，但因此可以获得延期和分期付款的便利，进口商一般会接受，并与出口商签订贸易合同。

(4) 出口商与包买商签订福费廷协议。包买商在确认了担保银行及担保情况后，向出口商报出最终执行费率，双方正式签订福费廷协议，从此进入选择期，直至出口商卖断票据进行融资后结束。

(5) 出口商发运货物。出口商要按照贸易合同的规定发运货物，并缮制规定的全套商业单据，开立约定期限的成套远期汇票。

(6) 出口商交单。出口商将全套商业单据和成套远期汇票交给当地托收银行，委托其传递给进口地代收行。

(7) 托收行寄送单据。托收行在向代收行寄送单据时，要根据出口商的指示，在发给代收行的托收指示书中明确其向进口商交付货运单据的条件。在福费廷业务下，交单条件有两种不同情况：一是以出口商出具的远期汇票为融资票据，要求进口商在汇票上做承兑并由担保银行做担保；二是以进口商出具的远期本票为融资票据，由进口商请担保银行为其出具的本票做担保。

(8) 代收行提示单据。代收行要根据托收指示书的指示向进口商提示单据，并说明交单条件。

(9) 进口商申请担保。进口商要对代收行所提示的单据进行认真审核，在确认符合贸易合同规定后，依据不同情况，对汇票做承兑或开立本票，并将已承兑汇票或出具的本票提交给担保行，请其做担保。

(10) 担保行担保。担保行应进口商申请，按照事先约定的保证形式，做保付签字或出具保函或开立备用信用证。

(11) 进口商交付票据。进口商将经过担保行担保的票据交给代收行。

(12) 代收行交单。按照托收指示书的指示，代收行确认进口商已满足交单条件后，将物权单据交给进口商。

(13) 代收行寄送票据。代收行将经过担保行担保的票据寄送给托收行。

(14) 托收行传递票据。托收行将收到的经过担保行担保的票据转交给出口商，完成托收。

(15) 出口商卖断票据。按照福费廷协议，出口商在担保票据上做无追索背书，向包买商要求贴现。

(16) 包买商支付净款。包买商在确认出口商提交的票据所记载的项目准确无误后，如约买断票据，从票面金额中扣减贴现利息及相关费用后，把净款支付给出口商。

(17) 包买商索偿。在票据到期时，包买商可以通过两条途径索偿款项：一是向担保行提示票据要求付款，这种做法比较流行；二是向进口商提示票据要求付款。通过第一条途径索偿，担保行向包买商偿付后，要向进口商追偿；通过第二条途径索偿，如果进口商拒付，包买商有权向担保行索偿，担保行偿付后，再向进口商追讨。

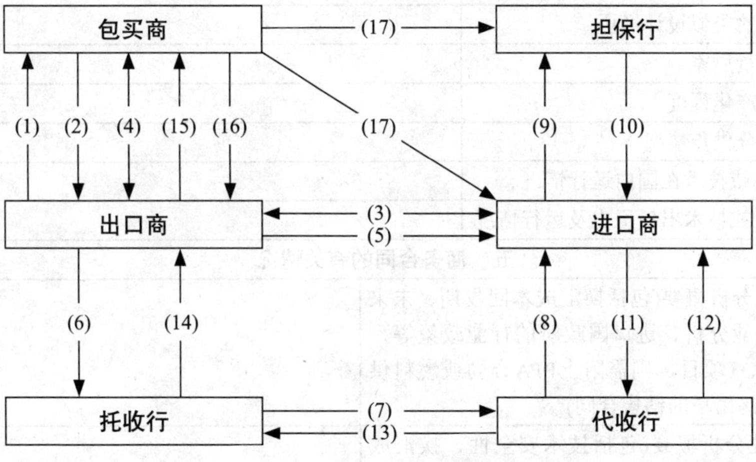

图6-1　福费廷与跟单托收相结合的业务流程

表6-1　福费廷融资申请书样式

致：中国进出口银行＿＿＿＿＿＿＿＿＿分行 我公司向贵行申请福费廷融资，项目有关情况如下：	
一、出口商情况	
1. 公司名称	
2. 注册(办公)地址	
3. 法人代表姓名及职务	
4. 组织机构代码	
5. 何时获得出口权	
6. 何时取得该项目的投/议标	
7. 另有哪些机构参与投/议标	
8. 联系人	
9. 电话	
10. 传真	
二、进口商情况	
1. 公司名称	
2. 注册(办公)地址	
3. 电话	
4. 传真	
5. 法人代表名称	
6. 业主的经营、资产和信用情况	
三、商务合同的有关情况(待定)	
1. 合同签订时间(预计)	
2. 合同生效时间	
3. 合同使用法律	
4. 争议仲裁机关名称及地点	
四、国内供货情况	
1. 设计单位名称	
2. 该设计单位的类似设计经历	
3. 国内主要供货厂家	
4. 出口商品国产化程度	
5. 非国产化部分供货情况	
6. 出口商品和/或技术在国内运行情况	
7. 出口商品和/或技术出口历史及运行情况	
五、商务合同的有关情况	
1. 项目可行性分析概要(包括换汇成本回收期、未来市场预测、同业分析、进口国政府的行业政策等，如是BOO、BOT项目，则需附上PPA合同或燃料供应合同或与最终用户的销售合同)	
2. 出口可行性分析概要(包括技术安全性、换汇成本、经济交易预测)	

(续表)

六、其他需要说明的情况
我们知道，中国进出口银行及其分支机构所做的任何表示，将以本申请书所述之情况为依据，内容的任何改变都可能意味着中国进出口银行及其分支机构提出的融资报价和其他条件将无效或不适用。 中国进出口银行及其分支机构依据本申请书所做的任何表示，只是为协助我们决定是否继续签订福费廷融资协议，而并非中国进出口银行及其分支机构所做出的融资承诺。 申请单位盖章 签字人： 职务： 日期：

(二) 福费廷与跟单信用证相结合的业务流程

如图6-2所示，福费廷与跟单信用证相结合的业务流程可以简单概括为以下几步。

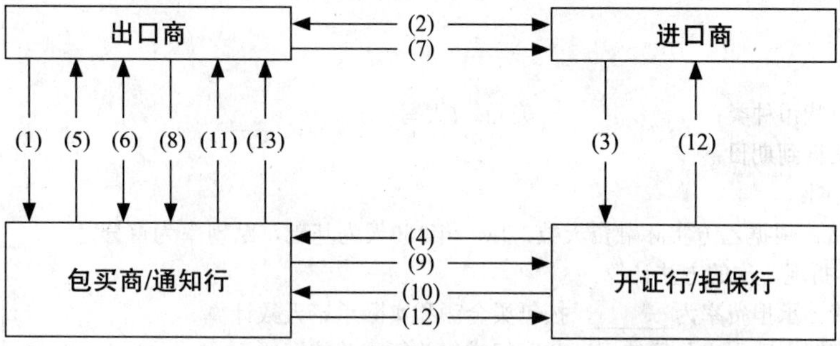

图6-2　福费廷与跟单信用证相结合的业务流程

(1) 出口商向包买商询价。

(2) 出口商与进口商签订贸易合同，约定采用跟单信用证结算。

(3) 进口商申请开证。

(4) 开证行开出信用证。

(5) 通知行向出口商通知信用证。

(6) 出口商与包买商签订福费廷融资协议，福费廷融资协议样式如表6-2所示。

(7) 出口商根据信用证条款组织发货，缮制单据。

(8) 出口商将汇票及其他全套符合信用证条款的商业单据提交给通知行。

(9) 通知行向开证行寄送单据，并要求开证行审单相符后承兑汇票或对进口商开立的本票做保证。

(10) 开证行将承兑信息发给通知行。

(11) 包买商买断开证行承兑的汇票或担保的本票，即向出口商提供无追索权的融资。

(12) 包买商于付款到期日向开证行提示付款，开证行同时提示进口商付款。

(13) 包买商收到货款后，核算国外扣费与预收的差额，与出口商进行国外扣费的清算，多退少补。

表6-2 福费廷融资协议样式

中国进出口银行福费廷融资协议

20××进出银(贴)字　　第　　号
出售方(以下简称甲方):
包买方(以下简称乙方):
甲方为了加速资金周转，避免出口项目的外汇及利率的风险，特向乙方申请办理福费廷业务。为了明确甲、乙双方的经济责任及有关事项，经甲、乙双方协商，特签订本协议，双方共同遵守。
第一条 项目概况
进口商:
开证行:
　保兑行:
　出口项目:
　合同金额:
　交货期:
第二条 金额及货币种类:　　　　　　美元。(大写:　　　　　　　　)
第三条 贴现票据到期日:
　交单有效期:
第四条 贴现费。根据乙方实际融资天数，以一年360天为基础，贴现率为百分之______，按照对应收益率每半年折现一次的方法计算。
第五条 承担费。承担费率为______，按包买金额和实际承诺天数计算。
第六条 债务证明由甲方出具经信用证开证行或保兑行承兑的汇票。
第七条 甲方的责任及义务。甲方须在包买交单的有效期内向乙方提交下列经乙方认可的单据。
　(一) 经甲方背书转让的本协议第六条规定的汇票，背面填写：
　Pay to the order of the Export-Import Bank of China, Head Office, Beijing
　注明：Without recourse
　(二) 商务合同正本，注明：Copy conforms to the original
　由甲方有权签字人签字。
　(三) 信用证及其修改正本，注明：Copy conforms to the original
　由甲方有权签字人签字。
　(四) 货运提单正本(代表物权)及商业发票正本，注明：Copy conforms to the original
　由甲方有权签字人签字。
　(五) 书面证明所提交的单据是真实的，单据上的签字合法、有效，并由甲方签字盖章。
　第八条　乙方的责任及义务
　乙方收到本协议第七条规定的单据，经审查同意后，将包买款项通过银行转账方式划到甲方在银行开立的账户内，账号为__________________________。
　第九条　违约处理
　甲方若未按本协议第七条规定交单或中途撤单或提交的单据不真实，则须承担乙方因此而造成的全部经济损失。

(续表)

第十条　其他 (一) 本协议未尽事宜，由甲、乙双方协商解决。 (二) 本协议正本一式两份，双方各持一份，具有同等的效力。 甲方：　　　　　　　　　　　　　　乙方：中国进出口银行__________分行 签字：　　　　　　　　　　　　　　签字： 盖章：　　　　　　　　　　　　　　盖章： 　　　　年　月　日　　　　　　　　　　　　年　月　日

二、福费廷融资利息的计算

福费廷融资是特殊的贴现，贴现率有两种：直接贴现率和半年复利贴现率。

(一) 直接贴现率

按直接贴现率计算贴现利息的公式为

$$贴现利息=\frac{总贴现系数\times贴现率}{360}$$

总贴现系数为各张票据的贴现系数之和，每张票据的贴现系数为票据面额与票据贴现天数之积。贴现率一般是签约时融资货币的伦敦同业拆借利率加上一定的利差，利差依据进口商资信状况、融资期限、进口国家信用等因素确定。

贴现利息计算方法举例：一套4张汇票的到期日和面值情况如表6-3所示，出口商于2016年12月30日申请福费廷融资，贴现率为8.5%。

表6-3　汇票面值和到期日

到期日	面值(USD)
2017/06/30	100 000
2017/12/30	100 000
2018/06/30	100 000
2018/12/30	100 000

总贴现系数如表6-4所示。

表6-4　总贴现系数

到期日	FV 面值(USD)	贴现天数	贴现系数
2017/06/30	100 000	180	18 000 000
2017/12/30	100 000	360	36 000 000
2018/06/30	100 000	540	54 000 000
2018/12/30	100 000	720	72 000 000
合计	4 000 00	1800	180 000 000

根据贴现利息计算公式，福费廷下的贴现利息为

$$贴现利息 = \frac{180\ 000\ 000 \times 8.5\%}{360} = 42\ 500(美元)$$

贴现净值 = 票面总额-贴现利息 = 400 000-42 500=3575 00(美元)

(二) 半年复利贴现率

按半年复利贴现率计算的半年复利贴现净值公式为

$$NV = \frac{FV}{\left(1 + R \times \frac{182}{360}\right)^{N_1} \times \left(1 + R \times \frac{183}{360}\right)^{N_2} \times \left(1 + R \times \frac{STUB}{360}\right)}$$

式中：NV为贴现净值；FV为票据面值；R为半年复利贴现率；N_1为182天为一期的期间个数；N_2为183天为一期的期间个数；STUB为剩余天数。

【知识小结】

本项目任务学习了福费廷业务流程和福费廷融资利息的计算方法。福费廷业务的基本环节可以概括为：询价→报价→签订基础合同→签订福费廷融资协议→无追索融资。福费廷融资不是对一张票据的贴现，而是对一整套票据的贴现，贴现利息的计算公式须重点掌握。

【考　核】

一、基础知识测试

(一) 单选题

1. 福费廷融资利率以(　　)为基础。

A. 伦敦同业拆借利率　　B. 美联储利率

C. 中央银行基准利率　　D. 商业银行同期利率

2. 向融资商询价的是(　　)。

A. 进口商　　B. 开证行　　C. 托收行　　D. 出口商

3. 福费廷业务的担保行是(　　)。

A. 托收行　　B. 通知行　　C. 进口国资信较好的银行　　D. 议付行

4. (　　)不是包买商的业务。

A. 报价　　B. 审核融资票据　　C. 担保　　D. 计算贴现利息

5. (　　)不是签订包买协议之前的操作环节。

A. 询价　　B. 报价　　C. 签订基础合同　D. 提交担保票据

(二) 多选题

1. 出口商向融资商询价时，须提供(　　)。

A. 出口商情况　B. 进口商情况　C. 基础交易情况

D. 票据种类　E. 进出口许可

2. 福费廷业务的成本包括(　　)。

A. 贴现息　B. 承担费　C. 选择费

D. 宽限期贴息　E. 担保费

3. 票据到期，包买商可以向(　　)索偿。

A. 担保行　B. 通知行　C. 议付行

D. 进口商　E. 托收行

4. 福费廷业务与跟单托收结算方式相结合时涉及的金融机构有(　　)。

A. 担保行　B. 通知行　C. 代收行

D. 包买商　E. 托收行

5. 包买商可以是(　　)。

A. 担保行　B. 出口国非银行金融机构

C. 代收行　D. 出口国商业银行

E. 开证行

(三) 判断题

1. 在福费廷业务中，出票人要根据约定的分期付款的次数和时间，出具成套票据，而不是一张票据。(　　)

2. 进出口商签订买卖合约的时间在出口商与包买商签订包买协议之后。(　　)

3. 因为有担保行担保，所以包买商不可能面临商业信用风险。(　　)

4. 包买商无须调查出口商的资信。(　　)

5. 包买商只接受担保行在票据上作保付签字的担保形式。(　　)

二、技能测试

完成【任务引例】的操作。

1. 根据补充信息填写福费廷融资申请书，如表6-5所示。

沈阳宏顺进出口公司情况：

注册地址：中国沈阳旭阳路1666号

法人代表职务：李利 总经理

获得出口权时间：1991年7月

泰国SMAL公司情况：

注册地址：No. 168 South Sathorn RD, Bangkok Thailand

电话：02016478598

传真：02016478595

法人代表名称：Ann

主营、资产、信用情况：机械设备进出口，资产折合5000万美元，A级企业

表6-5 福费廷融资申请书

致：中国银行____________分行 我公司向贵行申请福费廷融资，项目有关情况如下：	
一、出口商情况	
1. 公司名称	
2. 注册（办公）地址	
3. 法人代表姓名及职务	
4. 组织机构代码	
5. 何时获得出口权	
6. 何时取得该项目的投/议标	
7. 另有哪些机构参与投/议标	
8. 联系人	
9. 电话	
10. 传真	
二、进口商情况	
1. 公司名称	
2. 注册（办公）地址	
3. 电话	
4. 传真	
5. 法人代表名称	
6. 业主的经营、资产和信用情况	
三、商务合同的有关情况	
1. 合同签订时间（预计）	
2. 合同生效时间	
3. 合同使用法律	
4. 争议仲裁机关名称及地点	
四、国内供货情况	
1. 设计单位名称	
2. 该设计单位的类似设计经历	
3. 国内主要供货厂家	
4. 出口商品国产化程度	
5. 非国产化部分供货情况	
6. 出口商品和/或技术在国内运行情况	
7. 出口商品和/或技术出口历史及运行情况	

（续表）

五、商务合同的有关情况	
1. 项目可行性分析概要（包括换汇成本回收期、未来市场预测、同业分析、进口国政府的行业政策等，如是BOO、BOT项目，则需附上PPA合同或燃料供应合同或与最终用户的销售合同）	
2. 出口可行性分析概要（包括技术安全性、换汇成本、经济交易预测）	
六、其他需要说明的情况	
我们知道，中国进出口银行及其分支机构所做的任何表示，将以本申请书所述之情况为依据，内容的任何改变都可能意味着中国进出口银行及其分支机构提出的融资报价和其他条件将无效或不适用。 中国进出口银行及其分支机构依据本申请书所做的任何表示，只是为协助我们决定是否继续签订福费廷融资协议，而并非中国进出口银行及其分支机构所做出的融资承诺。 申请单位盖章 签字人： 职务： 日期：	

2. 2019年12月30日，沈阳宏顺公司提交如表6-6所示的全套汇票向中国银行沈阳分行申请福费廷融资，贴现率为7.5%，请按直接贴现率计算贴现利息。

表6-6　汇票面值和到期日

到期日	面值(USD)
2020/06/30	500 000
2020/12/30	500 000
2021/06/30	500 000
2021/12/30	500 000

知识拓展

福费廷融资与一般贴现的区别

福费廷融资与一般贴现在有无追索权、票据、期限、成本等方面的区别如表6-7所示。

表6-7　福费廷融资与一般贴现的区别

区别	福费廷融资	一般贴现
追索权	无	有
票据	固定间隔期的多张等值票据，必须有包买商认可的银行做担保	一张承兑票据，一般不需要担保
期限	以1～5年的中期融资为主	一般在180天以内，属于短期融资
成本费用	利息、选择费、承担费等	利息

项目综合实训

业务操作

2015年2月，上海华威公司(Shanghai Huawei Co. LTD，开户行：Bank of China, ShangHai Branch；账号：4227012358798547023)欲向丹麦CANSONIC公司(开户行：Danske Bank Group)出口总额为1200万美元的成套机械设备，交货期为2015年4月30日，CANSONIC公司提出采用延期3年付款方式。上海华威公司不想承担资金周转压力和延期收汇风险，为此，于2015年3月1日向中国进出口银行上海分行提出福费廷业务申请，经过询价、报价等环节，双方于2015年3月26日签订福费廷融资协议。协议规定：交单有效期为2015年6月30日，贴现利率为7.5%，承担费率为2%，请完成以下操作。

一、填写福费廷融资协议 (见表 6-8)

表6-8　福费廷融资协议

中国进出口银行福费廷融资协议

20××进出银(贴)字　　第　　号

出售方(以下简称甲方)：

包买方(以下简称乙方)：

甲方为了加速资金周转，避免出口项目的外汇及利率风险，特向乙方申请办理福费廷业务。为了明确甲、乙双方的经济责任及有关事项，经甲、乙双方协商，特签订本协议，双方共同遵守。

第一条 项目概况

进口商：

开证行：

保兑行：

出口项目：

合同金额：

交货期：

第二条　金额及货币种类：　　　　　　美元。(大写：　　　　)

第三条　贴现票据到期日：

交单有效期：

第四条　贴现费。根据乙方实际融资天数以一年360天为基础，贴现率为百分之______。

第五条　承担费。承担费率为______，按包买金额和实际承诺天数计算。

第六条　债务证明由甲方出具经信用证开证行或保兑行承兑的汇票。

第七条　甲方的责任及义务。甲方须在包买交单的有效期内向乙方提交下列经乙方认可的单据。

(一) 经甲方背书转让的本协议第六条规定的汇票，背面填写：

Pay to the order of the Export-Import Bank of China, Head Office, Beijing

注明：Without recourse

(续表)

(二) 商务合同正本，注明：Copy conforms to the original 由甲方有权签字人签字。 (三) 信用证及其修改正本，注明：Copy conforms to the original 由甲方有权签字人签字。 (四) 货运提单正本(代表物权)及商业发票正本，注明：Copy conforms to the original 由甲方有权签字人签字。 (五) 书面证明所提交的单据是真实的，单据上的签字合法、有效，并由甲方签字盖章。 第八条　乙方的责任及义务 乙方收到本协议第七条规定的单据，经审查同意后，将包买款项通过银行转账方式划到甲方在银行开立的账户内，账号为________________。 第九条　违约处理 甲方若未按本协议第七条规定交单或中途撤单或提交的单据不真实，则须承担乙方因此而造成的全部经济损失。 第十条　其他 (一) 本协议未尽事宜，由甲、乙双方协商解决。 (二) 本协议正本一式两份，双方各持一份，具有同等的效力。 甲方：　　　　乙方：中国进出口银行____________分行 签字：　　　　签字： 盖章：　　　　盖章： 年　月　日　　　　年　月　日

二、计算贴现利息

双方签订福费廷协议后，上海华威公司于2015年6月30日向中国进出口银行上海分行提交了3张分别于2016年6月30日、2017年6月30日和2018年6月30日到期的汇票，汇票面值均为400万美元，请按直接贴现率计算贴现利息。

思考题

1. 简述福费廷业务的利弊。
2. 包买商在福费廷业务中面临哪些风险？如何防范？

案例分析

某出口国的A银行与其客户×公司签订了福费廷协议。不久，A银行收到进口国B银行开来的一份远期信用证，受益人为×公司，金额为45万美元。×公司按照信用证规定发货后，通过A银行将货运单据寄交开证行，以换取开证行的远期承兑汇票。收到承兑汇票后，×公司在汇票上做了“无追索权”背书，并提交给A银行卖断。汇票到期时，B银行突然倒闭，全部资金被进口国政府冻结，致使A银行垫款无法收回，损失惨重。

请分析：

1. A银行遭受损失的原因是什么？

2. 本案给你带来什么启示？

参考文献

[1] 侯迎春，张文娟. 国际结算[M]. 北京：中国金融出版社，2019.

[2] 刘一展，范越龙. 国际结算操作[M]. 北京：高等教育出版社，2017.

[3] 庞红. 国际贸易结算[M]. 北京：中国人民大学出版社，2007.

[4] 苏宗祥，徐捷. 国际结算[M]. 5版. 北京：中国金融出版社，2010.

[5] 张晓芬. 国际结算[M]. 2版. 北京：北京大学出版社，2011.

[6] 苏宗祥，徐捷. 国际结算[M]. 6版. 北京：中国金融出版社，2015.

[7] 王文武，郭薇，刘晶红. 国际结算操作[M]. 北京：高等教育出版社，2015.

[8] 黄飞雪，李志洁. UCP600与ISBP681述评及案例[M]. 厦门：厦门大学出版社，2008.

[9] 苏宗祥. 国际结算辅导与练习[M]. 北京：中国金融出版社，2006.

[10] 连有. 国际结算[M]. 上海：上海财经大学出版社，2007.

[11] 靳生. 国际结算实验教程[M]. 北京：中国金融出版社，2007.

[12] 章安平，汪卫芳. 国际结算操作[M]. 北京：高等教育出版社，2014.

[13] 庞红. 国际贸易结算[M]. 北京：中国人民大学出版社，2007.

[14] 吴国新， 李元旭. 国际贸易单证实务[M]. 北京：清华大学出版社，2009.

[15] 陈莹，李质甫. 国际结算[M]. 北京：经济管理出版社，2010.

[16] 赵明霄. 国际结算[M]. 北京：中国金融出版社，2010.

[17] 刘晶红. 国际结算[M]. 北京：中国金融出版社，2012.

[18] 国际商会. 跟单信用证统一惯例[A]. 2007.

[19] 国际商会. 国际备用证惯例[A]. 1998.

[20] 国际商会. 审核跟单信用证项下单据的国际标准银行实务[A]. 2007.

[21] 郭碧昊. 商业银行独立保函纠纷案件法律分析及启示[J]. 中国城市金融，2017(3).

[22] 武春蓉. 避免信用证寄单指示模糊不清[J]. 中国外汇，2017(6).

[23] 陈海越. 开立指定偿付银行信用证业务[J]. 中国外汇，2017(4).

[24] 魏薇. 从三则不符点案例看信用证语言[J]. 中国外汇，2017(2).

[25] 侯良婷. 明晰保险条款SRCC[J]. 中国外汇，2017(2).

[26] 阎之大. 信用证：波澜不惊[J]. 中国外汇，2017(2).

[27] 李友普，刘丹. 跨境人民币业务问答[J]. 中国外汇， 2017(1).

[28] 杨倩. 托收业务中的“合理谨慎”原则[J]. 中国外汇，2017(1).

[29] 中华人民共和国外汇管理条例. [A/OL].http://www.pbc.gov.cn/tiaofasi/144941/144953/2817374/index.html.

[30] 境内机构对外担保管理办法实施细则. [A/OL]. http://www.pbc.gov.cn/tiaofasi/144941/144953/2889027/index.html.

[31] 保函概述. [EB/OL]. https://www.boc.cn/cbservice/cb3/cb31/200807/t20080702_871.html.

[32] 进口押汇. [EB/OL]. https://www.boc.cn/cbservice/cb3/cb35/200806/t20080627_802.html.